●グラフィック[法学]−6

グラフィック
行政法入門

原田 大樹
Hiroki Harada

GRAPHIC

新世社

はしがき

　私たちの日常生活は，行政活動なしには成り立ちません。蛇口をひねれば出てくる上水道も，道路の標識や信号も，コンビニで買ってきたおにぎりに表示されている消費期限も，もし行政活動がなかったらうまく機能していないでしょう。そして，こうした行政活動を制御しているのが行政法です。それゆえ，行政法に関する基本的な知識を身につけておくことは，公務員や法曹専門家のみならず，幅広く社会人にとって重要なことです。本書は，グラフィック［法学］ライブラリの一冊として，行政法の基本的な考え方や構造を，平易な表現と豊富な図解によって，分かりやすく伝えることを目指すものです。このような目的から，本書では行政が私たちに一定の働きかけを行う行政作用法総論（行政過程論）と呼ばれる分野を中心とし，その理解にとって不可欠な行政組織法（行政組織の設置や任務の割り当てに関するルール）や行政救済法（行政に関する紛争を解決するための訴訟等に関するルール）にも言及する構成になっています。また本書は，社会問題を解決するための法制度設計に関心を持つ（必ずしも法学に関する前提知識を十分持たない）読者の方に，行政法学の最新の議論状況を踏まえたエッセンスを伝える内容にもなっています。

　本書の執筆の直接の契機となったのは，研究者として尊敬し，また同僚として日々お世話になっている毛利透先生（京都大学教授）からのお誘いでした。毛利先生は，本ライブラリの『憲法入門』をご担当で，同書では，憲法学の最前線の議論も含めた全体像を極めて分かりやすい形で読者に提示しておられます。本書もこれを目標として執筆したものの，どの程度成功しているかは読者のご判断に委ねるほかありません。また，指導教官の大橋洋一先生（学習院大学教授・九州大学名誉教授）は，「近所のおばあさんや小学校4年生に行政法を分かりやすく説明できてはじめて，行政法を理解したと言える」と常におっしゃっていました。本書もこれを目標としたものの，おばあさんや小学校4年生にも分かる内容となっているのか，自信はありません。今後の教育活動を通じ

て，これらの目標に少しでも近づけるように努力したいと考えています。

　新しいタイプの行政法の入門書の刊行に向けて強力なサポートをして下さったのは，新世社の御園生晴彦氏です．本書の企画から刊行までわずか 1 年未満という短い期間の間に編集作業を正確かつ迅速に進めて下さった御園生氏と，新世社の皆様方（とりわけ谷口雅彦氏，彦田孝輔氏）にも，この場を借りて御礼申し上げます．

　　2017 年 3 月

原田　大樹

目 次

第1章 行政法を学ぶ意味　　1
- 1.1 日常生活と行政 …………………………………… 2
- 1.2 行政・行政法とは何か …………………………… 2
- 1.3 行政法を学ぶ意味 ………………………………… 8
- 1.4 行政法の全体像 ………………………………… 10

第2章 行政法の特色　　15
- 2.1 行政法の特色 …………………………………… 16
- 2.2 行政法の基本的考え方 ………………………… 22
- 2.3 公法・私法二元論とその解体 ………………… 30
- 2.4 行政法と民事法の協力関係 …………………… 32

第3章 行政法の法源　　35
- 3.1 行政法の法源 …………………………………… 36
- 3.2 行政上の法の一般原則 ………………………… 40
- 3.3 条　例 …………………………………………… 46

第4章 法律による行政の原理　　51
- 4.1 法律による行政の原理（法治主義） ………… 52
- 4.2 法律の留保 ……………………………………… 56
- 4.3 法治主義の限界事例 …………………………… 62

第5章 行政救済の基礎　　65
- 5.1 行政救済法の概要 ……………………………… 66
- 5.2 行 政 争 訟 ……………………………………… 68
- 5.3 国 家 補 償 ……………………………………… 80

第 6 章　行政組織の基礎　　87

6.1　行政組織法の構造 ……88
6.2　行　政　主　体 ……90
6.3　行　政　機　関 ……94

第 7 章　国家と地方の行政組織　　99

7.1　国家行政組織の基礎 ……100
7.2　地方行政組織の基礎 ……106

第 8 章　行政手続と情報管理　　113

8.1　行政手続とその意義 ……114
8.2　行政過程と情報管理 ……118
8.3　情報公開とその意義 ……126

第 9 章　行　政　基　準　　135

9.1　行政基準の概念 ……136
9.2　行政基準の手続ルール ……138
9.3　行政基準の実体ルール ……140
9.4　行政基準と訴訟 ……144

第 10 章　行　政　計　画　　147

10.1　行政計画の概念 ……148
10.2　行政計画の手続ルール・実体ルール ……150
10.3　行政計画の機能――都市計画を具体例として ……154
10.4　行政計画と訴訟 ……160

第 11 章　行政行為（1）――概念・効力・実体ルール　　163

11.1　行政行為の概念 ……164
11.2　行政行為の効力 ……168
11.3　行政行為の実体ルール ……172

第12章 行政行為（2）——手続ルール　179
- **12.1** 行政行為の事前手続——行政手続法　180
- **12.2** 行政行為の事後手続——行政不服審査法　186
- **12.3** 行政行為と訴訟　192

第13章 行政行為（3）——行政裁量　203
- **13.1** 行政裁量の概念と意義　204
- **13.2** 行政裁量の有無　210
- **13.3** 行政裁量の審査手法　216
- **13.4** 行政行為の附款　220

第14章 行政契約　225
- **14.1** 行政契約の概念と意義　226
- **14.2** 行政契約の手続ルール　230
- **14.3** 行政契約の実体ルール　234
- **14.4** 行政契約と訴訟　236

第15章 行政指導　237
- **15.1** 行政指導の概念と意義　238
- **15.2** 行政指導の手続ルール　242
- **15.3** 行政指導の実体ルール　244
- **15.4** 行政指導と訴訟　248

第16章 行政上の義務履行確保　251
- **16.1** 行政上の義務履行確保　252
- **16.2** 行政上の義務の履行強制　256
- **16.3** 行政上の義務違反に対する制裁　264

索　引
- 事項索引　269
- 判例索引　277

本文イラスト・写真：PIXTA

凡　例

■判例表記部分略語

最大判	最高裁判所大法廷判決
最一小判	最高裁判所第一小法廷判決（二小＝第二小法廷，三小＝第三小法廷）
最一小決	最高裁判所第一小法廷決定
民集	最高裁判所民事判例集
刑集	最高裁判所刑事判例集
判時	判例時報

判Ⅰ　　　大橋洋一＝斎藤誠＝山本隆司編著・飯島淳子=太田匡彦=興津征雄=島村健=徳本広孝=中原茂樹=原田大樹『行政法判例集Ⅰ――総論・組織法』（有斐閣，2013年）

判Ⅱ　　　大橋洋一＝斎藤誠＝山本隆司編著・飯島淳子=太田匡彦=興津征雄=島村健=徳本広孝=中原茂樹=原田大樹『行政法判例集Ⅱ――救済法』（有斐閣，2012年）

行政法を学ぶ意味

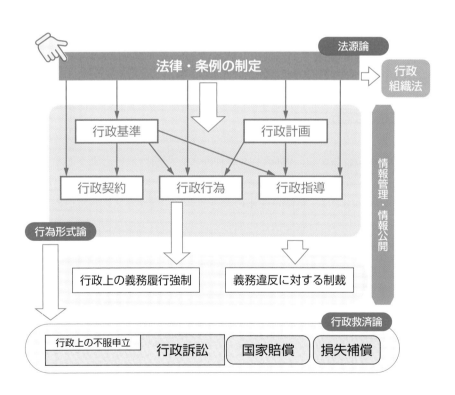

1.1 日常生活と行政

　私たちの日常生活は，行政活動に囲まれていると表現しても言い過ぎではありません（ 図表1-1 ）。例えば自動車や自転車の通行方法は道路交通法という法律に基づくしくみで決まっており，交通違反を取り締まる警察官は行政活動を担う公務員です。近くで行われているマンションの建設には建築基準法・都市計画法といった法律がかかわっており，建設業者に対する規制を行う建設業法という法律もあります。週末にジョギングに向かう公園は都市公園法という法律に基づいており，市立図書館は図書館法や地方自治法に基づく施設です。病気やけがをした際に保険証（正しくは被保険者証といいます）を提示して3割負担で医療サービスが受けられるしくみは健康保険法・国民健康保険法という法律に基づくものです。このように，私たちの日常生活を支えているさまざまなシステムの多くは多種多様な行政法によってできあがっており，その実現を担っているのが国・都道府県・市町村といった行政組織です。

1.2 行政・行政法とは何か

1.2.1 行政とは何か

　このように，私たちの日常生活は行政なしには成り立たないと言っても過言ではありません。しかし，「行政」とは何かという問いに答えようとすると，それは意外にも難しいことなのです。

　小学校や中学校では，行政＝法律の執行という定義が与えられていたかもしれません。学説上も，行政を法律の執行と説明する有力な見解があります。ところが，通説では行政を国家作用の中から立法と司法の作用を控除したものと定義します。これは，引き算の形で定義しているため，控除説と呼ばれます（ 図表1-2 ）。控除説では，立法と司法については積極的な定義が与えられている（立法＝法規を定立すること，司法＝法律上の争訟に対して一定の手続で終局的な判断を下すこと）のに，行政に対してのみ積極的な定義を与えていません。その理由は，①行政機関が実際に担っている活動には多様なものが含まれていること，②司法と行政との線引きが難しいことに求められます（ 図表1-3 ）。

図表1-1　日常生活と行政

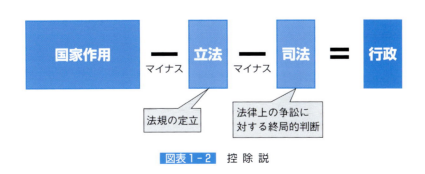

図表1-2　控除説

① 行政機関は，法律の執行という任務以外にもさまざまな作用を担っています。例えば，国の行政機関の頂点である内閣は，政令という形で一般的なルール（行政基準あるいは行政立法と呼ばれます）を定めており，国会による立法作用と類似の活動を行っています。内閣提出法案を準備するのは国の行政機関であり，予算編成や外交といった問題にも国の行政機関は深くかかわっています。これらの作用を「法律の執行」と整理するのは困難で，控除説の定義の方が実際に行政機関の担っている作用をより的確に捉えていると言えます。

② 立法作用が一般的なルールを作り出す働きであるのに対して，行政・司法はともに，その一般的なルールを個別の事例にあてはめる（適用・実現する）作用です。それゆえ両者の理論的な線引きは，かなりの困難を伴います。歴史的に考えると，江戸時代に江戸町奉行が担っていたのは司法・行政の両方の作用でした。比較法的に見ると，イギリス法では現在でも裁判所が日本でいう行政作用を担っている部分が多いとされます。さらに日本でも，非訟事件と呼ばれる事件（例：成年後見人の後見開始審判）は，本来は行政作用であるものを裁判所で判断することにしている類型とされています。逆に，行政活動の中には私人間の紛争に対する裁定が下されるタイプの活動もあります（例：公害等調整委員会の責任裁定）。

そこで，実際に行政機関が担っている活動（これを形式的意義の行政といいます）に注目して，そこからこうした活動に必要とされるさまざまな法的ルール・考え方を検討しようとするアプローチが現在では有力です。実際の行政機関の活動を眺めてみると，これらは社会管理機能の制度化と捉えることができます。つまり，ある社会問題を解決するために法律で行政機関に一定の任務が負託され，それに従って行政機関がさまざまな活動を行い，問題の解決や紛争の予防を図る作用として，行政作用を理解することができます。

1.2.2　行政法とは何か

次に，行政法とは何かという問題に移ります。行政法は伝統的には，**行政権の組織・作用に関する国内公法**と定義されてきました。ここでいう行政権とは，上記の形式的意義の行政に近い内容で，さらに行政に関する紛争解決の法（行政救済法）や都道府県・市町村等の公共団体に関する法もここに含まれるとさ

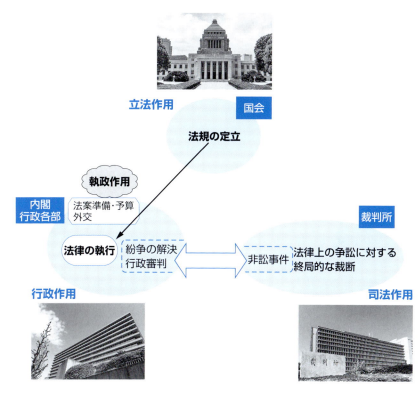

図表 1-3 行政作用と立法作用・司法作用との関係

クローズアップ●行政作用と執政作用

①で示したように，実際に行政機関（特に国の行政機関）が担っている活動の中には，法律の執行とは言いがたい作用が含まれています。しかし，これらは行政作用とは異なる執政作用であるという理解が，憲法学では 2000 年前後から有力化してきました。通常の行政活動（＝法律の執行）とは異なる政治性の高い作用を行政から切り離すこの考え方は，アメリカやドイツでは一般的です。他方で，こうした作用を切り離すことは，執政とされた活動に対する法律によるコントロールを弱める危険を内包しています。また，執政作用は必ずしも行政機関固有のものではなく，議会や裁判所の活動にも存在しています。こうした理由から本書では，執政作用を行政作用から切り離さない立場をとっています。

れてきました。もっとも，こうした組織に関係する全ての法が行政法の対象となるのではなく，そのうち国内公法にあたるものが行政法にあたると理解されてきました（図表1-4）。

① 行政活動に対するルールとしては，国内法のみならず条約等の国際法も含まれています。しかし，国際法は国家間の規範を取り扱い，また国内法に見られるような義務履行を強制したり裁判所によって終局的な判断を下したりするしくみがないことから，行政法の対象とはされず，専ら国際法（国際公法）が扱ってきていました。もっとも，経済・社会のグローバル化が進展している現在では，これに伴って発生する社会問題もグローバル化していることから，社会問題の解決のための制度化の際にグローバルな規範が国内の行政活動に影響を強く与える場面が増えてきています（→**3.1.1**）。

② 行政活動の中には，私人との売買契約による土地の買収のように，一般私人と同じ立場で権利・義務関係を変動させるものも含まれています。しかし，伝統的にはこうした私人と同じ立場で行政活動がなされる場合（これを私経済活動と呼ぶことがあります）のルール（私法・民事法）は行政法の対象とされてきませんでした。つまり，行政活動の際にしか見られない特別なルールのみが行政法の対象とされ，そのような固有性は，行政が私人に対して持っている**権力性**（強制の契機）や行政が担う**公益性**（不特定多数の利益の実現）に由来すると考えられてきました。もっとも，次章で詳しく説明するように，行政法のアイデンティティを公法という概念に求める考え方は弱くなってきており，現在では公法という言葉は，憲法と並んで**国・公共団体等の公共部門に関係する法令群**というニュアンスで用いられることもあります。

　行政法とは何かという問いをさらに難しくしているのは，日本には「行政法」という名前の法律が存在していないという事情です。世界を見渡しても，行政法が条文の形でまとめられている（法典化されている）例は多くありません。日本では，行政手続法・行政不服審査法・行政事件訴訟法・国家行政組織法・地方自治法といった，各行政分野に共通して適用される行政通則法がいくつか存在しているほかは（図表1-5），判例や学説が通則部分を補っています。

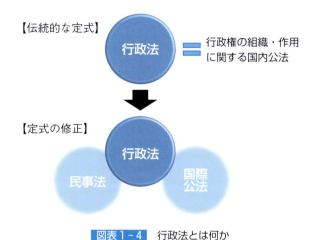

図表1-4 行政法とは何か

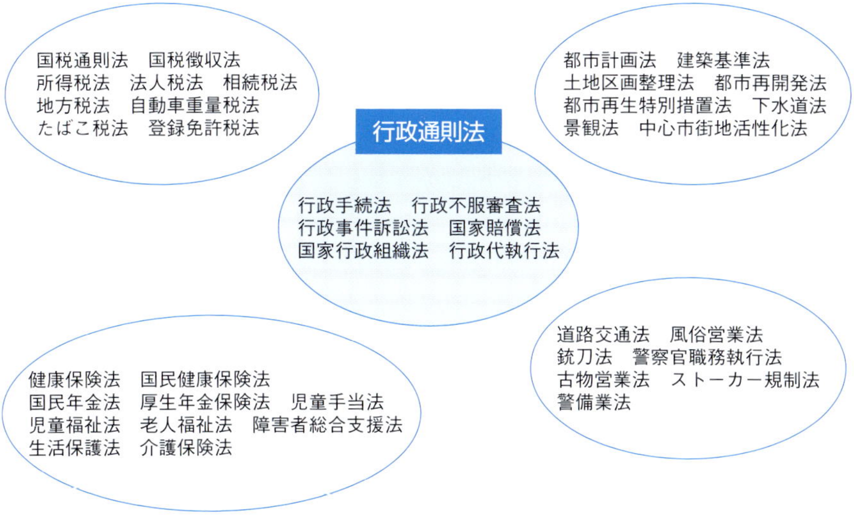

【伝統的な定式】
行政法 ＝ 行政権の組織・作用に関する国内公法

【定式の修正】
行政法／民事法／国際公法

国税通則法　国税徴収法
所得税法　法人税法　相続税法
地方税法　自動車重量税法
たばこ税法　登録免許税法

都市計画法　建築基準法
土地区画整理法　都市再開発法
都市再生特別措置法　下水道法
景観法　中心市街地活性化法

行政通則法

行政手続法　行政不服審査法
行政事件訴訟法　国家賠償法
国家行政組織法　行政代執行法

健康保険法　国民健康保険法
国民年金法　厚生年金保険法　児童手当法
児童福祉法　老人福祉法　障害者総合支援法
生活保護法　介護保険法

道路交通法　風俗営業法
銃刀法　警察官職務執行法
古物営業法　ストーカー規制法
警備業法

図表1-5 行政通則法とさまざまな行政法

1.3 行政法を学ぶ意味

　ここではさしあたり，社会問題の解決のために行政活動を行わせる法令群の**総体**として行政法を捉えた上で，その学習の意義を考えてみましょう。周知の通り，公務員採用試験では行政法は試験科目に入っており，公務員の日常業務の多くは行政法と関係しています。その意味で行政法は，**公務員が仕事をするための必須知識**であると言えます。しかし，行政法を学ぶことの意味はそれだけではありません。

　① 社会問題の原因の少からぬ部分は，行政法をはじめとする法制度の欠陥・不備に原因があります。行政法は新たな社会問題に合わせてその対策として立法されることが多いものの，その手法が不十分なものであったり，問題の状況や構造が立法当時から変化したりすることで，問題を十分に解決できないことが起こりえます。行政法を学ぶことは，社会のつくりやその問題点を理解することと直結しています。その意味で行政法は社会認識を深めるための学問であり，公務員（を目指す人）のみならず幅広く市民が知っておくべき知識であると言えます。

　② 冒頭でも述べたように，私たちの日常生活は行政活動と切り離せないほど行政に依存しています。それゆえ，何らかの紛争状況において行政と対峙する場面も出てきます。このような局面で行政法の知識があれば，行政側に対して自分自身の立場や利益を説得的に主張することができ，また場合によっては行政不服審査・行政訴訟を用いてその主張を貫徹させることもできるでしょう。行政法を学ぶことは，行政に関する紛争の解決という観点からも重要です。

　③ 社会問題を解決し，紛争を予防するための制度を設計する際にも，行政法の知識がその前提となります。ベストの制度設計を考える際には，経済学などの隣接諸科学の知識も大きな役割を果たします。これに対して行政法は，どのような内容の制度を設計する場合でも満たす必要がある要請，例えば行政による規制が強すぎて国民の基本的人権を侵害しないようにすることや，制度の実効的な運用が期待できないような設計を避けることといった制度設計の諸条件を提示することで，社会問題の解決のために必要十分な制度が設計されることを支援する役割を果たします。

□□□ BOX──行政法と関係する憲法条文

日本国憲法

41条　国会は，国権の最高機関であって，国の唯一の立法機関である。

65条　行政権は，内閣に属する。

73条　内閣は，他の一般行政事務の外，左の事務を行ふ。

1　法律を誠実に執行し，国務を総理すること。

2〜5　（略）

6　この憲法及び法律の規定を実施するために，政令を制定すること。但し，政令には，特にその法律の委任がある場合を除いては，罰則を設けることができない。

7　（略）

76条　①　すべて司法権は，最高裁判所及び法律の定めるところにより設置する下級裁判所に属する。

②　特別裁判所は，これを設置することができない。行政機関は，終審として裁判を行ふことができない。

③　すべて裁判官は，その良心に従ひ独立してその職権を行ひ，この憲法及び法律にのみ拘束される。

クローズアップ● 行政は何のためにあるか

　行政法がなぜ存在するのかを考える上では，行政と裁判（特に民事裁判）が果たす社会管理機能の違いに注目することが有用です。小早川光郎教授は，民事司法と別に行政活動を設定する目的として「目配りと手早さ」（小早川光郎「行政訴訟の課題と展望」司法研修所論集 111 号（2003 年）32-62（49）頁）という要素に注目しています。民事裁判は原告・被告という両当事者しか視野に入らないことが一般的であるのに対して，行政活動においては行政とその活動の名宛人である私人のみならず，名宛人以外の第三者の権利・利益も考慮しなければなりません。また，提訴を待って活動が始まる民事裁判と異なり，行政機関は恒常的に社会管理機能を担い，具体的な問題が発生する前に対策をとることもしばしばあります。このような民事裁判とは違う社会管理機能のあり方が社会において必要とされることが，行政の存在理由を支えています。

1.4 行政法の全体像

1.4.1 行政法総論と行政法各論（参照領域）

　行政法という名前の法律は存在しないものの，行政法は六法の大半の分量を占めています。六法の行政法編には，先に説明した行政通則法のほか，個別の政策分野に関する行政法のうち代表的なもの（例えば所得税法，道路交通法，大気汚染防止法，土地収用法など）が収録されていることが多いです。これら大量の法律をそれぞれ，1条から条文ごとに勉強していくとすると，いくら時間があっても足りないばかりか，勉強したことのない分野の法律を読み解くこともできません。そこで行政法学では，個別の政策分野に関する行政法の共通部分を抽出した形の行政法総論を作り上げ，この部分を学習することでこの問題に対処しようとしています。これに対して，個別の政策分野に関する行政法を行政法各論（近時は個別法ないし参照領域と呼ばれます）といいます（ 図表1-6 ）。行政法総論の一部は，行政通則法という形で法典化されているものの，そうでない部分は判例・学説の蓄積で対応が図られています。

1.4.2 行政法総論の三本柱

　行政法総論の中はさらに，行政組織法・行政作用法・行政救済法の3つに分かれます（ 図表1-7 ）。社会問題に対処する最初のステップは，ある問題に関する事務を負託する行政組織を法律で設置することです。我が国では問題が生じるたびに新たな行政組織を設ける対応をとることは稀で，既存の省庁に事務を割り当てることが多いです。このような組織の設置や事務の割り当てを行うのが行政組織法です。次に，行政活動の具体的な内容を定める行政作用法が必要となります。社会問題を解決するための政策プログラムの大半はこの行政作用法で，制度設計を考える上で最も重要な分野です。さらに，行政活動によって被害を受けたと考える私人の側が行政に対して権利・利益の救済や金銭填補を求めるルールが行政救済法です。この分野は，行政との紛争を解決する際に重要な知識であることに加え，紛争を起こしにくい制度を構築するという意味では制度設計を考える場合にも必要となる内容です。

図表1-6 行政法総論と行政法各論（参照領域）

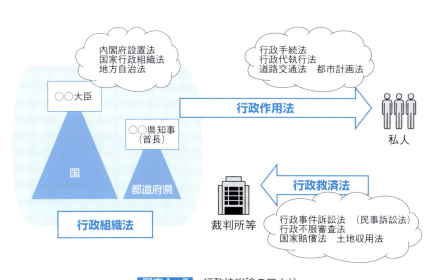

図表1-7 行政法総論の三本柱

1.4 行政法の全体像

1.4.3　行政作用法（行政過程論）の構造

　行政作用法は大きく3つの段階に分かれています（ 図表1-8 ）。最初の段階に位置付けられるのは，法律や条例といった一般的なルールです。行政法の世界では，法律によって行政活動の根拠が授権されることを重視しており（法律による行政の原理・法治主義）（→4.1），行政過程の出発点としてこうしたルールの制定が位置付けられます。

　次の段階は，こうしたルールに従って具体的な行政活動が展開される局面です。行政活動の内容や種類は極めて多様であるため，行政法学ではこの部分について，行政活動の形に注目した行政の行為形式という単位で議論を整序しています。具体的には，行政基準（かつては行政立法という用語が一般的でした）・行政計画・行政行為（行政処分と呼ばれることもあります）・行政契約・行政指導の5つが取り上げられます。これらを単位に，その実体法的（権利・義務の内容に関する）ルールや手続法的な要請が提示されています。

　最後の段階は，具体的な行政活動によって生じた義務が実際に履行されるようにするしくみです。例えば行政行為（行政処分）の中には，ある特定の私人に対して一定の行動をとる（例えばレストランの営業を禁止する）義務を課すものがあります。これに対して私人の側が何も行動を起こさなければ，義務違反の状態が放置されてしまいます。そこで行政の側がその義務を自ら実現する制度（行政上の義務履行強制）や，私人が義務に違反した場合に刑罰や制裁金等を課す制度（義務違反に対する制裁）が準備されています。

1.4.4　行政救済法（行政救済論）の構造

　行政救済法は大きく4つの柱から成っています（ 図表1-9 ）。行政救済法は大きく，違法な行政活動の是正を求める行政争訟というグループと，損害の金銭による填補を求める国家補償というグループに大別されます。行政争訟の中には，行政機関に対して行政処分等の見直しを求める行政上の不服申立（行政不服審査）と，裁判所に対して行政活動の是正を求める行政訴訟が含まれます。行政上の不服申立は，行政訴訟と異なり行政内部での是正であるため，行政活動が違法とは言えないものの適切ではない場合（行政裁量の行使に誤りがある場合）（→13.3）でも是正できます。国家補償の中には，違法な行政活動に対

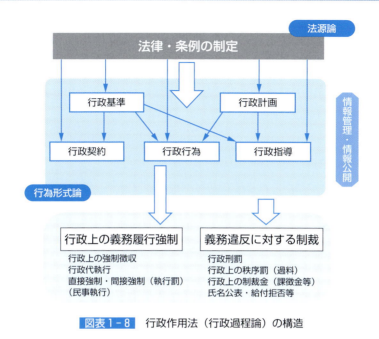

図表1-8 行政作用法（行政過程論）の構造

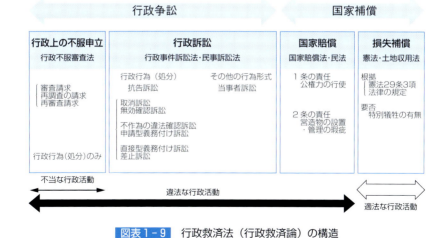

図表1-9 行政救済法（行政救済論）の構造

1.4 行政法の全体像

する損害の金銭賠償を求める**国家賠償**と，適法な行政活動で生じた損失の填補を求める**損失補償**があります。これら4つのうち，損失補償のみが「適法」な行政活動を対象としている点に注意が必要です。損失補償が行われる理由は，行政活動が違法であったからではなく，適法な行政活動によって特定の人に大きな犠牲（特別犠牲）が生じ，それを放置していては公平負担の観点から適切でないと考えられるためです。

> ● 考えてみよう
> 1. あなたと行政とがこれまでかかわったエピソード，またはニュースで聞いた行政と市民のかかわりの事例を3つ挙げ，どのような法律（条例）が関係していたか考えてみよう。
> 2. 六法を開いて，どのような法律が行政法に含まれるか考えてみよう。

第2章

行政法の特色

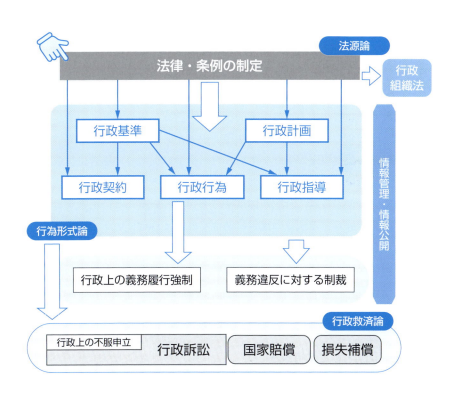

2.1 行政法の特色

　伝統的な行政法学は，行政に固有の法としての行政法の特色を，その権力性に見出してきました。私人同士で結ばれる契約は，対等の当事者がお互いの意思の合致に基づいて権利義務関係を変動させます。これに対して行政法が対象とする権利義務関係では，その一方当事者に国家が存在し，私人に対して一方的に命令・強制を行うことができます（図表2-1）。

　例えば国家は，建築基準に合致しない建築物の建築を禁止し，基準に適合しない建築物の所有者等に対してその除却を命令でき，それに所有者等が従わないと自力で除却を実現できます。こうした一方性や命令・強制の契機に注目して，行政法は権力関係を扱う法と位置付けられ，そこに民事法にはない固有の特色があると考えられたのです。

　では，このような権力性はなぜ認められるのでしょうか。この「なぜ」という問いは，次の2つの問題から構成されています（図表2-2）。1つは，権力性がどのようにして認められるかという実証的根拠です。伝統的には，君主による支配権の正統性がその根拠と考えられていました。しかし絶対王政の時代であればともかく，今日ではこうした説明は通用力を持ちません。そこで現在では，行政活動の持つ権力性の実証的根拠は，法律に求められています。

　例えば，除却命令を出すためには法律の根拠が必要で，現に日本では建築基準法9条にその根拠規定があります。また，命令に従わない場合に行政が自ら建物を壊す根拠は，行政代執行法という法律に求められます。このように，行政が持っている権力性は，行政が国家権力を担っていることに由来するというよりも，それを許容する法律の規定に基づくと考えられています。

　では，どうして行政にはこうした権力性が法律で認められているのでしょうか。これが「なぜ」に関する2つめの問いであり，権力性の正当化根拠の問題です。以下では，「予防司法」「秩序維持」「再分配」という3つのキーワードからこのことを考えてみます。

2.1.1 予防司法としての行政法

　日本国憲法のもとでは，国民に経済活動の自由が認められています（憲法22

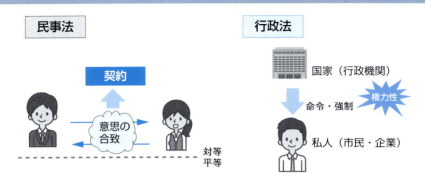

図表2-1　権利義務関係の変動——私人対私人と国家対私人

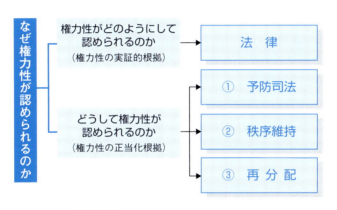

図表2-2　なぜ権力性は認められるのか

ことば　除却

工作物その他の物件を取り除くこと。建築基準法9条では違法建築物に対する除却命令が規定されている。

参考：建築基準法9条　①　特定行政庁は，建築基準法令の規定又はこの法律の規定に基づく許可に付した条件に違反した建築物又は建築物の敷地については，当該建築物の建築主，当該建築物に関する工事の請負人（請負工事の下請人を含む。）若しくは現場管理者又は当該建築物若しくは建築物の敷地の所有者，管理者若しくは占有者に対して，当該工事の施工の停止を命じ，又は，相当の猶予期限を付けて，当該建築物の除却，移転，改築，増築，修繕，模様替，使用禁止，使用制限その他これらの規定又は条件に対する違反を是正するために必要な措置をとることを命ずることができる。

条1項)。それゆえ，レストランを開店して食品等を提供するのは自由にできるはずです。しかし，飲食店を自由に営業できることにすると，食品を衛生的に管理しなかったり，調理施設が劣悪であったりする事業者が現れて，食中毒などの問題を起こす可能性があります。もし食中毒が出れば，**民法**（不法行為法）を使って**損害賠償**を請求したり，場合によっては**刑事責任**（業務上過失傷害）が問われたりするかもしれません。ただ，これらはいずれも食中毒が起こってしまった後の対応になってしまいます（ 図表2-3)。食の安全は人の生命や安全と直接かかわる問題であり，食中毒を出さないことが本来目指されるべきです。

　このような場合に威力を発揮するのが行政法です。行政法ではしばしば，社会に悪影響をもたらしうる行為をひとまず**一律に禁止**します。そして，条件を満たしている人に限ってその**禁止を解除**します。レストランの例で言えば，食品の衛生的な管理基準や厨房の衛生基準を法令で定め，レストランの営業を希望する人からの申請を受けて，その人が法令の基準を満たしているかを個別に認定・判断し，禁止を解除（これを許可といいます）します。許可を受けずにレストランを営業した場合には刑事罰を準備することで，無許可営業を抑え込み，衛生面での心配のないレストランだけを営業させることができるのです（ 図表2-4)。

　このしくみの中では，基準を満たしているかどうか行政が個別に判断し，禁止を解除する許可という行為が中核に置かれており，この許可にはレストランを営業できる法的地位を一方的に付与するという意味で権力性が認められます。ここで，申請に対して許可が与えられている点に注目すると，この作用は一方的でないように見えるかもしれません。しかし，営業できる地位は申請者と行政との合意によって生じているのではなく，**法令に基づいて衛生に関する基準を満たしているとの判断を行政が示す**ことで生じており，ここに**一方性**が見られます。そしてここでの権力性は，紛争を事前に予防することを目的に法律によって認められています。民事・刑事裁判に代表される司法作用が，(民事差止めなどの一部の例外を除いて）事後的な救済を行っていることと対比させる意味で，このような行政作用を予防司法と呼ぶことがあります。

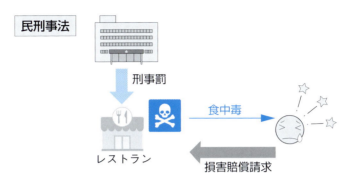

図表2-3 民刑事法における事後的対応

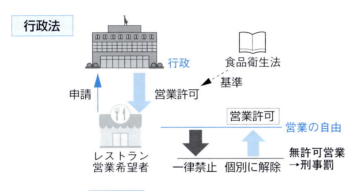

図表2-4 予防司法としての行政法

> **ことば　不法行為法**
>
> 　故意または過失によって他人の権利・利益を侵害した場合には、損害賠償しなければなりません（民法709条）。例えば、自動車がスピードを出しすぎて、ある家の塀を壊してしまった場合、スピードを出しすぎて運転したという不注意（過失）が原因で（因果関係）、家の塀という他人の財産権を侵害し（権利侵害）、修理代相当の経済的なマイナスを発生させた（損害）とすれば、損害賠償が必要となります。民法の不法行為法では、こうした自分の行為によって損害が生じた場合の責任だけでなく、他人の行為による損害（例：使用者責任）や、物に起因する損害（例：工作物責任）の規定も置かれています。

2.1.2 秩序維持・リスクへの対応手法としての行政法

もちろん，あらゆる行政活動が紛争発生以前の段階で展開されるわけではありません。次に，事後的な局面で働く行政活動を紹介します。例えば，ある工場が許可を受けて操業していたところ，有害な物質を周囲に流出させている疑いが生じたとします。その物質が原因で周辺住民の健康被害が生じた場合には，民法に基づく損害賠償で問題が解決されるかもしれません。また，その被害が極めて重大である場合には，警察官・検察官による捜査や刑事手続を経て，刑事罰が科されることもあり得ます。しかし，刑事罰の使用は最後の手段とされているため，よほど悪性が高いケースでしか刑事罰を用いた対処はできません（図表2-5）。そこで，このような場合に行政法による事後規制が用いられます。

行政法では，法令に基づく一定の基準を満たしていない場合に，基準を満たすよう求める改善命令や，基準を満たさない場合に営業を認めない営業停止・営業禁止といった不利益処分が定められていることがあります。不利益処分が発動される前提として，基準に違反した事実があるかどうかを調査する行政調査が行われます。調査の結果，違反の事実があることが疑われる場合には，不利益処分の手続がとられます。不利益処分の結果，事業者に一定の義務が課されたり，場合によっては営業ができなくなったりするところに，この行政活動の権力性が認められます。この手続は刑事手続ほど手厚い手続保障を伴っていないものの，処分の内容が予告され（告知），反論の機会が与えられ（聴聞・弁明の機会），処分がされる場合にはその理由が示されます。もっとも，我が国ではこのような不利益処分が実際に発動されるケースは多くなく，ほとんどの事例では営業自粛を求める行政指導に相手方が従うことで解決されています。とはいえ，ここで見られる権力性は，刑事罰が用いられるような悪性の高い事案に限らず，社会の秩序を維持する目的や，リスクの問題のように予想される被害との因果関係がはっきりしないような場面でも何らかの対応をとる目的で用いられています（図表2-6）。

2.1.3 再分配を規律する行政法

これまで見た2つは，いずれも行政が私人の行動の自由を制限する規制行政というタイプに属する活動でした。行政にはこの規制と並んで重要な活動とし

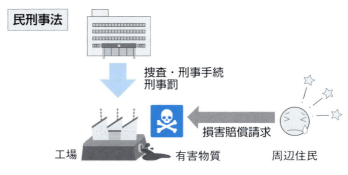

図表2-5　民刑事法における事後的対応

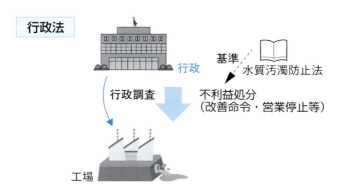

図表2-6　秩序維持・リスクへの対応手法としての行政法

コラム● リスクの問題

　土地の所有者がガソリンタンクを設置してガソリンを大量に備蓄した場合，ガソリンに引火すると大規模な火災が発生するおそれがあります。危険とはこのように，将来的に損害が発生するおそれがある状態を指します。

　これに対してリスクという言葉は，こうした危険が発生する可能性がある状態のことであり，現在の科学的知見では将来的に損害が発生すると言えるかどうかはっきりしないことを意味します。例えば，低周波の振動や電磁波については，長期間にわたって曝されると健康被害が生じるとする研究があります。こうした問題については，想定される被害とこれを防止する技術の発展を考慮しつつ，どのような規制を設けることが適切か検討することが必要です。

て「給付」があります。これは行政による財・サービスの提供活動のことで、その中心的なものが所得再分配を目的とする社会保障給付です。この社会保障給付でも権力性の要素が見られます（図表2-7）。国家には給付のための金銭を無制限に生み出す打ち出の小槌があるわけではないので、社会保障給付のためにはその財源を国民から調達する必要があります。例えば、医療保険や年金保険の場合には、保険料という形でその負担が求められています。この保険料の賦課は、法令で定められた一定の要件に基づき、個人の所得等に応じてなされます。保険料賦課処分によって生じた納付義務を履行しない場合には、最終的には行政が義務者の財産を差し押さえることで強制的に徴収できます。ここでは、再分配のための費用調達が確実になされるようにするため、また経済的状況に応じて平等な負担を実現するために、権力性が用いられています。

これに対して、権力性とは縁遠いように見える給付の場面でも、ある種の権力性が用いられています。例えば、憲法25条1項が定める生存権の保障を具体化する制度である生活保護においては、要保護者の申請を前提に、生活保護法に基づいて厚生労働大臣が定める生活保護基準を下回る生活水準かどうかを行政が調査し（資産調査）、基準を下回っていると評価した金額を給付する生活保護開始決定を行います。この決定により、要保護者には生活保護受給権が発生します。ここでも行政が法令に基づく基準に合致しているかを認定し、一方的に一定の法的地位を発生させるという意味での権力性が認められます。

2.2 行政法の基本的考え方

もっとも、行政法の特色は権力性にとどまりません。ほかに、**行政法が実現する利益が個人の私益ではなく公的な利益であること**（公益性）や、私人とは異なる**行政主体という組織が活動を行う際のルール**（行政主体性）であることも、行政法の特色に含まれます（図表2-8）。ここでは、これら3つから生じる行政法の基本的な考え方を紹介します。

2.2.1 国家と社会の二元論――権力性

行政に認められている権力的な作用から私人の権利や自由を保護するために

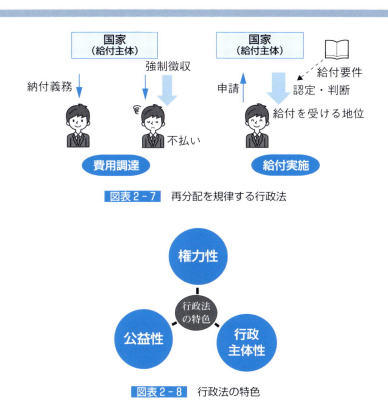

図表2-7　再分配を規律する行政法

図表2-8　行政法の特色

ことば　社会保障法

　自立した日常生活を支えるための所得再分配のシステムを構築している法令群を，社会保障法と呼びます。具体的には，年金・医療・介護・福祉サービス・生活保護・児童手当などが含まれます。

　社会保障法は，給付を実施するための費用調達のあり方に注目して，社会保険法と社会扶助法に大別されます。社会保険方式は，給付を受ける可能性のある者から保険料を徴収し，給付が必要になった段階で保険料を財源に給付を実施する方式で，これを用いた年金・医療・介護・労災・雇用の5つの分野が社会保険法に含まれます。これに対して社会扶助方式は，租税などの一般財源を使って給付を実施する方式で，保険料の支払いは給付を受ける要件になっていません。例えば生活保護・社会福祉サービスの給付がここに含まれます。なお，租税に加えて企業からの拠出金も財源にする児童手当のようなしくみもあります。

役立つ考え方のひとつが，国家と社会の二元論です（図表2-9）。これは，権力を担っている国家と，私人が自由に行動し取引などの経済活動を行う社会（市場）とを分離する考え方です。社会の領域で活動する私人には，国家との関係で基本的人権（基本権）が保障されており，基本権が国家による介入に対する歯止めとして機能します。また，少なくとも私人の権利を制限したり義務を課したりする行政活動が行われる際には，事前にその行政活動の内容を定めた法律の根拠が要求されます（法律の留保）（→4.2）。さらに，法律に適合しない行政活動がなされた場合には，私人の側は裁判所にその是正を求めることができます。このような国家と私人との関係は，伝統的には一般権力関係とも呼ばれ，行政法学の対象となる最も主要な権利義務関係と位置付けられてきました。

　これに対して，公務員と国家との関係や，国家が設置する施設（例えば学校や刑務所）とその施設の利用者との関係は，国家内部における関係と捉えられ，上記のような私人の権利・自由を保護する理論が働かないとされてきました。つまり，このような特別権力関係においては，国家はその関係の設定目的と適合する内容であれば，**法律の根拠なしに私人の権利・自由に対する介入が可能**と考えられました。さらに，このような**介入に対して私人の側が裁判所による権利救済を求めることはできない**とされてきました。特別権力関係論の内容のうち，後者の裁判所による権利救済の可能性については，戦後の日本では部分社会の法理という考え方がとられており，学校や団体といった部分社会と一般市民社会との接点にあたる行為（例えば学校の卒業資格認定）については司法審査が可能であるとの理解が一般化しています（→4.3.1）。

2.2.2　利害からの中立性──公益性

　行政活動は，特定の個人や団体の利益を増進するためでなく，公的利益の実現のためになされなければなりません。そのためには，行政と利害関係者との関係を切断するしくみが必要となります。また，国家（行政）が自分自身の経済的利益のみを追求して，社会全体の利益を損なうことのないようにしなければなりません。こうした観点から発達した考え方を3つ紹介します。

　第1は，国家の収入は租税を中核とし，国家による何らかの給付に対する反対給付として金銭を獲得することを例外とする租税収入中心主義です 図表2

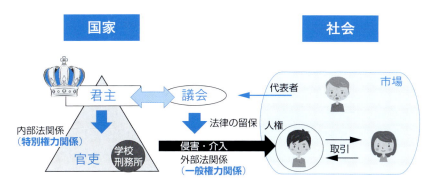

図表2-9　国家と社会の二元論

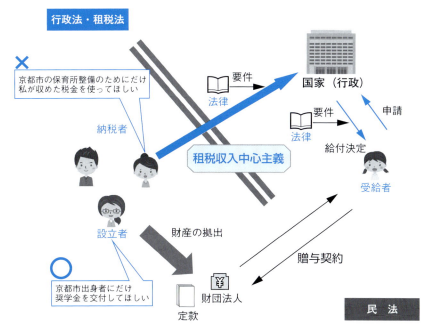

図表2-10　行政法と民事法との比較（徴収と使途決定の峻別）

-10」)。租税とは，「国家が，その課税権に基づき，特別の給付に対する反対給付としてでなく，その経費に充てるための資金を調達する目的をもって，一定の要件に該当するすべての者に課する金銭給付」（最大判1985（昭和60）・3・27民集39巻2号247頁；判Ⅰ1［大嶋訴訟］）と定義されます。この定義のポイントは，**給付に対する反対給付ではないこと**，つまり何か特定のサービスを国家から提供してもらうことを条件に国家に支払う金銭ではないことです。近代以降の国家では，それまでの租税が使用目的と結びつけて徴収されていた点を改め，徴収の部分では使途を決めずに徴収し，その使途は民主的な過程によって決定する方法をとることが一般化しました。これは，国家活動の費用を負担している者の私益が国家活動に影響を及ぼすことを抑制し，民主的な過程の中で何が公益なのかを決定し，それを行政が実現するためと考えられます。

　第2は，国家による贈与禁止原則です。租税収入中心主義は，徴収と使途決定を峻別することで，費用負担者と政策決定との距離を確保するものでした。これに対して国家による贈与禁止は，**政策決定とその受益者との間に距離を確保するための考え方**と整理できます。これは，公金を特定の私人に与える場合にその正当化根拠を要求する考え方であり，例えば個人の生存権の保障や，補助金交付の際の公益性がその根拠となり得ます。

　第3は，財産権の主体と行政権の主体の区別です。国有地や県有地があることからも分かるように，行政にも財産権の主体としての側面があります。財産権の主体としての行政主体は，基本的には私人と同じ立場に立って取引等を行います（活動の公益性の観点から私人とは異なる特別のルールが法令で定められていることもあります）。これに対して，行政が行政権の主体として活動する際には，そのような権限を授権した法律に従って活動することとなり，財産に対する支配権とは別の正当化根拠で活動しています。これも，**経済的な利害関係から行政を切り離す工夫**と言えます（ 図表2-11 ）。

2.2.3　活動の透明性──行政主体性

　国や都道府県・市町村といった行政主体は，私人の権利や自由を確保したり，社会の秩序や安全を維持したりするために設立された，いわば人為的な組織です。それゆえこれらの行政主体は，その構成員である国民・住民に対して，設

クローズアップ● 大嶋訴訟（サラリーマン税金訴訟）

サラリーマンの給与に対しては所得税が源泉徴収（いわゆる天引き）されており，所得がいくらあるのかがほとんど完全に捕捉されているのに対して，自営業者等の事業所得の把握は基本的にはそれぞれの事業者の申告に委ねられており，また各種の控除等の特別措置が設けられています。このような所得税法における給与所得に対する課税が憲法 14 条 1 項に反するかが争われたのが，大嶋訴訟（サラリーマン税金訴訟）です。

最高裁は結論として，給与所得に対する課税は憲法に違反しないと述べています。最高裁は，憲法 14 条 1 項に違反するかどうかの判断基準として絶対的な平等を保障したものではなく，合理的理由のある区別であれば合憲であるとの立場をとります。そして，サラリーマンと事業者の所得税の課税のしくみの合理性を判断するにあたり，左頁本文のような租税の定義を提示し，民主主義の過程の中で課税のルールが決まることを憲法が予定しているとします。こうした理由を挙げた上で最高裁は，租税立法の合憲性について「その立法目的が正当なものであり，かつ，当該立法において具体的に採用された区別の態様が右目的との関連で著しく不合理であることが明らかでない限り，その合理性を否定することができず，これを憲法 14 条 1 項の規定に違反するものということはできない」との基準を示しています。

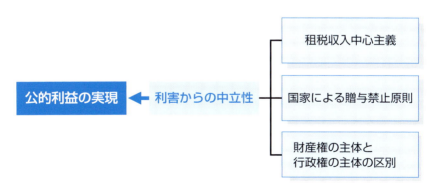

図表 2-11　公的利益実現のための 3 つの考え方

立目的との関係で適切な活動を行っていることを常に示す必要があります。こうした活動の透明性確保は，次の3つの態様でなされます（図表2-12）。

　第1は，行政による個別の決定に関する理由の提示です。行政活動の適切性を説明する対象としてまず問題となるのは，その行政活動によって自らの権利・利益に影響が生じる利害関係者です。行政手続法では，申請に対する拒否処分と不利益処分について，その理由を相手方に示すことを義務付けています（行政手続法8・14条）。これは，行政の判断を慎重に行わせることと，理由を示すことで相手方が不服申立の際に何を主張すべきかに関する手がかりを与えるためと理解されています。このような要請は，行政手続法が特に規定を置いている処分のみならず，あらゆる行政活動にあてはまります。

　第2は，代表民主政のプロセスの中での透明性の確保です。国民・住民が代表者を選び，議会が行政活動に対する授権と監視を行う代表民主政の中には，こうした透明性確保にもつながるしくみが多く含まれています。例えば法律・条例の制定・改正の際には，それまでの行政活動の状況や問題点が議論されることになりますし，毎年度策定される予算案の審議の際にも行政活動の現況がチェックされます。さらに最近では，政策評価や行政監査といった行政活動の経済合理性にも眼を向けるチェックのしくみが増えており，これと代表民主政における授権・監視とが結びついて，行政活動の適切性を評価する枠組が発達しつつあります。

　第3は，情報公開制度を通じた透明性の確保です（→8.3）。日本では1980年代頃から，行政が持っている文書を住民からの請求に応じて開示する情報公開制度が地方公共団体で広がりはじめ，国のレベルでも1999年に行政機関情報公開法が成立しました。情報公開制度は，国民・住民に情報開示請求権を認め，その文書の中に個人のプライバシーを侵害したり，法人の正当な競争上の地位を害したりするような情報（これらを不開示情報といいます）が含まれていなければ，情報を開示しなければならないしくみを定めています。しかもその利用目的は問われないため，自分自身の権利利益と関係ない情報に対するアクセスも可能です。これは，代表民主政のプロセスとは別に，個人に対して行政活動の適切性を説明する手がかりを提示するものであり，行政がアカウンタビリティーあるいは説明責任を果たすためのしくみと理解されています。

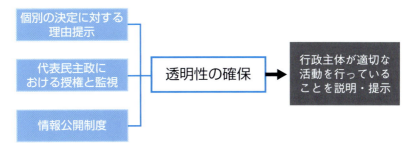

図表 2-12　透明性確保のための 3 つの態様

クローズアップ● 公法と私法の区別基準と「行政主体性」

　行政法の特色としてここで説明している「権力性」「公益性」「行政主体性」は，伝統的には公法と私法の区別基準として議論されてきました。2.3 で説明するように，戦前の日本には民刑事の裁判所と別に行政裁判所が設置されており，どちらの裁判所で事件が扱われるべきかという線引きの問題（これを裁判管轄といいます）が実際にも重要だったのです。その区別基準として学説では，権力的な活動を公法の対象と考える権力説，公益的な内容を持つ活動を公法の対象と考える利益説，国・公共団体といった行政主体（＝行政上の任務を遂行する組織）の活動を公法の対象と考える主体説の 3 つが議論されていました。そして，公益的な内容は民間でも行いうること，行政主体の活動の中には民間でも行っている契約のようなものも含まれていることから，民事法にない行政法固有の内容は権力的な活動にこそ認められる，というのが伝統的な理解だったのです。

　これに対して最近では，行政活動を幅広く捉えた上でその法的なコントロールを考える立場から，主体説に近い理解で行政法の範囲を確定する立場が強まっています。その背景には，行政主体は社会問題の解決のために作り出された組織であって，そこに権力だけでなく人員や資金も配分されている以上，その活動が全体として合理的で適切なものであることを法的な観点からチェックすべきであるとの考え方があるのです。

2.3 公法・私法二元論とその解体

2.3.1 公法・私法二元論

ここまでは，行政法の特色を「権力性」「公益性」「行政主体性」という観点から見てきました。伝統的にはさらに，行政法の世界は民事法とは異なるものであり，それゆえ民事法が行政法関係に適用されたり，行政法の法令の規定が欠けているときに民事法の法理が類推されたりすることはないという考え方が見られました。これを公法・私法二元論と呼びます（図表2-13）。戦前の日本には，民刑事の裁判を担当する大審院の系統と別に，東京に1箇所だけ設置された行政裁判所がありました。それゆえ，公法・私法の区別や適用すべき法の選択の問題は，裁判所間の権限の線引きという実用上の意味を持つ議論でした。ところが戦後，日本国憲法76条2項は終審としての行政裁判所の設置を禁止したため，裁判所の系統が一元化され，公法・私法の区別を論じる制度的な背景は消滅しました。それでも学説上は，両者の区別を行政法体系の構築の中核と考える見解が長らく根強かったものの，最近では少なくとも両者を峻別すべきとする見解は弱くなり，両者の区別を前提としつつその組み合わせにより社会問題の解決を図る方向の議論が増えてきています。

2.3.2 最高裁判例の展開

このような学説の展開に影響を与えたのが，戦後の最高裁判例です（図表2-14）。伝統的な公法・私法二元論は，民事法における権利・義務・法律行為を模した公権・公義務・公法行為という概念を用いて，法解釈の際に公法の論理を持ち出す傾向を持っていました。しかし最高裁は，条文の趣旨解釈から行政法関係における民事法の適用を認める姿勢を示してきました。ここではそのような例を2つ紹介します。

① 公権の消滅時効について，会計法30条は「金銭の給付を目的とする国の権利で，時効に関し他の法律に規定のないものは，5年間」で消滅すると定めています。伝統的な公法・私法二元論の立場では，公権とされる権利について会計法のこの規定の適用があると考えてきました。しかし最高裁は，自衛隊における自動車事故で死亡した自衛官の両親が安全配慮義務違反に基づき国に

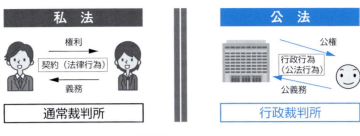

図表2-13 公法・私法二元論

	自衛隊における自動車事故の賠償責任の時効 最三小判1975（昭和50）・2・25民集29巻2号143頁	
金銭の給付を目的とする国の権利で、時効に関し他の法律に規定がないものは、5年間これを行わないときは、時効に因り消滅する。国に対する権利で、金銭の給付を目的とするものについても、また同様とする。	会計法30条	×（適用を否定）
債権は、10年間行使しないときは、消滅する。	民法167条	○（適用を肯定）

	農地買収処分 最大判1953（昭和28）・2・18民集7巻2号157頁	
不動産に関する物権の得喪及び変更は、不動産登記法（…）その他の登記に関する法律の定めるところに従いその登記をしなければ、第三者に対抗することができない。	民法177条	×（適用を否定）
	租税滞納処分 最一小判1960（昭和35）・3・31民集14巻4号663頁	
	民法177条	○（適用を肯定）

図表2-14 最高裁判例の展開

損害賠償を求めた事件で，会計法 30 条は国の権利義務を早期に決裁する必要があるなどの行政上の便宜を考慮したことに基づく規定であって，そのような考慮の必要がない債権にはこの規定の適用がないとし，安全配慮義務に関する消滅時効は民法 167 条 1 項が適用されて 10 年となると判断しました（最三小判 1975（昭和 50）・2・25 民集 29 巻 2 号 143 頁：判Ⅰ29/44）。

② 所有権の移転を第三者に対抗するために登記を要するとする民法 177 条について，最高裁は農地買収処分の事例でその適用を否定しました（最大判 1953（昭和 28）・2・18 民集 7 巻 2 号 157 頁：判Ⅰ47）。しかし最高裁は，租税滞納処分に関してはその適用を肯定しています（最一小判 1960（昭和 35）・3・31 民集 14 巻 4 号 663 頁：判Ⅰ46）。農地買収処分について民法 177 条の適用を否定した理由は，それが公法上の関係であるからではなく，農地買収処分を定めた自作農創設特別措置法が，耕作者の地位の安定という政策目的を実現するため，民事上の売買とは異なる買収処分の制度を準備していることに求められています。つまり最高裁は，問題となっている法関係が公法上のものかどうかに注目するのではなく，関係する具体的な行政法令の条文の趣旨・目的を解釈した上で，民事法の適用があるかどうかを判断しているのです。

2.4　行政法と民事法の協力関係

　最近ではさらに，行政法と民事法を社会問題の解決のために組み合わせて使うという視点が強調されています。例えば，ヤミ金融のような貸金業に関する問題に関して，我が国では金銭消費貸借契約に関する民法の規定のみならず，民事法として利息制限法が，刑事法として出資法が，行政法として貸金業法が制定され，これらを組み合わせることで解決を図ろうとしています。ここでは，行政法と民事法が社会問題の解決のために組み合わされている例を紹介します。

① 民事法と行政法の保護しようとする法益が重なり合っている場合には，行政法が民事法を書き換える**民事特別法**として働くことがあります。例えば，隣接している土地の利用ルールを規定している民法の相隣関係の規定（民法 209 条 以下）と建築基準法との関係がこれにあたります（ 図表 2 - 15 ）。最高裁は，隣地境界線と 50cm 以上間隔を空けるように要求する民法 234 条の特則として

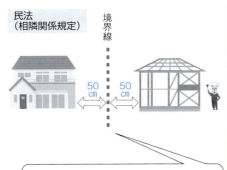
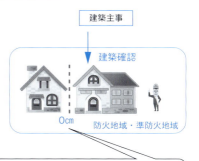

民法234条 ① 建物を築造するには，境界線から50センチメートル以上の距離を保たなければならない。
② 前項の規定に違反して建築をしようとする者があるときは，隣地の所有者は，その建築を中止させ，又は変更させることができる。ただし，建築に着手した時から1年を経過し，又はその建物が完成した後は，損害賠償の請求のみをすることができる。

建築基準法65条 防火地域又は準防火地域内にある建築物で，外壁が耐火構造のものについては，その外壁を隣地境界線に接して設けることができる。

図表2-15 接境建築

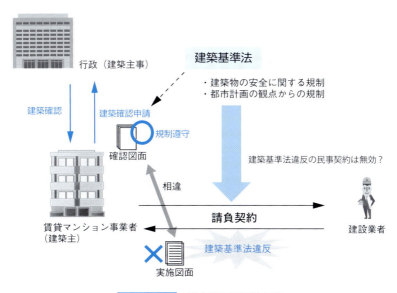

図表2-16 法令違反行為効力論

2.4 行政法と民事法の協力関係　33

防火地域・準防火地域について間隔を空けない建築(接境建築)を認める建築基準法 65 条を位置付けています(最三小判 1989(平成元)・9・19 民集 43 巻 8 号 955 頁：判 I 25)。

② 民事法と行政法の保護しようとする法益が完全には重なり合わない場合には，両者の適用調整を行う必要があります。その典型例が，行政法によって取引に関する行為規制がなされた場合に，これに違反する契約の民事上の効力がどうなるかという問題（法令違反行為効力論）です。伝統的には，行政法令がその違反行為の際に契約の効力を否定する趣旨が読み取れない規定（取締法規）に違反する場合には契約を有効としつつ，さまざまな事情を考慮して公序良俗違反（民法 90 条）に該当すれば例外的に契約を無効にすることができると考えられてきました。しかし最近では，とりわけ消費者法や競争法のような取引と関係する価値を実現しようとする行政法規に違反した契約の場合に，より積極的に契約を無効にすべきとの見解が有力化しています（参考：最二小判 2011（平成 23）・12・16 判時 2139 号 3 頁：判 I 52）（ 図表 2 - 16 ）。

③ 先に説明したように，民事法と行政法とは紛争の事後と事前という形でその役割分担がされることが一般的でした。しかし最近では消費者法において，**民事法と行政法が同時に作動**するしくみが設けられています。例えば特定商取引に関する法律では，同じ違反行為（禁止行為）に対して，業務停止命令（行政法上のしくみ），消費者の契約解除権（民事法上のしくみ），消費者団体による差止請求権（民事法上のしくみ）の 3 つが規定されています。後に詳しく説明するように（→第 16 章），日本の行政規制はその実効性の点で問題を抱えています。そこで，消費者保護を実現するために使える手段はできるだけ多く使おうとする立法政策がとられているのです。

● 考えてみよう
1. 行政法に属するひとつの法律（例：食品衛生法・生活保護法）を取り上げて，民事法や刑事法による対応と比較して行政法のしくみにどのような特色があるかまとめてみよう。
2. 行政法の規制に違反する民事契約が無効になるのはどのような場合か，具体的な事例を使って考えてみよう。

第3章

行政法の法源

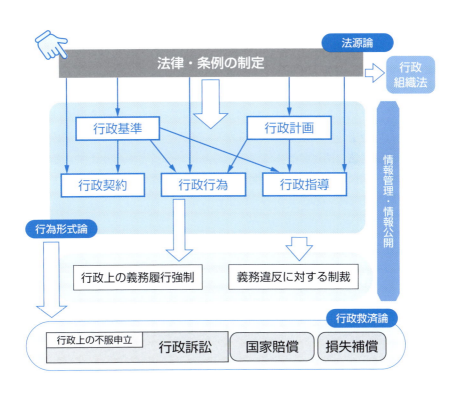

3.1 行政法の法源

3.1.1 成文法源

法の存在形式のことを法源といいます。「法」というと一般には法律を思い浮かべるところです。しかし法は法律の形をとるだけではなく，ほかにもさまざまな形式があります。法源は大きく分けると，条文の形で書かれている成文法源と，文章の形をとらない不文法源とがあり，成文法源の方が重要な役割を果たしています（図表3-1）。

成文法源の頂点に位置付けられるのが憲法です。日本国憲法には行政権に関する規定があり，さらに財政（83〜91条）や地方自治（92〜95条）の規定も置かれています。人権規定の中でも国家賠償（17条）や損失補償（29条3項）は，行政救済制度の根拠となるものです。

行政法の法源として最も重要なのは法律です。法律は行政活動の淵源であり，法律に違反する行政活動は違法な行政活動として是正の対象となります（→4.1.3）。行政法に関係する法律を読解する上で重要な作業は，視線の往復です。行政法の中には，幅広くさまざまな行政活動を対象にしている行政通則法と，個別の行政活動の内容を詳細に定めた個別法があります（→1.4.1）。そこで，個別法の条文解釈にあたっては，個別法の中だけに注意を向けるのではなく，関連する行政通則法の規定を参照しながら法的ルールを考えることが必要です。また，その個別法の関連で基本法が制定されていることもあります。基本法そのものには，国民の権利・義務に関係する規定は少ないものの，基本法が政策の意図を明確化していることから，個別法の解釈にあたって指針を与える役割を担っています。

法律と同じように，議決機関が制定に深く関与する法源が，条約と条例です。このうち，地方公共団体（都道府県・市町村）の議会が制定する条例については後述することとし（→3.3），ここでは国と国との約束である条約について簡単に説明します。条約は国家間の法規範であり，第一義的には国家に対して一定の内容を義務付けています。その義務を実現するために，国家は法律（条約実施法・担保法）を制定することが一般的です。もっとも条約は，国会が承認し，批准などの一定の方法で締結して効力が発生すれば，条約の内容を法律の

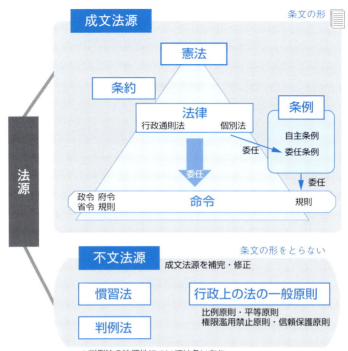

図表3-1 行政法の法源

クローズアップ● 憲法と行政法

　憲法と行政法は，ともに公法の分野に属しており，国家と私人との法関係を取り扱っています。憲法は行政法の法源に含まれており，行政法に関する事件の中で憲法の規定の解釈や適用が問題となることがあります。もっとも，憲法の規定が直接適用される場面は多くはなく，憲法の規定を踏まえて制定された法律や，その委任に基づいて定められた命令（政令・省令・規則等）の適用が問題となることがほとんどです。法律は，憲法の定めている統治機構や基本的人権の枠内で，立法者の政策決定に基づいて定められたものであり，その内容は憲法と適合するものであるはずです。もし，法律の文言の意味がはっきりせず複数の解釈が成り立つ場合には，憲法の趣旨に適合する方の解釈が選択されます（憲法適合的解釈）。また，解釈によっては憲法との適合性を維持できない場合には，裁判所によって法律の違憲無効の判断がなされる可能性があります。

形式に変更する（変型）ことなしに，国内法上の効力を持ちます。その優劣関係は，一般には憲法に劣後し，法律に優位すると考えられています。国内法上の効力があるとして，その条約が単独で行政活動の根拠になったり，裁判所によって適用される規範となったりする場合に，その条約には自動執行性（直接適用可能性）があると表現します（図表3-2）。このような性格が認められるためには，条約の文言自体が（法律による具体化を行わなくても）十分に明確であることや，議会の専権事項（例えば財政・予算措置に関する事項）に含まれないことが必要であるとされます。

行政機関が制定する成文法源を幅広く命令と呼びます（命令という言葉は，個別の対象者に対する行政機関による指示（行政行為（→11.1）の一種）としても用いられるので，どちらの意味で用いられているのかに注意する必要があります）。命令には制定権者に着目した類型区分があり，内閣が制定する政令，内閣総理大臣が制定する内閣府令（府令），各省大臣が制定する省令，委員会・庁の長官が制定する規則に分けられます（図表3-3）。行政機関が制定するルールが法として通用するためには，法律に基づく授権が必要です。明治憲法下では，法律とは無関係に行政機関が定め，しかも法律と同等の効力を持つ独立命令・緊急命令の制度がありました。日本国憲法下ではこうした命令は否定されているものの，旧憲法下から引き継がれたポツダム政令がわずかに残されています（例：物価統制令，学校施設の確保に関する政令）。

3.1.2　不 文 法 源

行政法の分野では，法律による行政の原理（→4.1）の考え方から，成文法源の果たす役割が大きいものの，不文法源にも成文法源を補完・修正する役割が認められています。このうち，慣習法や判例法については，他の法分野と議論の内容にそれほど大きな違いはありません。これに対して，他の法分野ではあまり見られないのが行政上の法の一般原則です（→3.2）。ただし国際法の領域では，行政法と同様に法典化が十分ではなく，かつ法の一般原則が国際司法裁判所で適用できる法の一種であることが明文で（国際司法裁判所規程38条1項(c)）で規定されていることから，法の一般原則に大きな役割が認められています。

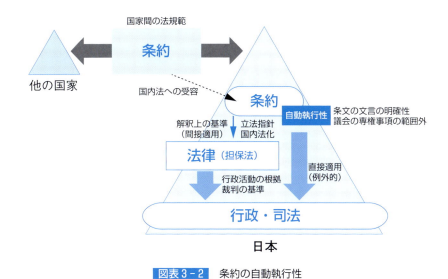

図表3-2 条約の自動執行性

制定権者	名　称
内　閣	政　令
内閣総理大臣	（内閣）府令
（復興庁の所掌事務について）	復興庁令
各省大臣	省　令
委員会・庁の長官	規　則
地方公共団体の首長	規　則

図表3-3 命令の種類

3.1　行政法の法源

3.2 行政上の法の一般原則

3.2.1 行政上の法の一般原則の内容

　行政法で取り扱われる法の一般原則の中には，個別の参照領域（例えば警察法や環境法）に限定して認められるものと，分野を超えて幅広く用いうるものとがあります。後者の行政上の法の一般原則としては，少なくとも次の4つが挙げられることが一般的です。

　第1は，比例原則です。これは，目的と手段の合理性とその均衡を要求する考え方で，もともとは警察法の警察比例原則に由来します（憲法13条に言及する見解もあります）。伝統的な侵害作用の中心に置かれる警察法では，かつて権限の行使を制約する明文の規定がない場面が多く，それゆえ不文の原則として，目的を実現する限度でのみ権限の行使が認められるとの考え方が発展してきました。これが第2次世界大戦後に他の行政分野にも拡張され，現在では分野を問わずあてはまる一般的な原則と考えられています。

　第2は，権限濫用禁止原則（目的拘束原則）です。もとは，民法の権利濫用禁止原則（民法1条3項）に由来するものです。ただし，その根本にある発想は民法とはやや異なります。行政法の世界では，行きすぎた権限の行使を抑制するために，目的との関係で必要な限度で権限の行使を許容する比例原則の考え方が認められています。しかし，目的の縛りを緩め，別の目的のためにある権限を転用できることにすると，比例原則によって権限行使を抑制することができなくなってしまいます。言い換えると，目的と手段の一対一での対応を守る（いわば「縦割りの勧め」）ためにこの原則が必要とされるのです。

　第3は，信頼保護原則です。これも民法に由来する考え方です（民法1条2項）。行政法でこの原則が問題となるのは，これまでの行政による取り扱いが変わる局面です。例えば，免許制度を伴うある法律が改正され，その際にすでに免許を持っている人から免許を奪うとすると，免許があることを前提にさまざまな社会的・経済的活動を行ってきた免許保持者の信頼を裏切ることになります。そこで法改正の際には，それまでの制度に基づいて一定の地位を持っていた人に対する移行措置が規定され，激変緩和のための手段がとられることが

> ### □□□ BOX——行政上の法の一般原則と憲法・民法
>
> **日本国憲法**
> **13条**　すべて国民は，個人として尊重される。生命，自由及び幸福追求に対する国民の権利については，公共の福祉に反しない限り，立法その他の国政の上で，最大の尊重を必要とする。
> **14条**　① すべて国民は，法の下に平等であって，人種，信条，性別，社会的身分又は門地により，政治的，経済的又は社会的関係において，差別されない。
> 　② 華族その他の貴族の制度は，これを認めない。
> 　③ 栄誉，勲章その他の栄典の授与は，いかなる特権も伴はない。栄典の授与は，現にこれを有し，又は将来これを受ける者の一代に限り，その効力を有する。
>
> **民法**
> **1条（基本原則）**　① 私権は，公共の福祉に適合しなければならない。
> 　② 権利の行使及び義務の履行は，信義に従い誠実に行わなければならない。
> 　③ 権利の濫用は，これを許さない。

クローズアップ● 警察法の一般原則

　個別の参照領域に限定して認められる一般原則には，さまざまな内容があります。ここでは，最も古くから発展し，行政上の法の一般原則にも大きな影響を与えた警察法の一般原則を紹介します。
① **警察消極目的の原則**　警察作用の目的は，安全や秩序維持にあることから，それを超えて社会の福利増進を行う活動を警察作用として行うことはできません。
② **警察責任の原則**　警察権を行使しうる相手方は，安全や秩序維持を妨げている状態（警察違反状態）について責任を持つ者に限られるとする考え方です。
③ **警察公共の原則**　警察作用の目的は安全や秩序維持に限られるため，これと関係ない私生活や民事上の関係に警察が立ち入ることはできない（民事不介入）とする考え方です。もっとも，民事上の問題でも安全や秩序維持に関係していれば，警察の介入は可能です。
④ **警察比例の原則**　警察権の行使は，安全や秩序維持のために必要な最小限度でのみ許されるとする考え方です。行政上の法の一般原則のひとつである「比例原則」は，もともとこの警察法上の一般原則から発展しました。

一般的です。法改正の局面よりも問題となるのは，それまでの行政上の取り扱いが実は違法であったことに気づいた行政側が，法律に従った取り扱いに変更した結果，相手方にとっては不利益な変更がなされる場面です。このように，信頼保護原則と適法な行政活動の要請が衝突する場合には，後述の通り，信頼保護原則の適用には一定の条件が付くことになります。

第4は，平等原則です。これは，同様の状況にある場合には，異なった取り扱いをする何らかの合理的な理由がない限り，同様に取り扱われなければならないとする考え方です（憲法14条）。例えば，行政が給付行政の場面で給付契約を締結する際には，民法で言われているような相手方選択の自由はあてはまらず，同様の状況にある場合には（サービスが足りなくなるといった特段の事情がない限り）同じように契約を締結しなければなりません。いくつかの法律では契約締結強制が明文で規定されており（例：水道法15条1項）（→14.1.2），これは平等原則を実定化したものと言えます。

3.2.2　行政上の法の一般原則の機能

行政上の法の一般原則が働く場面は，大きく分けると次の2つあります。1つは，法律の規定が不明確である場合に，その内容を補充する役割です。そしてもう1つは，法律の規定の通りに取り扱うと著しく不適切である場合に，法律の規定内容を修正する役割です。具体例で説明しましょう（ 図表3－4 ）。

法律の規定が不明確である場合の代表は，行政に裁量が認められるときです（→13.1）。例えば，生存権を保障する法制度である生活保護については，生活保護法に基づく告示である生活保護基準を下回った場合に，その部分が給付されます（生活保護法2・8・24条）。ただし生活保護は，最終的に最低限度の生活を上回るように自活できることが目指される制度なので，給付を受けている間は行政機関の担当者（ケースワーカー）からの指導・指示を受けることになっています（同法27条1項）。この指導指示は，必要最小限にとどめなければならず（前述の比例原則の実定化：同条2項），被保護者の意思に反して強制し得ない（同条3項）とされています。他方で，この指導・指示には被保護者は従わなければならず（同法62条1項），従わない場合には保護の変更・停止・廃止をすることができます（同条3項）。法律の条文上は保護の変更（例えば減

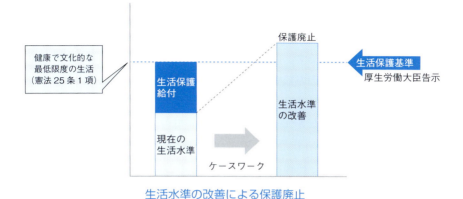

生活水準の改善による保護廃止

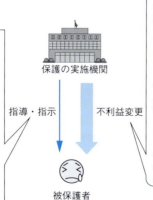

指導・指示違反による保護廃止

図表3-4 生活保護廃止と比例原則

額)・停止・廃止を自由に選択でき，またこうした措置をとらないことも自由にできるように読めます。しかし，例えば求職活動の状況を毎月報告するようにという指導を受け，一度だけそれを忘れていた場合に，保護廃止がなされれば，比例原則違反で廃止は違法となります。違反の程度の軽微さを考えると，指導に従わせようとする目的とそのためにとられた手段（保護廃止）とのバランスが欠けているからです。これは，条文上明確でない権限行使のあり方について，法の一般原則がその補充を行ったものです。

　法律の規定の通りに取り扱うと著しく不適切である場合の典型例は，行政側の事情で違法な課税がなされ，後にそれが更正処分により修正されて，不足額等を支払うように求められた場合です（図表3-5）。例えば，自営業者が支払う所得税については，納税者が税額を申告して納税する申告納税方式が採用され，その申告が正しく行われるように納税者に帳簿を備えさせ，その帳簿に収入や支出を記載した上で申告した場合に青色申告という納税額が結果として安くなるしくみがあります。この青色申告を利用するには，事前に税務署長の承認を受けておく必要があり，承認を受けていれば確定申告の時期に青色申告書類が送られてきます。経営者が交代した場合には，新たな経営者が改めて青色申告の承認を得る必要があります。しかし，参考判例では，経営者が交代しているのに税務署長が確認を怠って青色申告書類を送り続け，その間新たな経営者は青色申告を行い，後になって税務署長が誤りに気づいて，青色申告の優遇のない額に基づく更正処分を行いました。最高裁は，法律の通りに行政活動がなされるべき最も典型的な分野である租税においても，信頼保護原則が適用される余地は認めました。しかしその条件として，信頼の対象となる公的見解が表示され，それを信頼して私人が行動し，その結果損害が発生し，私人の側に帰責事由がないことを要求し，この事件ではそれらの条件を満たさないと判断して信頼保護原則による修正を認めませんでした。とはいえ，こうした条件が揃った場合には，法律の規定する条件に合致していても，それとは異なる内容の行政活動がなされなければ違法となり，ここで法の一般原則は，法律の規定を修正する機能を持つことになります。

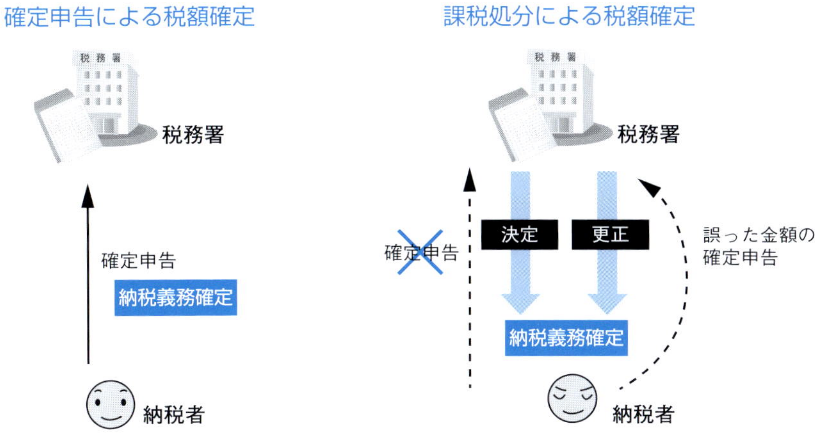

確定申告による税額確定　　　　課税処分による税額確定

図表 3-5　確定申告と課税処分

参考判例■八幡税務署事件
　　　　（最三小判 1987（昭和 62）・10・30 判時 1262 号 91 頁：判 I 26）

【争点】租税法関係において信頼保護原則は適用されうるか

　「租税法規に適合する課税処分について，法の一般原理である信義則の法理の適用により，右課税処分を違法なものとして取り消すことができる場合があるとしても，法律による行政の原理なかんずく租税法律主義の原則が貫かれるべき租税法律関係においては，右法理の適用については慎重でなければならず，租税法規の適用における納税者間の平等，公平という要請を犠牲にしてもなお当該課税処分に係る課税を免れしめて納税者の信頼を保護しなければ正義に反するといえるような特別の事情が存する場合に，初めて右法理の適用の是非を考えるべきものである。そして，右特別の事情が存するかどうかの判断に当たっては，少なくとも，税務官庁が納税者に対し信頼の対象となる公的見解を表示したことにより，納税者がその表示を信頼しその信頼に基づいて行動したところ，のちに右表示に反する課税処分が行われ，そのために納税者が経済的不利益を受けることになったものであるかどうか，また，納税者が税務官庁の右表示を信頼しその信頼に基づいて行動したことについて納税者の責めに帰すべき事由がないかどうかという点の考慮は不可欠のものであるといわなければならない。」

3.3 条　例

3.3.1 条例の性格と規律対象

　地方公共団体が定める法規範を条例と呼びます。条例は地方公共団体の議会によって制定されることが通例です（一定の場合に知事・市町村長が専決処分という形で議会議決を代替することがあります（地方自治法179条））。条例は大きく分けると，委任条例と自主条例に分類されます（図表3-6）。

　委任条例とは，国の個別の法律の委任を受けて定められる条例であり，国の法律に基づく法システムの詳細を決める役割を担います。例えば，保育所などの児童福祉施設の設備や人員に関する基準は，児童福祉法45条1項の規定により条例に委任されています。これに対して自主条例とは，国の法律とは全く独立して定められる条例のことで，地方公共団体が固有の政策を実現するために制定するものです。委任条例の場合には，法律が委任した範囲内で条例が制定でき，条例の適法性は法律の規定との対応関係で判断できます。これに対して自主条例の場合にはそのような方法が使えず，以下で説明するやや複雑な方法で適法性が判断されます。なお，最近では一本の条例の中に委任条例の部分と自主条例の部分が混在するものも見られます（例：京都市空き家等の活用，適正管理等に関する条例）。

　自主条例（以下「条例」という語は自主条例の意味で用います）の規律対象事項は，「地域における事務及びその他の事務で法律又はこれに基づく政令により処理することとされるもの」（地方自治法2条2項・14条1項）です。地方公共団体が処理する事務は自治事務と法定受託事務に分かれており（同法2条8・9項），法定受託事務はその適正な処理に関して国（場合によっては都道府県）が特に強い関心を有している事務です。ただし，法定受託事務も地方公共団体の事務であることには変わりなく，条例の規律対象に含まれます。この点に，かつての機関委任事務（国の事務を都道府県知事・市町村長などの地方公共団体の機関に委任していた形態）との違いが認められます（→7.2.3）。

　条例の規律対象として問題になるもうひとつの点が，憲法の規定との関係です。憲法では財産権規制（29条2項），罰則（31条），課税（84条）について，その内容を「法律で」定めると規定しています。それが文字通り法律のみを許

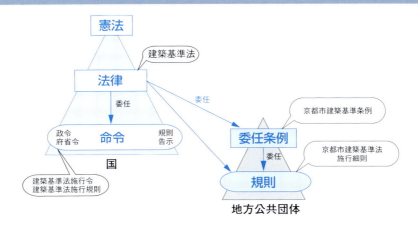

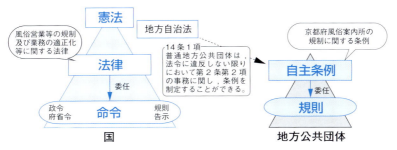

図表3-6 委任条例と自主条例

クローズアップ●委任条例

　委任条例は，法律で定めている許認可等の基準の詳細を地域の実情に合わせて決定できるように法律が置いた委任規定に基づいて制定される条例です。例えば，パチンコ店等の営業を規制する，風俗営業等の規制及び業務の適正化等に関する法律では，許可の条件のうち「良好な風俗環境を保全するため特にその設置を制限する必要がある」という内容について，都道府県条例に地域指定を委ねています（同法4条2項2号）。

　委任条例は，法律によって設定された法的しくみの中の一部分の内容決定を条例に委ねる場合に用いられるもので，地方公共団体の創意工夫によって新たなしくみを生み出すものではありません。しかし，法律が条例による制度設計の余地を広く認めてくれれば，法律と条例の矛盾抵触関係をあまり心配することなく，地方公共団体が自らの判断で規制の基準を定めることができます。

容するのか，それとも条例も含むのかをめぐって議論があります。学説上は，条例が地方公共団体の住民の代表者である地方議会によって制定される点を重視して，ここにいう法律には条例も含まれると理解する立場が一般的です。

3.3.2 法律と条例の関係

上で述べたように，条例の規律対象に関する縛りは緩やかです。そのため，同じ対象に対して法律と条例の規制が競合することが考えられます。この場合に両者の関係をどのように整序するかが問題となります。憲法94条では「法律の範囲内で」条例制定ができると規定されていることから，法律と条例が矛盾抵触した場合に法律の規定内容が優先されることは明らかです。問題は，どのような場合に法律と条例の矛盾抵触があると言えるかという点にあります。この問題について，かつては，法律が規制の対象に含めた分野に対して条例が規制することはできないとする法律先占論がとられていました。しかし最高裁は，徳島市公安条例事件判決（最大判1975（昭和50）・9・10刑集29巻8号489頁：判Ⅰ19）において，「条例が国の法令に違反するかどうかは，両者の対象事項と規定文言を対比するのみでなく，それぞれの趣旨，目的，内容及び効果を比較し，両者の間に矛盾牴触があるかどうかによってこれを決しなければならない」との判断を示しました。つまり，法律先占論のように，対象が重なっているかどうかだけで矛盾抵触を判断するのではなく，法律と条例の趣旨・目的・内容・効果に立ち入って判断すべきとの立場をとったのです。

具体的には，法律の規定がない領域で条例を制定する（横出し条例）場合でも，法律がいかなる規制もするつもりがない趣旨で規定がないとすると，条例の制定により法律との矛盾抵触が生じるとします。逆に，法律がすでに規律を置いている領域で条例を制定する（上乗せ条例）の場合でも，条例の規定が法律と矛盾抵触しない場合があることを認めます。具体的には，①法律と条例の目的が異なっていれば条例制定は可能であり，②目的が共通でも法律が全国一律同一内容の規制をする趣旨でなければ条例制定が可能です（図表3-7）。

▢▢▢ BOX──条例に関係する憲法の規定

日本国憲法
29条　②　財産権の内容は，公共の福祉に適合するやうに，法律でこれを定める。
31条　何人も，法律の定める手続によらなければ，その生命若しくは自由を奪はれ，又はその他の刑罰を科せられない。
84条　あらたに租税を課し，又は現行の租税を変更するには，法律又は法律の定める条件によることを必要とする。
94条　地方公共団体は，その財産を管理し，事務を処理し，及び行政を執行する権能を有し，法律の範囲内で条例を制定することができる。

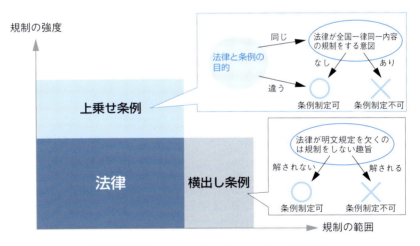

図表3-7　上乗せ条例・横出し条例の判断基準

3.3 条例

考えてみよう

1. 国家公務員の懲戒処分を行う場合，懲戒権者は懲戒処分の内容について自由に決定することができるか，下BOXの条文を踏まえて考えてみよう。
2. ペット霊園の無秩序な増加に対応するために条例を制定するとした場合，その条例が憲法94条の「法律の範囲内」にあたるかどうか考えてみよう。

□□□ BOX──懲戒処分の規定

国家公務員法

82条 ① 職員が，次の各号のいずれかに該当する場合においては，これに対し懲戒処分として，免職，停職，減給又は戒告の処分をすることができる。
　1　この法律若しくは国家公務員倫理法又はこれらの法律に基づく命令（国家公務員倫理法第5条第3項の規定に基づく訓令及び同条第4項の規定に基づく規則を含む。）に違反した場合
　2　職務上の義務に違反し，又は職務を怠った場合
　3　国民全体の奉仕者たるにふさわしくない非行のあった場合

第4章

法律による行政の原理

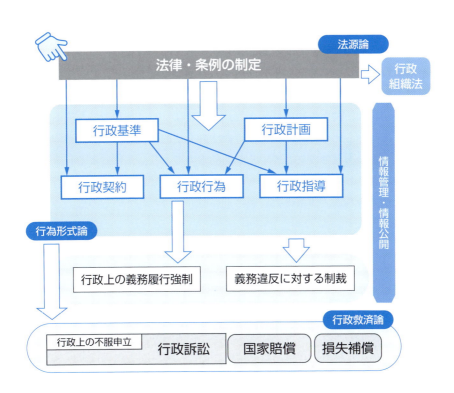

4.1 法律による行政の原理（法治主義）

4.1.1 法律による行政の原理の内容と意義

　行政活動は法律に従ってなされなければならないとする考え方を，法律による行政の原理（法治主義）といいます。現代の我々にとって，この考え方は当たり前のことと感じられるかもしれません。そこで，思考実験として，法律による行政の原理がない世界を想定してみましょう（図表4-1）。

　人間社会が一定程度の平和と秩序を保って存続するためにはある種の行政活動（＝社会管理機能）が必要であり，法律が存在しないとするとその権限は君主が握っていると仮定するのが自然でしょう（人の支配）。君主はよく言えば状況に応じて，悪く言えば恣意的にその権限を行使することとなるので，行政活動の名宛人となる私人の側にはどんな場合に自分の権利・利益が侵害されるのかを予測して対応することが困難で，自らの財産等がいつ奪われるか分からない不安定な状況に陥ってしまいます。また，行政活動に関する準則が存在しないと，例えば同程度の財産を有していたとしても一方にのみ重税を課すことが容易に行えることとなり，平等な取り扱いが保障されません。さらに，君主の行政活動が適切なものであったのかを判断する準則がないため，君主以外のアクターが行政活動を事後的に審査し，場合によっては権利救済を図ることもできません。そもそも行政法学は，行政活動を法的に把握することができるという前提条件のもとで成立している学問的営みであり，法律による行政の原理が認められなければ行政法学そのものが成り立ちません。法律による行政の原理が行政法の教科書・体系書の冒頭に近い部分で扱われているのは，こうした理由に基づきます。

　法律による行政の原理と似た考え方として，法の支配があります。この法の支配も，法律による行政の原理と同じように，行政活動が一定の準則（＝法）に従って行われることを要求します。その際の「法」は法律に限られるものではなく，むしろ法律ではない法である高次の法（神の法・自然法）や，類似の紛争解決が積み重なることで生み出される判例法を想定しています。これに対して法律による行政の原理は，行政活動が法律，すなわち国民代表により構成される議会で制定された法律に基づいてなされることを要求しています。つま

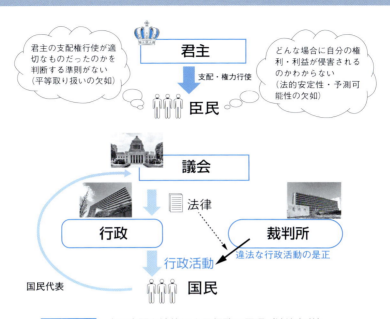

図表4-1 人の支配と法律による行政の原理（法治主義）

> **ことば　実質的法治主義**
>
> 　法治主義の考え方は，明治期に日本がドイツから憲法や行政法に関する法制度とともに輸入したものです。この時期のヨーロッパでは，国民の権利や自由は国民代表者によって構成される議会によって守られるという考え方が一般的でした。そこで，国民の権利や自由を守るべく，議会によって制定された法律に従って行政活動がなされれば，国民が不利益をうけることはないと考えられたのです。ところがその後，議会政治が機能不全に陥り，法律の形さえとっていれば行政は自由に国民の権利や自由を侵害できるという見方が生まれ，第2次世界大戦直前には，議会が広範な権限を行政に委任する国家総動員法が制定されてしまいました。
>
> 　戦後，このような考え方は「形式的法治主義」として批判され，法の内容に権利や自由の保護が含まれることを強調する法の支配の考え方が広がってきました。また，従来の法治主義の考え方を維持する立場からも，そこでいう法律とは法律という形式を採ったルールという意味ではなく，国民の権利や自由を保護し，憲法に適合した内容を持つものであることが強調されています。こうした考え方を「実質的法治主義」と呼ぶことがあります。

り，法の支配が行政活動から私人の権利や自由を守ることを専ら想定しているのに対して，法律による行政の原理ではそれとともに民主政の過程によって行政活動の内容が決定されるという民主主義の要請，あるいは行政活動を民主的に正当化する必要性も念頭に置いています。

4.1.2　法律の法規創造力

　法律による行政の原理は一般に，次の3つの内容から構成されます（図表4-2）。第1は，法律の法規創造力です。「法規」はドイツ公法学に由来する言葉で，その意味内容は時代と共に変遷してきました。そのため法律の法規創造力が何を意味するかについても理解の対立が見られます。

　法規を一般的・抽象的な法規範と捉えるとすると，普遍的に適用される法的ルールは法律によってのみ設定でき，行政機関がこのような法的ルールを設定するためには法律による授権が必要となることを意味します。法規を国民の権利・義務に関係する法規範と捉えるとすると，国民の権利や義務を変動させる法規範は法律によってのみ設定でき，行政機関が単独でこのような法規範を定立することはできないという意味になります。前者の意味で捉えると，日本国憲法41条が立法権を国会に与えているため，この原則を敢えて説く意味は乏しくなります。また後者の意味で捉えると，法律の留保（→4.2）と内容が重なることになります。こうした事情から，この原則を独立して説かない行政法の基本書が目立ってきています。

4.1.3　法律の優位と法律の留保

　第2は，法律の優位です。これは，既存の法律の規定の内容があらゆる行政活動に優位するという考え方であり，法律に違反する行政活動は無効とされたり，取消の対象となったりします。言い換えると，一旦法律で定められた行政活動の内容を行政実務が勝手に変更することは許されず，変更のためには法律の改廃が必要であることになります。法律による行政の原理の中には，違法な行政活動が裁判所によって是正されなければならないという要請も含まれており，法律の優位は裁判所による是正と密接な関係を持っています（→第5章）。

　第3は，法律の留保です。これは法律の優位とは異なり，まだ行政活動の内

法律による行政の原理

法律の法規創造力
- 一般的・抽象的な法規範を行政機関が定立するためには法律による授権が必要
- 国民の権利・義務に関係する法規範を行政機関が定立するためには法律による授権が必要

法律の優位
- 既存の法律の内容があらゆる行政活動に優位する
- 違法な行政活動は裁判所により是正されなければならない

法律の留保
- ある種の行政活動を行うためには，それに先立って議会が法律を制定しなければならない
- 議会がそのような法律を制定するのをまたず，行政活動を行ってはならない

図表 4-2 　法律による行政の原理の3つの内容

	法律の優位	法律の留保
法　律	すでにある	まだない
対象となる行政活動	全ての行政活動	特定の行政活動

侵害留保の原則
権力留保説
本質性理論…

図表 4-3 　法律の優位と法律の留保

クローズアップ● 法律の一般性

　法律による行政の原理の中でも，法律の法規創造力には，一般的・抽象的なルールは法律で定めなければならないとの要請が含まれます。しかしこれは，法律が一般的・抽象的でなければならないことを求めてはいません。換言すれば，個別的・具体的な活動は行政機関にしか行えないという考え方は，法律による行政の原理からは出てきません。

　法律が一般的であるべきだという考え方は，むしろ平等原則や権力分立に由来します。法律の内容が一般的であれば，個人を特定したねらい撃ち的な規制ができなくなります。また，法の制定と適用を分けることで，適用対象との利害関係を断ち切りやすくなり，より中立的で公正な決定がなされることが期待できます。

容に関する法律が定められていない時点を問題にしています。つまり，ある種の行政活動を行うためには，活動に先立って議会が法律を制定しておかなければならないという考え方が法律の留保です（図表4－3）。法律の留保は法律の優位とは違って議論が込み入っているため，4.2 で改めて説明します。

4.2　法律の留保

4.2.1　侵害留保の原則

　すでに法律が制定されている場合に，その法律と行政活動の内容とが矛盾・抵触してはならないという法律の優位の原則は，法律による行政の原理の内容を比較的ストレートに表現した分かりやすいものです。これに対して，まだ法律が制定されていない場面を念頭に置き，法律が制定されない限り行政側に活動禁止を命じる法律の留保はなぜ必要とされるのでしょうか。その根拠は，第一義的には国民の権利・自由の保護に求められます。近代立憲主義は，国民の権利や自由を保護することを国家の存立目的と捉え，国家の権力行使を制限する規範として憲法を位置付けました。この憲法の中には統治機構に関する規定と並んで，ある時期から基本的人権に関する規定も含まれるようになりました。現在では，人権を侵害する立法に対しては裁判所が違憲立法審査権を行使して，法律を違憲無効にすることができます。しかしそのような理解が確立したのは近代立憲主義の歩みの中では比較的最近のことであり，それ以前は人権を保護するのは専ら立法者の役割であると考えられていました。法律の留保の議論はその時代に成立したものであり，行政活動によって国民の権利や自由が制約されることを抑制するために登場した考え方です。

　日本では明治憲法において，法律の範囲内で臣民の権利が認められるとする条項がいくつか置かれていました。最も初期の学説は，このような憲法上の明文規定がある場合に限って，法律によって権利の制約の内容を定めることができ，それ以外の場合には法律なしに行政機関が権利を制約できるという立法事項説をとっていました（図表4－4）。しかしそれでは，憲法上の明文規定がない権利については行政機関が自由に制約することができることとなるため，ドイツ公法学で議論されていた侵害留保の原則が日本でも有力化しました。こ

図表 4-4　立法事項説

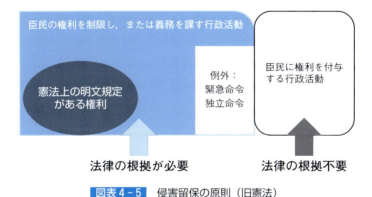

図表 4-5　侵害留保の原則（旧憲法）

> **ことば　緊急命令・独立命令**
>
> 　日本国憲法の下では，法律に根拠を持たない命令は認められていません。しかし，明治憲法の時代には，次の2種類の命令（勅令）が認められていました。1つは，緊急事態の場合にこれに対応するために出される緊急命令（大日本帝国憲法8条）です。緊急勅令が出された場合は，次回の帝国議会に提出され，議会が承認しない場合には将来に向かって失効することとされていました。もう1つは，秩序維持や幸福増進のために制定される独立命令です（同9条）。戦前の警察関係のルールの中には，この規定を用いて勅令の形式で制定されているもの（警察命令）が多く含まれていました。

れは，国民の権利や自由を制限したり，義務を課したりする行政活動を行う際には，その前に法律を制定してその制約の内容を定めておかなければならないとする考え方です（図表 4 - 5）。この考え方は現在においても学説のベースラインとなっており，立法実務・行政実務上も広く受け入れられています(BOX)。

4.2.2 二つの対立軸

それでは，事前に法律の制定を要求すべき行政活動の範囲はこれで十分と言えるでしょうか。とりわけ第 2 次世界大戦後に生じた次の 2 つの契機が，法律の留保の範囲を拡張する議論を主導しています（図表 4 - 6）。1 つは，給付行政の増大です。伝統的な行政法学は，国家が国民の権利や自由を制限する侵害作用（規制行政）を視野の中心に位置付けてきました。しかし第 1 次世界大戦前後から，国家が国民に対して財やサービスを給付する作用が増えはじめ，国家からの給付に依存した生活を営む国民も増えてきました。こうなると，国家が国民の権利や自由を制限する場面だけ見ていては国民の生活の安定は図られず，国民が財やサービスを給付してもらう権利についても考察に含める必要が出てきます。こうした給付の権利に関しても法律の留保の対象に含めるべきとの考え方は，社会留保説と呼ばれます。

もう 1 つは，いわゆる国民主権への転換です。戦前の行政法学は君主による行政活動を憲法・法律で制約する立憲君主制を前提としていたのに対して，戦後の日本国憲法のもとでは天皇の権限は極小化され，国会の権限が極めて強くなりました。そこで，侵害留保理論を立憲君主制の遺物と見た上で，民主主義のもとではあらゆる行政活動に対して事前に法律を制定しておく必要があるという考え方が表れます。これが全部留保説という考え方です。

しかし，いずれの考え方にも難点がありました。まず社会留保説に対しては，給付の充実を図ろうとする実践的意図と法律の留保の考え方とのずれが指摘されました。法律の留保の考え方によると，事前に法律が制定されていない領域での行政活動は禁止されます。もしその領域に給付行政が含まれるとすると，法律の制定がなされない限り給付活動を行うことができなくなります。現実の給付行政では，法律の規定なしに予算措置や通達等の行政内部ルールで給付が行われることも多く，もし社会留保説のような立場をとると，こうした法律に

□□□ BOX──侵害留保の原則を反映した法律の規定

内閣法 11 条　政令には，法律の委任がなければ，義務を課し，又は権利を制限する規定を設けることができない。

内閣府設置法 7 条 ④　内閣府令には，法律の委任がなければ，罰則を設け，又は義務を課し，若しくは国民の権利を制限する規定を設けることができない。

国家行政組織法 12 条 ③　省令には，法律の委任がなければ，罰則を設け，又は義務を課し，若しくは国民の権利を制限する規定を設けることができない。

地方自治法 14 条 ②　普通地方公共団体は，義務を課し，又は権利を制限するには，法令に特別の定めがある場合を除くほか，条例によらなければならない。

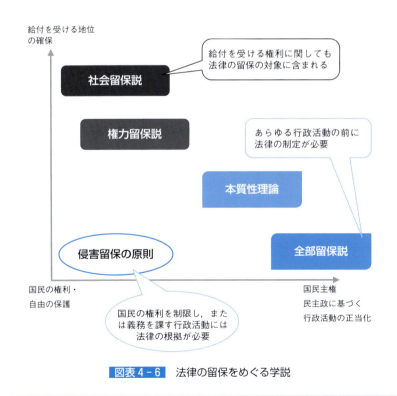

図表 4-6　法律の留保をめぐる学説

基づかない給付は違法となってしまいます。

　次に全部留保説に対しては，現実に起こりうる行政需要を全て予測して法律を前もって準備しておくことは不可能であるとの批判が提起されました。もっとも，我が国では戦後，行政組織法定主義という考え方が採用され，省などの国の行政機関を設置する際には法律を制定しなければならず，その法律（各省設置法）の中で行政機関の所掌事務が規定されています。この所掌事務規定が法律の留保理論にいう法律にあたるならば，この批判は回避できます。しかし，もともとの法律の留保理論における法律とは，行政活動の条件と内容を規定したもの（根拠規範）でなければならないとされており，所掌事務規定のような概括的な任務の規定（組織規範）では不十分と考えられていました（ 図表4-7 ）。あくまでも根拠規範が要求されるという立場を維持するとすれば，全部留保説に対する上記の批判は解消されないことになります。

4.2.3　法律の留保理論の現状

　現在の法律の留保理論で有力な立場は，権力留保説と本質性理論です（ 図表4-8 ）。権力留保説は法律の留保の機能を国民の権利保障に純化させる考え方をとっているのに対して，本質性理論は民主主義の要請も含めて法律の留保の問題を捉える立場と言えます。

　権力留保説は，権力的な形式をとる行政活動には法律の根拠が必要と考えます。ここで権力的とは，物理的に強制力を働かせる行政活動のみならず，行政機関が国民に対して一方的に権利義務を変動させる行政活動（その中核は行政行為・処分（→11.1）です）を念頭に置いています。こうした一般の私人間では見られない特権的な活動には法律の根拠が必要と考えるのが，この立場の基本的な発想です。侵害留保理論がカバーしていた侵害作用のほとんどは，このような権力的な形式をとる行政活動です。また，給付作用の中でも行政が一方的に権利義務を変動させる決定の形式をとるもの（例：生活保護・年金給付）については法律の根拠を要求することとすれば，法律の根拠のない給付行政を違法とする扱いを避けることができます。

　これに対して本質性理論は，基本権の行使にとって重要な事項や，社会における重要な決定は法律の形式で議会が行わなければならないと考えます。伝統

規範の種類	内　容	具体例
組織規範	行政組織を設置して任務を割り当てる	財務省設置法
		警察法
規制規範	行政活動の方法や手続を規定する	行政手続法
		補助金適正化法
根拠規範	行政活動の要件・効果を規定する	土地収用法
		警察官職務執行法

（根拠規範 ← 法律の留保にいう「法律」）

図表4-7 法律の留保と規範の種類

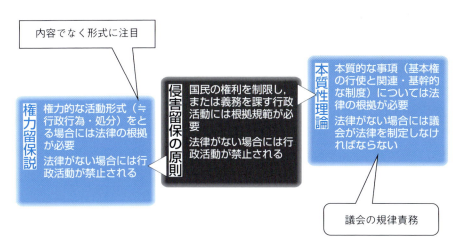

図表4-8 権力留保説と本質性理論

4.2　法律の留保

的な侵害作用はもとより，制裁的な氏名公表のような侵害作用と言えるかが微妙な活動に対しても留保の範囲を拡張するとともに，基幹的な給付制度や基本的行政組織，国家の基幹的な計画行政などにも法律の根拠を要求するのがこの考え方の特色です。本質性理論のもとでは，法律の留保の名宛人が行政から議会へと転換しています。伝統的には法律のない行政活動を行政機関に対して禁止する機能を持っていた法律の留保理論は，本質性理論においては議会に対して重要な事項を自ら規律するよう求め（議会の規律責務），かつその内容をある程度詳細に定めなければならない（法律の規律密度）とします。ここに見られるように，本質性理論は全部留保説が提起した行政に対する民主的コントロールの要請を正面から受け止めた理論構成であると言えます。

4.3 法治主義の限界事例

4.3.1 特別権力関係・行政内部法関係

　法律による行政の原理の議論から浮かび上がってくるのは，行政を法律の単純な執行と捉える図式とは異なる行政像です。国会の権限を強化した日本国憲法のもとでも行政権は憲法によって創設された権力であり，その担い手である行政には一定程度の自律性がなお認められています。とはいえ，国会が制定する法律に行政過程が作動するための第一次的な意義が認められていることから，その自律性はそれほど大きなものではありません。

　伝統的に行政の自律性が強いと考えられてきたのが，行政内部法関係です（図表4-9）。行政法学が主として対象にしてきたのは，国家（行政）と国民との関係（行政外部法関係）で，法律による行政の原理が念頭に置いていたのもこの領域でした。その結果，行政内部の行政機関相互の関係や，国家と公務員の関係，さらには学校・刑務所といった営造物利用関係には法律による行政の原理の考え方が及ばないと考えられてきました。具体的には，行政内部関係における行政活動は法律の根拠に基づく必要はないとされ，行政内部における争いは裁判所による審査の対象とはならない（上級行政機関が裁定する）とされてきました。こうした特別権力関係論と呼ばれる考え方のうち，裁判所による審査については，現在では団体の自律性を尊重する部分社会の法理という考え

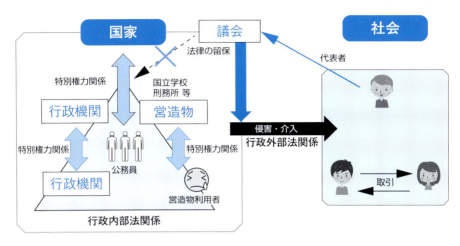

図表 4-9 特別権力関係（行政内部法関係）

クローズアップ● 部分社会の法理

　特別権力関係が法治主義との関係でその例外を主張するものであるのに対して，部分社会の法理は団体の内部事項という観点から司法審査を抑制しようとするものです。戦後の最高裁判例ではまず，地方公共団体の議会での懲罰決議について，それが自律的な法規範を持つ団体の内部規律の問題であることを理由に裁判所が審査を控える立場が示されました。続いて，伝統的に特別権力関係の問題とされてきた国立大学の在学関係についても，単位認定のような内部事項について，司法審査の対象としないとの判断がなされました。特別権力関係と異なり，部分社会の法理は団体の自律性を根拠に司法審査を控えるものであるため，国立大学に限らず私立大学についても同じ要請があてはまることになります。また，大学における卒業資格の認定のように，一般市民社会との接点となる行為については，裁判所の審査の対象となります。この点も，一切の行政内部行為に司法審査を認めていなかった特別権力関係論との違いです。

方に取って代わられており，外部の一般社会と接点がある紛争（例えば卒業認定）であれば裁判所の審査が及びます。これに対して行政内部法関係における法律の規律については，現在でもなおこの発想が残っている部分があります。例えば学校の校則については，学校の設置目的との関係で合理的な範囲内であれば，法律の根拠を問わずに校則の制定が可能と解した裁判例があります。

4.3.2　行政の緊急措置

　外部法関係にも，法律による行政の原理の限界事例として位置付けられてきた問題があります。それは，法律が制定されていない時点で行政の介入を要する緊急事態が起きたときに，行政は何らかの措置をとらなければならないかという事案です。例えば，水俣病が発生した際には，法令に基づく行政の規制権限はなお弱く，しかし新たな立法措置を待っていては被害が防げない事態が生じました。この点に関する基本的な考え方は，国民の権利を一方的に制限したり義務を課したりする行政活動はそれでも法律の根拠が必要で，法律がない時点では相手方を説得するやり方（これを行政指導（→15.1）といいます）で対応する必要があるというものです。憲法が保障している基本的人権が衝突した場合，その調整を行うのは第一次的には立法者の役割です。そのため行政としては，まずは立法者による調整を待って，立法者が行政に対して与えた権限の範囲内で活動することとなります。立法者による判断が示される前の段階では，行政としては措置の対象となる相手方の協力を得た上で，状況の改善に向けた活動を行う必要があり，このような行政指導が行われていないとそのような行政活動は違法と評価される可能性があります。

> **● 考えてみよう**
> 1. 法律による行政の原理・法治主義に関する憲法と行政法の教科書の記述を比較し，その差異をまとめた上で，差異が生じる理由を考えてみよう。
> 2. 直下型の大地震が予想されることを理由に，経済産業大臣が電力会社に対して原子力発電所の停止を法律の根拠なしに要請することは，法律の留保の観点から許されるか考えてみよう。

行政救済の基礎

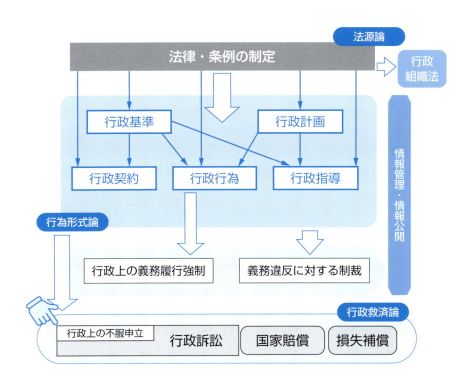

5.1 行政救済法の概要

5.1.1 行政作用法と行政救済法

　行政活動は法律に従ってなされなければならないとする法律による行政の原理（→4.1）には，もし違法な行政活動がされた場合には裁判所を通じてその活動が是正されなければならないことも含まれます。ここでは，違法な行政活動の是正や権利救済の問題を考えてみます。

　行政法学は，行政活動がなされる時点を基準に，2つのまとまりに分かれています（図表5-1）。1つは行政活動がなされるまでを扱う行政作用法総論（行政過程論）です。法律や条例に基づき，行政機関は一定の政策目的を達成するためにさまざまな法的手段を用いて私人に対する働きかけを行います。この過程の中で守られるべき手続・実体ルールが行政過程論の対象となります。これに対してもう1つは行政活動がなされた後を扱う行政救済法です。違法・不当な行政活動によって被害を受けた私人の側が反撃し，違法・不当な行政活動の是正を求めたり，そのような結果生じた損害の填補を求めたりする際の手続・実体ルールが行政救済法の対象です。行政救済法は，違法な行政活動の是正を求める行政争訟と，金銭填補を求める国家補償とに大別されます（図表5-2）。

5.1.2 違法な行政活動の是正──行政争訟

　違法な行政活動の是正を求める行政争訟は，誰に対して求めるかによってさらに2つに分かれます。1つは，行政機関に対して違法・不当な行政活動の是正を求める行政上の不服申立です。その一般法として行政不服審査法が制定されています。ここで「不当」とは，行政裁量（→第13章）の行使のあり方が不適切であった場合を意味します。もう1つは，裁判所に対して違法な行政活動の是正を求める行政訴訟です。行政訴訟は民事訴訟をベースにしており，民事訴訟法の特別法として行政事件訴訟法が制定されています。行政事件訴訟法に規定がない内容については，原則として民事訴訟法の規定が適用されることとなります。裁判所による審理の際には，裁量が認められる判断については裁量権の逸脱・濫用の点のみしか問題にできず，それゆえ行政訴訟の場合には「不当」な行政活動が対象に含まれません。

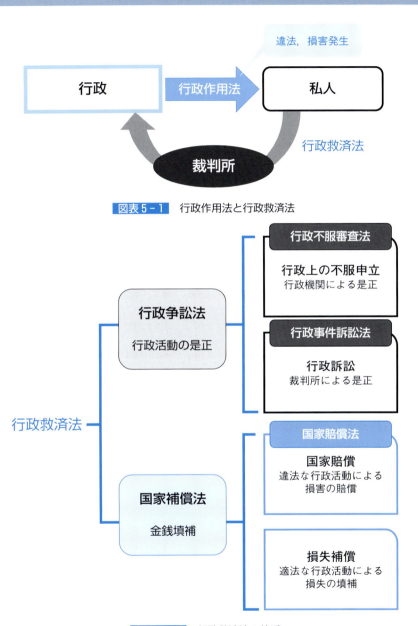

図表5-1 行政作用法と行政救済法

図表5-2 行政救済法の体系

5.1.3 損害・損失の金銭填補——国家補償

損害・損失の金銭填補を求める国家補償は，対象となる行政活動が違法か適法かによってさらに2つに分かれます（図表5-3）。1つは，違法な行政活動が原因で生じた損害の賠償を求める国家賠償です。国家賠償のベースは民法（不法行為法）であり，その特別法として国家賠償法が制定されています（BOX）。もう1つは，適法な行政活動によって生じた損失の填補を求める損失補償です。行政救済法は，基本的には「違法な」行政活動に対する権利利益の救済を念頭に置いています。その唯一の例外が，損失補償です。例えば，一部の土地所有者が所有権を手放すことで道路を拡幅することができ，それで多くの市民の生活が便利になる場合のように，非常に限られた人の大きな犠牲で社会全体が利益を得ることが起こりえます。この土地を取り上げる行政作用は，法律に従ってなされていれば適法です。しかし，適法だからといって財産権に対する補償を行わないことは，公平負担の観点から問題があります。そこで，特別犠牲に対して公平負担の見地から損失の填補を行う損失補償制度が発展したのです。損失補償には一般法がなく，憲法29条3項や土地収用法などの個別の行政法令の規定に基づいてなされています。

5.2 行政争訟

5.2.1 行政上の不服申立

行政上の不服申立は，行政機関が違法・不当な行政上の決定を是正するための手続です。その一般法である行政不服審査法では，行政処分を対象として，3種類の手続を用意しています。その具体的な内容は後ほど紹介するとして（→12.2），ここでは行政不服審査法の特色を説明します。

行政不服審査法は，次の2つをその目的としています（BOX）。1つは，国民の権利救済です。行政不服審査法では簡易迅速性を重視しています。裁判の場のような口頭審理主義ではなく，書面審理主義がとられており，時間的には裁判手続よりも短く結論が出ることが期待されます。また，手続にかかる費用を審査請求人が負担することはなく，弁護士等に依頼せずに本人が手続をとることが一般的であることから，費用面でも裁判手続よりも安くなります。もう

□□□ BOX──国家賠償法

1条 ① 国又は公共団体の公権力の行使に当る公務員が，その職務を行うについて，故意又は過失によって違法に他人に損害を加えたときは，国又は公共団体が，これを賠償する責に任ずる。

② 前項の場合において，公務員に故意又は重大な過失があったときは，国又は公共団体は，その公務員に対して求償権を有する。

2条 ① 道路，河川その他の公の営造物の設置又は管理に瑕疵があったために他人に損害を生じたときは，国又は公共団体は，これを賠償する責に任ずる。

② 前項の場合において，他に損害の原因について責に任ずべき者があるときは，国又は公共団体は，これに対して求償権を有する。

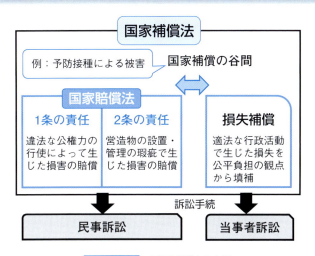

図表5-3　国家補償法の内容

□□□ BOX──行政不服審査法の目的

行政不服審査法
1条（目的等） ① この法律は，行政庁の違法又は不当な処分その他公権力の行使に当たる行為に関し，国民が簡易迅速かつ公正な手続の下で広く行政庁に対する不服申立てをすることができるための制度を定めることにより，国民の権利利益の救済を図るとともに，行政の適正な運営を確保することを目的とする。

1つは，適正な行政運営の確保です。行政不服審査は行政機関が自ら判断を見直し，自己反省・自己統制を行う機会でもあります。行政内部での再度の判断であるため，行政裁量の問題についてもその妥当性にまで踏み込んで審査することができます。

こうした行政不服審査法の特色は，これまで必ずしも現実のものとはなってきませんでした（図表5-4）。確かに行政不服審査の申立人から見たコストは低いものの，救済率が極めて低く，結局のところ行政のもとの判断（原処分）をただ追認するだけとなってきました。その大きな理由のひとつは，不服審査の審理における中立性の欠如にありました。もともと行政不服審査法は，もとの行政処分を行った処分庁ではなく，そのいわば上司にあたる直近上級行政庁に審理を行わせることを原則としてきました（審査請求中心主義）。これは，もとの行政処分の判断の当事者である処分庁とは別の行政機関に判断を行わせることで，審理の中立性を一定程度確保しようとするものでもありました。ところが，上級行政庁とはいっても同じ行政同士であり，指揮監督下にある処分庁（下級行政機関）のミスを認めることは，指揮監督権がある直近上級行政庁自身のミスを認めることになると考えられたのか，積極的な是正を図る動きはこれまで見られませんでした。そこで，2014年に改正された行政不服審査法では，大きく次の2つの制度改正を行って，この問題を解決しようとしています。

改正後の行政不服審査法の特色の1つは，審理員の導入です。行政不服審査の審理を担当する審理員として，もとの処分を担当していない審査庁に所属する職員を審査庁が指名し，審理員が手続を主催することとしました。審理員は審査請求人と処分を担当した職員との間に立って双方の主張を整理し，事実関係を調査した上で審理員意見書を作成します。もう1つは，行政不服審査会の導入です。審理員といっても行政機関の職員であり，その第三者性にはなお限界があります。そこで，行政機関の外部の有識者から構成される諮問機関を設置して，行政不服審査会が審査請求の内容について判断を行う機会を設定しました。この方式は，これまでの行政不服審査の中で例外的に救済率が高かった情報公開分野における類似のしくみ（情報公開審査会）（→8.3）を一般化したものです。

審査会の答申は，審査請求人に送付されるとともに公表されます。審査庁は

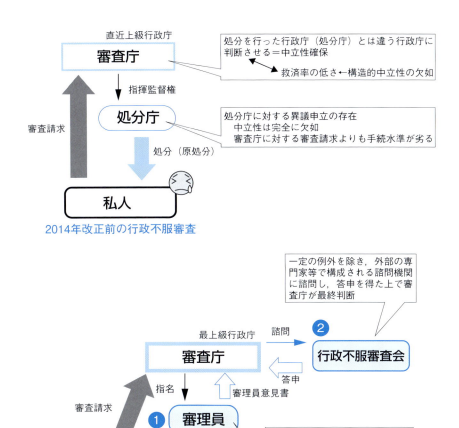

図表5-4 行政不服審査法の改正

この審理員意見書と審査会答申を踏まえて結論を出さなければならず，もしこれらとは異なる結論を出す場合には，その理由を裁決書の中で必ず説明しなければなりません（行政不服審査法50条1項4号）。このような審理手続の工夫によって，行政不服審査法がその本来有するべき機能を発揮するようになることが期待されています。

行政上の不服申立には，行政不服審査法が定めている一般的な手続のほか，個別法で定められた手続もあります。例えば，出入国管理及び難民認定法では，不法滞在者であることを確定して本国に強制送還する手続の中で，認定・判定・裁決という3種類の不服申立手続が設定されています（ 図表5-5 ）（行政不服審査法7条10号の規定により，外国人の出入国関連処分は同法の適用除外となっています）。あるいは，電波法のように，行政機関が裁判手続類似の行政審判手続によって審理を行う場合もあります（電波法83条以下）。

5.2.2　行政訴訟①──訴訟類型

行政訴訟は，裁判所に対して違法な行政活動の是正を求める手続です。行政事件訴訟法では，民事訴訟法の訴訟類型（給付訴訟・確認訴訟・形成訴訟）とは別の観点から，4つの訴訟類型を定めています（ 図表5-6 ）。行政事件訴訟法では，自己の権利利益とかかわる訴訟かどうかを基準に主観訴訟と客観訴訟という2つのグループを設けています。自己の権利利益と関係しない訴訟である客観訴訟には，国民・住民・選挙権者としての資格で訴訟を提起する民衆訴訟と，行政機関相互の争いである機関訴訟が含まれており，どちらも行政事件訴訟法とは別に個別の法律の規定があって初めて提起できます（例：地方自治法242条の2＝住民訴訟（民衆訴訟の一種））。これに対して，自己の権利利益と関係する訴訟である主観訴訟には抗告訴訟（→12.3）と当事者訴訟が含まれ，行政事件訴訟法とは別の個別の法律の規定なしに提起できます。ほとんどの行政訴訟はこの主観訴訟であり，抗告訴訟と当事者訴訟をどのように使い分けるのかが重要なポイントとなります。

両者の使い分けの基準は，違法を主張する対象となる行政活動に処分性が認められるかにあります。処分性が認められれば抗告訴訟が使われ，認められなければ当事者訴訟が使われます。処分性の定式と行政行為の定義とは，ほぼ重

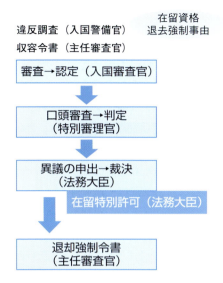

図表5-5　出入国管理及び難民認定法の不服申立手続

図表5-6　行政訴訟の訴訟類型

5.2　行政争訟

なり合います。これは，もともと抗告訴訟が行政行為に対応するための訴訟として想定されていたからです。抗告訴訟の中心である取消訴訟による取消判決は，違法な行政行為を過去に遡って失効させる効力（形成力）を持ちます。このようなしくみがとられた背景には，国家意思の発現であり国家権力の発動である行政行為には，それが仮に違法なものであったとしても通用する公定力という効力が認められ，その公定力を排除する特殊な訴訟として取消訴訟が必要だという考え方がありました（図表5－7）。しかし，2004年改正前の行政事件訴訟法では，主観訴訟の訴訟類型の中で機能するものがこの取消訴訟しかなかったため，行政行為の性格を持たない行政活動についても処分であると捉えて取消訴訟の利用を認めるべきとの学説が強く主張され（処分性拡大論），また判例でも行政行為ではない活動形式について処分性を認めたものが出てきました。そのため，現状において行政行為であれば処分性があるとは言える反面，処分性があれば行政行為とは言えないこととなっています。つまり，処分性が認められる範囲は行政行為の定義よりも少し広くなっています。もっとも，2004年の改正法では，処分以外の行為に対して当事者訴訟を積極的に活用する方向性が示されたため（行政事件訴訟法4条後段），今後も処分性が拡大していく傾向を示すかどうかは不透明です。

　判例での処分性の定義は，「公権力の主体たる国または公共団体が行う行為のうち，その行為によって，直接国民の権利義務を形成しまたはその範囲を確定することが法律上認められているもの」です（最一小判1964（昭和39）・10・29民集18巻8号1809頁：判Ⅱ18［東京都ごみ焼却場事件］）。これと行政行為の定義（→11.1.1）である「行政庁が法令に基づき，個別の事例において，私人に対して直接的に法的効果を発生させる認定判断行為」とを比較すると，次の3点において処分性の定義の方がやや広いことが分かります。第1は，「法令に基づき」が「法律上認められている」となっていることです。多くの行政行為では法令でその要件・効果が規定されており，その規定に基づいて行政が個別の事例で一定の判断を示します。これに対して処分の定義要素はこれより少し緩やかであり，例えば行政不服申立を認める規定が法令上あれば，それだけで（行為の本質的な性格を問わず）処分であると認められます（参考判例①）。第2は，「個別の事例において」（＝個別性）が「その行為によって，直接」（＝直

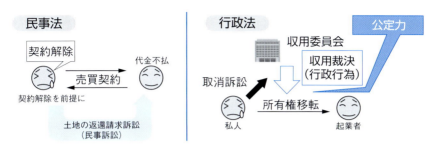

図表5-7 取消訴訟と公定力

参考判例① ■ 供託金取戻請求却下決定
（最大判 1970（昭和45）・7・15 民集24巻7号771頁：判Ⅱ19）

【争点】法務局供託官に対する供託金取戻請求に処分性があるか

「実定法は，供託官の右行為につき，とくに，「却下」および「処分」という字句を用い，さらに，供託官の却下処分に対しては特別の不服審査手続をもうけているのである。」

「もともと，弁済供託は，弁済者の申請により供託官が債権者のために供託物を受け入れ管理するもので，民法上の寄託契約の性質を有するものであるが，供託により弁済者は債務を免れることとなるばかりでなく，金銭債務の弁済供託事務が大量で，しかも，確実かつ迅速な処理を要する関係上，法律秩序の維持，安定を期するという公益上の目的から，法は，国家の後見的役割を果たすため，国家機関である供託官に供託事務を取り扱わせることとしたうえ，供託官が弁済者から供託物取戻の請求を受けたときには，単に，民法上の寄託契約の当事者的地位にとどまらず，行政機関としての立場から右請求につき理由があるかどうかを判断する権限を供託官に与えたものと解するのが相当である。

したがって，右のような実定法が存するかぎりにおいては，供託官が供託物取戻請求を理由がないと認めて却下した行為は行政処分であり，弁済者は右却下行為が権限のある機関によって取り消されるまでは供託物を取り戻すことができないものといわなければならず，供託関係が民法上の寄託関係であるからといって，供託官の右却下行為が民法上の履行拒絶にすぎないものということは到底できないのである。」

接性)となっていることです。行政行為の場合には,個別事例における個々の対象者に対する判断という性格が強調されます。これに対して処分の定式に含まれる直接性は,問題となっている行政活動が実質的に見て個別的・具体的・最終的なものかを重視しています。例えば,対象者が不特定であってもそれが処分の束とみなせる場合には処分性が肯定されます。また,一般的・抽象的な形式をとる活動でも,実質的に見てそれが最終的な決定であれば処分性が認められます(**参考判例②**)。そこでいう最終的な決定かどうかは,対象者の法的地位に決定的な影響を与えるかどうかで決まります。第3は,「認定判断行為」が「**行為**」となっていることです。行政行為は,行政の認定判断によって国民の権利・義務に影響を与える法的行為です。これに対して処分の定式の中には,人の収容・物の留置・代執行そのものといった実力行使を伴う事実行為(**権力的事実行為**)も含まれます。また,厳密に考えると権利・義務に影響を与えているのか微妙である場合でも,それがその段階でしか争えない最終的な行為であれば,法的効果を緩やかに解釈して処分性が肯定されます(**参考判例③**)。

5.2.3 行政訴訟②——訴訟手続の特色

　行政訴訟の訴訟手続は,基本的に民事訴訟法の手続と同じです。ここでは,行政事件訴訟法に基づく特別な取り扱いが多い取消訴訟について,民事訴訟法とは異なる訴訟手続上の特色をいくつか紹介します。

　取消訴訟の審理の中心は,対象となっている処分の違法性です。処分に関係する資料は一般に行政側に多く存在しており,こうした資料を訴訟の早期段階(**争点整理段階**)で裁判所が確保することが重要です。そこで,2004年改正法は,行政処分の理由を明らかにする資料の提出を行政機関に対して裁判所が求めることができる手続(**釈明処分の特則**)を規定しました(行政事件訴訟法23条の2)。主張に関する一般的なルールは,民事訴訟法と共通です。ただし取消訴訟に関しては,原告側・被告行政側それぞれに主張制限が設けられています。原告側の主張制限としては,**自己の法律上の利益と関係ない違法主張**が制限されます(同法10条1項)。これは,取消訴訟が主観訴訟であることに由来する当然の制限とされています。例えば,処分に関するある規定が原告以外の第三者を専ら保護する趣旨の規定である場合には,その規定に違反したことを原告

参考判例② ■ 横浜市保育所民営化条例事件
(最一小判2009(平成21)・11・26民集63巻9号2124頁：判Ⅱ29)

【争点】市立保育所を廃止することを内容とする条例に処分性があるか

「条例の制定は，普通地方公共団体の議会が行う立法作用に属するから，一般的には，抗告訴訟の対象となる行政処分に当たるものでないことはいうまでもないが，本件改正条例は，本件各保育所の廃止のみを内容とするものであって，他に行政庁の処分を待つことなく，その施行により各保育所廃止の効果を発生させ，当該保育所に現に入所中の児童及びその保護者という限られた特定の者らに対して，直接，当該保育所において保育を受けることを期待し得る上記の法的地位を奪う結果を生じさせるものであるから，その制定行為は，行政庁の処分と実質的に同視し得るものということができる。」

参考判例③ ■ 病院開設中止勧告事件
(最二小判2005(平成17)・7・15民集59巻6号1661頁：判Ⅱ26)

【争点】医療法に基づく病院開設中止勧告に処分性があるか

「医療法30条の7の規定に基づく病院開設中止の勧告は，医療法上は当該勧告を受けた者が任意にこれに従うことを期待してされる行政指導として定められているけれども，当該勧告を受けた者に対し，これに従わない場合には，相当程度の確実さをもって，病院を開設しても保険医療機関の指定を受けることができなくなるという結果をもたらすものということができる。そして，いわゆる国民皆保険制度が採用されている我が国においては，健康保険，国民健康保険等を利用しないで病院で受診する者はほとんどなく，保険医療機関の指定を受けずに診療行為を行う病院がほとんど存在しないことは公知の事実であるから，保険医療機関の指定を受けることができない場合には，実際上病院の開設自体を断念せざるを得ないことになる。このような医療法30条の7の規定に基づく病院開設中止の勧告の保険医療機関の指定に及ぼす効果及び病院経営における保険医療機関の指定の持つ意義を併せ考えると，この勧告は，行政事件訴訟法3条2項にいう「行政庁の処分その他公権力の行使に当たる行為」に当たると解するのが相当である。後に保険医療機関の指定拒否処分の効力を抗告訴訟によって争うことができるとしても，そのことは上記の結論を左右するものではない。」

が主張することはできないとされています。また，取消訴訟で主張できる違法は，取消の対象となっている処分に関するものに限られます。例えば，複数の処分が連続してなされた場合，後続処分の取消訴訟の中で先行処分の違法を主張することは原則として許されません。ただし，複数の処分が密接に結びついており，先行処分の違法を争う機会が十分に保障されていない場合には，後続処分の取消訴訟の中で先行処分の違法を主張することが許されます（違法性の承継）。被告行政側の主張制限としては，処分理由の差替えがあります。処分理由の差替えとは，行政側が処分時とは異なる理由を裁判の段階で主張することを意味します。一般的には，行政側は処分の同一性の範囲内で，裁判段階でも理由を差し替えることが可能とされています。ただし，公務員懲戒処分のような不利益処分の場合には，処分理由ごとに処分が別々と考えられることから，処分理由の差替えは認められません。また，処分理由が変わっても処分が同一と考えられる不利益処分であっても，事実認定の際に丁寧な行政手続（聴聞手続）（→12.1.3）がとられている場合には，やはり差替えは許されません。

　教科書で説明される訴訟は，話を単純化するために，1人の原告・1人の被告・1つの請求での訴訟を前提としています。しかし実際には，請求が複数あったり（複数請求訴訟），原告や被告が複数であったり（多数当事者訴訟）します。こうした複雑な訴訟形態について，行政事件訴訟法は若干の特別な規定を置いています。まず複数請求訴訟に関しては，公益性が高い取消訴訟の審理を促進するために，関連請求に限定して取消訴訟との併合を認めています（行政事件訴訟法13条）。また，訴えの変更に関しては，民事訴訟法143条の準用（行政事件訴訟法19条2項）のほか，取消訴訟の対象となった処分が効力を失った等の事情でもはや訴訟を続ける意味がなくなってしまった場合に取消訴訟から国家賠償訴訟への訴えの変更をしやすくするための特別の規定（同法21条）を置いています。次に多数当事者訴訟に関しては，原告を複数人にする共同訴訟については関連請求に限定して認め（同法17条1項），訴訟参加という形で加わる方法については民事訴訟法の補助参加（民事訴訟法42条）のほかに2つの類型を追加しています。1つは，第三者の訴訟参加（行政事件訴訟法22条）です。取消判決には第三者効が認められており，訴訟の原告・被告のみならず第三者にも判決の効力（主として形成力）が及ぼされ，処分が効力を失うこと

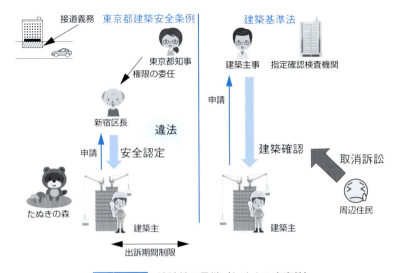

図表5-8　違法性の承継（たぬきの森事件）

クローズアップ●たぬきの森事件

　火災時の消火の便宜等を考慮し，建築物を建てる際にはその大きさに応じて一定幅の道路に一定の長さ以上接していなければなりません（接道義務）。しかし，知事が安全認定を与えることで，この接道義務が免除され，道路に接している部分が極端に少なくても建築確認を得て建築工事を行うことができます。たぬきの森事件（図表5-8）では，マンション建設に反対する周辺住民が，建築確認後にその取消訴訟を提起しました。取消訴訟において主張できる違法事由は，原則としてその対象となっている処分に関するもの（＝建築確認）に限られます。しかしこの事件では，その前になされた安全認定の適法性が本来の争点です。安全認定は建築確認より前の時点でなされており，すでに出訴期間が経過していたことから，周辺住民はその取消訴訟を提起せず，違法性の承継を主張した上で，建築確認取消訴訟の中で安全認定の違法を主張しました。最高裁（最一小判2009（平成21）・12・17民集63巻10号2631頁：判Ⅱ75）は，安全認定と建築確認の法的効果の面での一体性と，安全認定を争う手続的保障の不十分性を指摘した上で，違法性の承継を認め，建築確認が違法であると判断しました。

で権利が侵害される第三者が出てくることがあります（ 図表5-9 ）。第三者の訴訟参加は，そのような第三者を訴訟に参加させるもので，第三者が自己の責に帰すことができない事情で参加できなかった場合には第三者再審の訴え（同法34条）も認められています。もう1つは，行政庁の訴訟参加（同法23条）です。こちらは，処分に関与した行政庁を参加させて訴訟資料を豊かにするための制度で，機能的には釈明処分の特則と似ています。

5.3 国家補償

5.3.1 国家賠償法1条の責任

　違法な行政活動によって生じた損害の金銭賠償を求める国家賠償制度は，民法の不法行為法をベースに，国家賠償法がその特則を定めています。国家賠償責任には，公権力の行使に関する責任（国家賠償法1条1項）と，公の営造物の設置・管理の瑕疵に関する責任（同法2条1項）の2種類があります（ 図表5-10 ）。

　国家賠償法1条の責任は，民法の使用者責任（民法715条）の特則です。その対象となる行政活動は，条文上「公権力の行使」となっており，その文言は行政事件訴訟における抗告訴訟（行政事件訴訟法3条1項）の定義に含まれるものと同じです。しかし，国家賠償法における公権力の行使は，全ての国家作用から純粋私経済作用と国家賠償法2条の対象となる作用を引いたものとする広義説が判例・通説です（ 図表5-11 ）。そのため，抗告訴訟の対象に含まれない行政計画や行政指導に関する紛争でも，国家賠償法1条の責任の対象には含まれます。ここで純粋私経済作用とは，行政が事業者あるいは財産管理の主体として行う活動のことを意味しており，私人間の民事法関係と同質であるがゆえに国家賠償法1条の責任から外されると考えられています（典型例は国公立病院における医療行為です）。もっとも，純粋私経済作用の場合に全く救済がなされないわけではなく，この部分については民法の使用者責任の問題としてその責任の存否が判断されます。問題となっている行政活動が国家賠償法1条1項の公権力の行使に該当するとすれば，その活動を行った者が同項の公務員となり，その所属先が公共団体（賠償責任を負う被告）となります。もっとも，

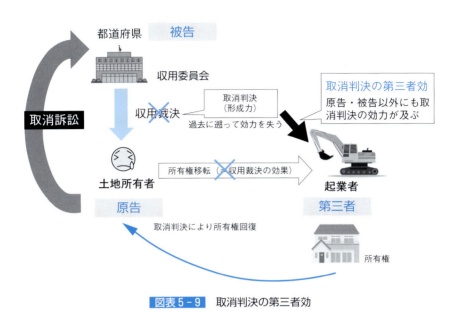

図表5-9　取消判決の第三者効

	使用者責任の特則 （民法715条）	工作物責任の特則 （民法717条）
1条	公権力の行使に関する責任	
2条	公の営造物の設置・管理の瑕疵に関する責任	
3条	費用負担者の賠償責任・求償権	
4条	民法の適用	
5条	他の法律の適用	
6条	相互保証主義	

図表5-10　国家賠償法の構成

その行為は公務員としての職務を行うについてのものでなければなりません。この場合，民法の使用者責任と異なり，公務員個人の責任が民法 709 条によって追及されることはありません。

　国家賠償法 1 条の責任が成立するためにはさらに，問題となっている行政活動が違法であり，公務員に故意または過失が認められ，損害との間に因果関係が必要です。抗告訴訟の代表例である取消訴訟では，処分が違法であれば取消判決が出されるのに対して，国家賠償訴訟の場合には公務員の故意・過失という主観的要件も充足しなければなりません。もっとも，違法性と故意・過失をはっきりと区分することができるかどうかをめぐっては，判例・学説上さまざまな議論があります。国家賠償法 1 条 1 項が「違法性」という要件を故意・過失とは別の要件として定立していることを重視し，国家賠償訴訟の法治主義担保機能を重視する見解に立つと，違法性とは法律が定めている処分等の要件が欠如していることであり，公務員の注意義務違反はそれとは別の問題であると考えます（公権力発動要件欠如説・処分要件欠如説）。これに対して，国家賠償法の「違法性」要件は戦後直後の民法・不法行為法の学説をベースにしたものにすぎず，国家賠償訴訟も民事の不法行為訴訟と同様に被害者救済機能を果たせばよいと考える見解に立つと，違法性と故意・過失を区別せず，職務上通常尽くすべき注意義務を尽くさなかったことが国家賠償法にいう違法性と考えます（職務行為基準説・職務義務違反論）。

5.3.2　国家賠償法 2 条の責任

　公の営造物の設置・管理の瑕疵に関する国家賠償法 2 条の責任は，民法の工作物責任（民法 717 条）の特則です。その対象となるのは「公の営造物」で，ここには河川のような自然公物や，動産も含まれます。同条の成立が認められるためには，設置・管理に瑕疵があり，損害との間に因果関係が認められる必要があります。

　ここで「瑕疵」とは，営造物が通常有すべき安全性を欠いていることを意味します（図表 5-12）。その判断にあたっては，客観的な安全状態をベースに，損害回避措置をとったかどうかや，営造物の本来の用法に基づくものであったかどうかなどのさまざまな要素が考慮されます。もっとも，河川のような自然

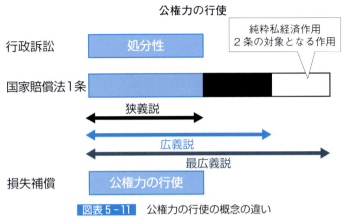

図表5-11　公権力の行使の概念の違い

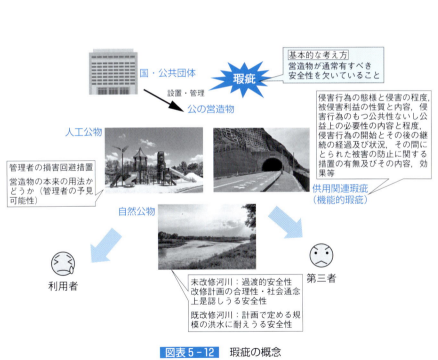

図表5-12　瑕疵の概念

公物の場合には，改修のために莫大な費用や時間がかかり，また道路における一時通行止めのような簡便な損害回避措置もとれないことから，改修に関する計画との関係で瑕疵の有無が判断されます。

　通常の「瑕疵」では，公の営造物の利用者がその被害者となることが想定されています。しかし，公の営造物の供用によって周辺住民が受ける被害も，供用関連瑕疵として国家賠償法2条の責任に含まれます。この場合の「瑕疵」の判断にあたっては，侵害行為の態様と侵害の程度，被侵害利益の性質と内容，侵害行為のもつ公共性ないし公益上の必要性の内容と程度，侵害行為の開始とその後の継続の経過及び状況，その間にとられた被害の防止に関する措置の有無及びその内容，効果等を考慮するとされています（最大判1981（昭和56）・12・16民集35巻10号1369頁：判Ⅱ6/171［大阪空港訴訟］）。

5.3.3　損失補償

　適法な公権力の行使による財産上の特別犠牲に対して，公平負担の見地から損失の填補を行うことを損失補償といいます。損失補償に関しては，根拠と要否の問題が重要です。

　損失補償の根拠に関しては，憲法29条3項の規定の性格が問題となります（図表5-13）。この点をめぐっては，2つの考え方があります。1つは，憲法上損失補償が必要なはずなのに法律で補償規定が置かれていない場合には，その法律は違憲無効となるとする考え方です（違憲無効説）。もう1つは，憲法上損失補償が必要なはずなのに法律で補償規定が置かれていない場合には，憲法29条3項から直接的に損失補償請求権が発生するとする考え方です（請求権発生説）。我が国では請求権発生説が判例・通説で，財産権を規制する法律の合憲性の問題と，損失補償条項の問題とが完全に切り離されています。

　損失補償の要否の基準となるのは，特別犠牲の有無です（図表5-14）。具体的には，次のような要素から判断されます。まず，侵害行為の対象が特定的か，一般的かという基準で（形式的基準），対象が特定的ならば損失補償が必要とされます。もっとも，特定か一般かは，何を比較対象とするかで変わってくるため，この基準はあまり決定打にはなりません。次に，侵害行為の強度がどの程度かという基準があり（実質的基準），財産権に内在する制約を超える強度

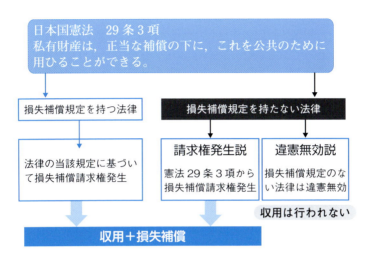

図表5-13 損失補償の根拠

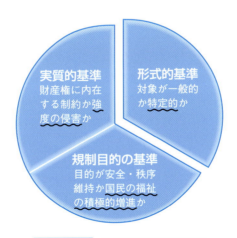

図表5-14 損失補償の要否の基準

5.3 国家補償

の侵害行為であれば損失補償が必要とされます。ただし，財産権が完全に奪われる場面（収用）では損失補償が必要となることは明確ではあるものの，そこに至らない制約の場合にどこまで補償が必要となるかは，この基準でも不透明です。そこで，規制の目的に注目した基準が用いられます。規制の目的が安全・秩序維持のためである場合（消極目的規制・警察制限）には，そのための制約を財産権者は甘受すべきであって補償は不要である（＝他人に迷惑をかけるような財産権の行使はそもそも許されない）のに対して，目的が国民の福祉を積極的に向上させるためである場合（積極目的規制・公用制限）には，特定者の犠牲のもとに国民全体が利益を得る構造となっているから補償が必要とされます。このほか，財産権の現状の利用を固定するにとどまる規制の場合には損失補償は不要とする基準（状況拘束性理論）も補助的に用いられます。

違法な行政活動で公務員に過失が認められる場合の国家賠償法 1 条の責任と，適法な行政活動の場合の損失補償とは，重なり合いがないように見えます。しかし実際には，どちらの構成も考えられる場面（あるいはどちらで構成しても救済が難しい場面）が存在しており，このような局面を国家補償の谷間と呼んでいます。その典型は，予防接種による副作用（予防接種禍）に対する救済です。感染症の流行から社会を防衛するために予防接種が必要であり，しかし一定の割合で副作用が生じてしまう構造に注目すると，社会全体の利益のために特定人が特別犠牲を引きうけていることとなります。我が国でも 1980 年代までは，予防接種被害について損失補償構成（犠牲補償請求権）で救済を図る下級審裁判例が存在していました。これに対して，医師の注意義務を厳格化し，また医師個人の過失ではなく厚生行政の全体としての過失（組織過失）があれば足りるとする考え方がその後の判例では主流となり，現在では予防接種被害については国家賠償法 1 条の責任で構成する方が一般化しています。

考えてみよう

1. 取消訴訟と民事訴訟の審理手続の違いを整理してみよう。
2. 国家賠償法 1 条・2 条，損失補償の要件を整理し，それぞれ請求可能な具体例を挙げてみよう。

第6章

行政組織の基礎

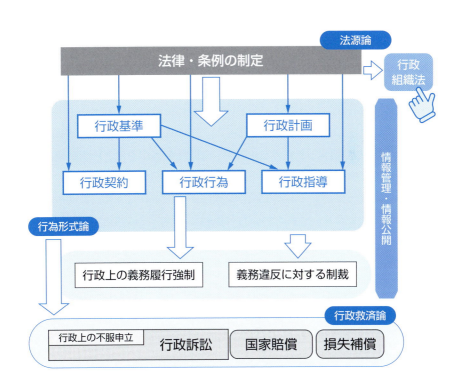

6.1 行政組織法の構造

　行政組織法は，行政作用法・行政救済法とともに，行政法総論の三大領域のひとつに数えられる分野です（→1.4.2）。行政組織についても，民事の組織法と同様に，法人格と機関という見方を用いています。国や地方公共団体（都道府県・市町村）はそれぞれ独自の法人格を持っており，こうした権利義務の帰属点としての性格を捉えて，これらを行政主体と呼びます。例えば国における内閣総理大臣や総務大臣などの機関は，法人としての国を代表してさまざまな決定を行い，それを私人に対して表示しています。こうした大臣等のことを行政機関といい，特に外部に対して意思表示を行う行政機関を行政庁と呼びます。行政組織法が扱っているのは，こうした行政主体と行政機関に関する権限や相互関係です。

　この行政機関という椅子には自然人（人間）が座っており，座っている側の公務員に関する法制度である公務員法も広い意味での行政組織法に含まれます。また，行政組織が任務を果たすためには庁舎や道路といった一定の財産が必要であり，こうした内容を扱う公物法も広義の行政組織法に含まれます（図表6-1）。

　行政組織法は行政法総論の三大領域のひとつに位置付けられているとはいえ，その意義はこれまで低く見られてきました。その理由は，行政法学が国家（行政組織）と国民との関係（行政外部法関係）に視野を集中させ，行政組織法は行政内部法関係であると考えてきたからです。行政内部の問題であれば，その中でのもめごとは「上司」である上級行政機関が解決すればよく，裁判所が介入する必要はありません。そのため，行政組織法に関しては関連する判例・裁判例が極めて少なく，法学的な関心を惹くことがあまりありませんでした。しかし，行政組織法には，将来の行政活動の方向性を決める機能や，私人と行政とのインターフェイスを作り出す機能があり，その法的な意義は決して小さいものではありません。

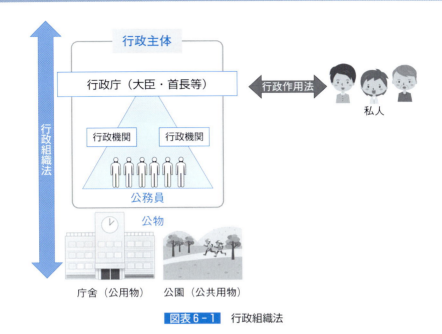

図表6−1　行政組織法

コラム●公 物 法

　行政主体が直接に公の用に供する有体物を公物といい，公物に関するルールを公物法といいます。一言で公物といっても，そこにはやや性格の異なる2種類のものが存在します。1つは，行政主体が自ら利用する庁舎等の公用物で，これは行政活動の人的資源に関する公務員法と並び，物的資源を規律するという意味で行政組織法に含まれるべき内容です。もう1つは，一般市民が公共空間として利用する場を意味する公共用物で，道路や公園などがここに含まれます。こちらは行政活動の資源というよりも，公物をめぐる市民との利用関係やその設置・管理の瑕疵に関する責任（国家賠償法2条）（→5.3）の方が主要な内容となります。
　公物であることと，行政主体が所有権を持つこととは，必ずしも一致していません。行政主体が所有権を持っていても，直接公の目的に供していないものは公物ではありません（このような財産を普通財産といいます）。また，私人が所有権を持っていて行政主体が所有権以外の権原（例：地上権）を獲得し，その上で直接公の用に供している私有公物もあります。もっとも，国や地方公共団体が所有権を持ち，その上で直接公の用に供している行政財産が一般的な形態です。

6.2 行政主体

6.2.1 行政主体の概念

　行政主体とは，国家（行政）と私人との権利義務関係を想定した場合，その行政側に位置付けられる権利義務の帰属主体を意味します。これをもう少し詳しく述べると，次の2つの意味内容を持ちます（図表6-2）。

　1つは，国家と私人との法関係を取り結ぶ行政側の主体としての意味であり，これを行政作用法上の行政主体と呼びます。行政作用法とは国家と私人との関係を扱う分野なので，このような名称が与えられています。そしてもう1つは，国家と同等の民主的コントロールやガバナンス構造を持つべき組織としての意味であり，これを行政組織法上の行政主体と呼びます。国や地方公共団体のような組織が作用法上の行政主体としての資格を当然に持っているとした上で，それ以外の外郭団体のうちどこまでが作用法上の行政主体になりうるのかという問題を立てるとすると，その外郭団体の組織構造がどのようなものであれば国・地方公共団体と同質と考えられるかという視点が現れます。これが組織法上の行政主体の問題であり，行政組織法では主としてこの点が議論されます。

　組織法上の行政主体かどうかの判定基準として重視されているのは，その組織が国家の事務（行政事務）を遂行しているかどうかです。法律である事務を行政事務として遂行することが決まった場合，通常は国・地方公共団体の行政機関に行わせることになります。しかし，事務の性質や事務遂行の効率性などの事情から，国・地方公共団体とは別個の法人格を持つ組織に行政事務を行わせることがあり，このような事務を担う組織には組織法上の行政主体性が認められます。その際には，その組織に対して国民からの民主的コントロールが通常の行政組織並みに働くような組織法上の工夫（ガバナンス構造）が設けられる必要があります。以下で紹介するさまざまな組織には，おおむねこうした組織法的規律が設けられています。もっとも，組織法上の行政主体でなくても，任う事務の範囲を限定し，国・地方公共団体の行政機関による監督のしくみを十分に設けた上で，民間組織に行政事務の遂行を委任する場合があり，これを委任行政と呼んでいます（例：指定確認検査機関による建築確認）。

　組織法上の行政主体に共通する特色は，特別の法律に基づいて設置される点

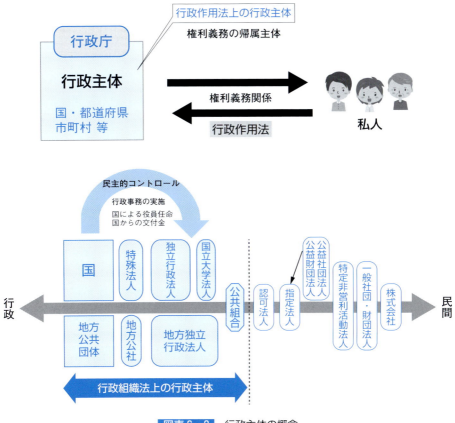

図表6-2 行政主体の概念

> **ことば　ガバナンス**
>
> 　ガバナンスとは，もとは「統治」という意味を持つ言葉で，日本の法学では大きくは2つの文脈で使われています。1つは，ある組織をいかに統治するかという観点であり，会社などの組織のガバナンスがここに含まれます。もう1つは，公的任務を国家のみならず，さまざまな主体の相互関係の中でどのように適正に遂行するかという観点であり，政治・行政の場面における国家の地位を相対化する議論です。行政法学ではどちらの意味でも使われており，行政組織法では前者の意味でのガバナンスが論じられることがあります。

です。民事の法人格の多くは，一定のルールに従って登記を行えば設立できたり（準則主義），行政機関の認証を得て設立したり（認証主義）されます。これに対して組織法上の行政主体は，その法人を設立する特別の法律によって創設されることが一般的です。これは，国の省庁の設置と同じ方法（行政組織法定主義）でもあります（→**4.2.2**）。特別の法律を準備することで，その法人が担う事務が行政事務であることや，その事務を遂行するために特別に組織を設けることが明確化されるのです。また，役員人事に国が関与すること（大臣等が任免権を持つこと），国からの交付金等の金銭が交付されることも共通の特色と言えます。このような性格から，組織運営に対する説明責任は広く国民一般に及んでいると考えられ，それゆえ独立行政法人等情報公開法により，組織法上の行政主体の多くに対して情報公開制度が適用されます（→**8.3**）。

6.2.2　組織法上の行政主体の多様性

　組織法上の行政主体の代表例は独立行政法人です。独立行政法人は，国民生活及び社会経済の安定等の公共上の見地から確実に実施されることが必要な事務及び事業であって，国が自ら主体となって直接に実施する必要のないもののうち，民間の主体に委ねた場合には必ずしも実施されないおそれがあるもの，または一の主体に独占して行わせることが必要であるものを遂行させる法人として設立されるもので，独立行政法人通則法がその枠組を定め，具体的には個別の独立行政法人設置法で設立されます。現在は標準モデルである中期目標管理法人（例：大学入試センター），科学技術に関する研究開発を中長期的視点で行う国立研究開発法人（例：理化学研究所），国の行政事務と密接に関連する事務を担う行政執行法人（例：国立公文書館（→**8.2.2**））の３つに類型化され，行政執行法人にのみその役職員に公務員の身分が与えられています（ 図表6−3 ）。かつては，行政上の必要に応じて特殊法人が法律によって設立されていました。しかしこの方式では組織の透明性が十分に確保されず，また濫設の傾向もあったことから，2001年の中央省庁再編の際に独立行政法人制度ができ，それまでの特殊法人の多くは独立行政法人になりました。もっとも，日本年金機構のように，独立行政法人制度よりも国の監督の強度を高めるために特殊法人として新設されたものもあります。

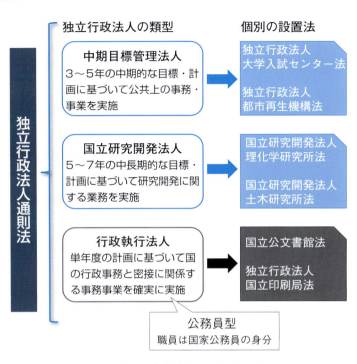

図表6-3　独立行政法人の種類

クローズアップ● 国立大学法人

　国立大学はもともと，文部省の下にある施設等機関（国家行政組織法8条の2）であり，その教職員は公務員でした。しかし，世紀転換期の行政改革の際，独立行政法人制度をモデルに国立大学法人制度が設けられ，国とは別の法人格が与えられるとともに，その教職員は非公務員となりました。

　国立大学法人には学問の自由との関係で，独立行政法人にはない工夫が見られます。例えば，中期目標や評価の手続での自主性配慮のしくみがあります。他方で，財政保障の面では他の独立行政法人と同じく，国からの補助は任意のものとなっており（国立大学法人法35条，独立行政法人通則法46条1項），現に国からの運営費交付金は毎年削減されています。学問の自由との関係で現行のしくみが十分なものとなっているのかどうか，さらに検討が必要です。

独立行政法人のしくみを応用したものが国立大学法人です。国立大学はもともと独自の法人格を持っていませんでしたが，国家公務員の削減をも目的に国とは独立した法人格を与えることとされ，国立大学法人法に基づき国立大学ごとに別個の法人格が与えられています。独立行政法人通則法に基づいて設置されているわけではないものの，その重要なしくみを取り入れており，その上で学問の自由に一定程度配慮したしくみが設けられています。

　独立行政法人の地方版が地方独立行政法人です。もともと地方公共団体の外郭団体としては，個別の法律に基づいて設置された地方住宅供給公社・地方道路公社・土地開発公社という地方三公社があり，さらに従来は直営で行っていた公立大学や公営企業に独自の法人格を与えることを目的に地方独立行政法人制度ができました。国の制度と比較した特色は，大学についても同じ法律で規定が置かれていること，地方議会の議決による関与が認められていることです。

　これらの組織はいずれも，国・地方公共団体のいわば別働隊として設立されるものです。これに対して，伝統的に組織法上の行政主体性が認められながらも，別働隊としての性格がそれほど強くないのが公共組合です。公共組合は，共通の利害関係を有する者が強制加入し，その組合に行政上の事務を実行するための権力的な権限が付与される組織であり，土地区画整理組合（ 図表6－4 ）や健康保険組合が代表例です。行政上の事務を国・地方公共団体に代わって遂行する点では確かにある種の別働隊ではあるものの，その実質は利害関係者の集まりであり，利害関係者に決定権限まで与える点では究極の行政手続上の権利を認めるものとも言えます。

6.3　行政機関

6.3.1　行政機関の概念

　行政組織の中で一定の事務を担当する行政機関の概念にも2つの内容があります。1つは，行政機関が外部（国民）に対して発動する権限に注目した作用法的行政機関の概念です（ 図表6－5 ）。例えば法人としての京都府を代表して府民に対して権限を行使する京都府知事は行政庁と呼ばれ，この作用法的概念の中心となる行政機関です。しかし，あらゆる対外的な権限行使に関する事

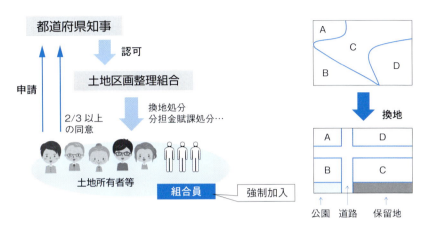

図表6-4　公共組合の具体例（土地区画整理組合）

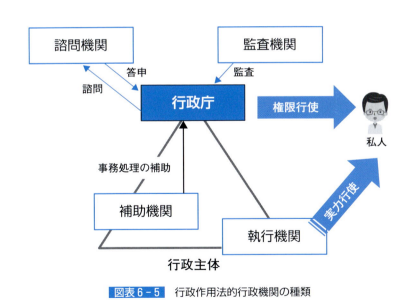

図表6-5　行政作用法的行政機関の種類

6.3 行政機関

務を行政庁が一人で行っているのではなく，実際には知事部局の職員がその準備をしたり実質的な判断を行ったりしています。こうした働きをする機関を補助機関といいます。さらに，決定の内容・性質によっては，専門家等の第三者が構成員となっている合議制の機関の意見を聴いてから決定を行わなければならない場合があり，この際の合議制の機関は諮問機関と呼ばれます（その決定に与える権限が強い場合は参与機関と呼ばれることもあります）。行政庁による決定に従わない場合に，その義務を強制的に実現する機関を執行機関と呼ぶことがあります（地方公共団体における執行機関（→7.2.2）とは別の用語法です）。さらに，事務遂行の適切性を内部から監督する行政機関を監査機関と呼ぶこともあります。

　もう1つは，処理する事務の配分単位に注目する組織法的行政機関概念です。作用法的概念は戦前から存在していたのに対して，この組織法的概念は戦後の国家行政組織法の立法時に導入されたものです。まず各省設置法によって省の単位で事務が配分され，次に省の中で官房・局に事務が系統的に配分され，さらに局・課・係と配分され，最終的には職に事務が割り当てられます。この組織法的行政機関概念によれば，国の場合「○○省」が行政機関であり，作用法的行政機関概念によると行政機関にあたる「○○大臣」はその長として位置付けられます。

6.3.2　行政官庁理論

　作用法的行政機関概念との関係で，行政機関相互の関係に関する行政官庁理論が語られてきました。その内容は，事務処理の方法と相互関係（主として指揮監督関係）に大別されます。

　事務処理の方法としては，民事法の概念を借用した委任と代理の2つがあります（図表6-6）。このうち代理は民事法におけるものとほぼ同じ内容であり，本人に代わって権限を行使することを明示し（顕名主義），その効果は本人に帰属し，代理人に対する指揮監督権を本人が持っています。代理が使われるのは，本人が出張や病気のため短期的に職務遂行ができない場合がほとんどです。これに対して委任は民事法の理解とはやや異なっており，代理権が付与されるのではなく，権限が全て受任者に移され，受任者は自己の名で行政活動

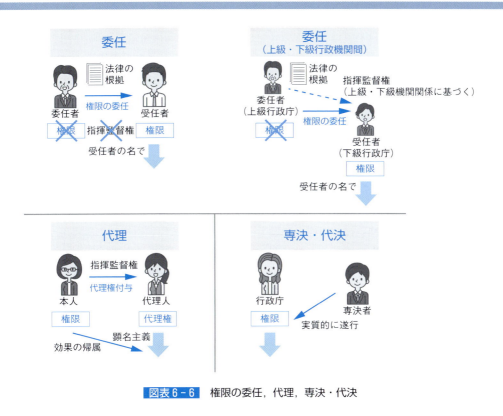

図表6-6 権限の委任,代理,専決・代決

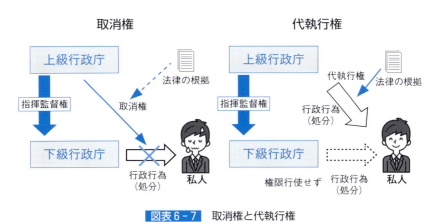

図表6-7 取消権と代執行権

を行うこととなります。このため，委任者が受任者に指揮監督権を持つことは，委任関係の上ではありません（もともと上下の指揮監督関係に立つ機関同士であれば，そのことに基づく指揮監督権はあります）。法律でもともと与えられている権限を動かすこととなるため，委任には法律の根拠が必要です。委任は，大臣の持つ権限の一部を恒常的に下級の行政機関に移譲したり，国家の行政事務の一部を民間の組織に移譲したり（委任行政）する場合に用いられます。このほか，補助機関が実質的に，行政庁の行為を行政庁の名前で行う専決や，緊急時にこうした取り扱いがなされる代決も，事務処理の方法の一種です。

行政機関の相互関係に関しては，指揮監督権として監視権・許認可権・訓令権・取消権・代執行権が挙げられることが通例です。このうち監視権・許認可権・訓令権は純粋に行政内部の問題であり，取消権・代執行権は下級機関が外部に対して行う権限行使を上級機関が取り消したり，権限を行使しない下級機関に代わって行使したりできるかという問題です（図表6-7）。行政官庁法理は不文の法理とされ，法律の根拠がなくても用いることができるルールとされています。ただし下級機関に代わって上級機関が対外的な権限行使を行う場合には，法律で決められた権限の所在を変更することになるため，法律の根拠が必要とされています。

● 考えてみよう
1．国や地方公共団体の周辺に存在する外郭団体を挙げ，それらが行政組織法上どのような性格を持っているのか検討してみよう。
2．内閣総理大臣が外遊する場合に，その権限の行使はどのように処理されているか調べてみよう。

第7章

国家と地方の行政組織

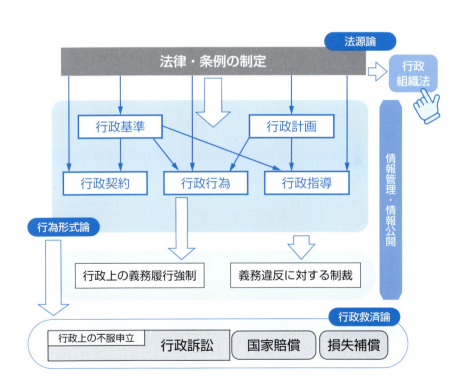

7.1 国家行政組織の基礎

　日本国憲法では，国の行政権が内閣に帰属すると規定しています（憲法65条）。これを受けて内閣法が内閣と内閣補助部局の規定を置き，内閣補助事務と分担管理事務の双方を担う内閣府・復興庁については，内閣府設置法・復興庁設置法が詳細な規定を置いています。内閣の統轄下に置かれる内閣府以外の行政機関については国家行政組織法がその基準を定め，具体的な省の設置は各省設置法（例えば国土交通省設置法）によることとされています（図表7−1）。

7.1.1　内閣と内閣補助部局

　内閣は，内閣総理大臣と総理大臣が任命するその他の国務大臣から構成される合議制の機関で，憲法上国会に対して連帯して責任を負うこととされています（憲法66条3項）。内閣総理大臣は「首長たる」（内閣法2条1項）地位を有し，閣議を主催し，内閣の重要政策に関する基本的な方針を発議できます（同法4条2項）。このように内閣総理大臣には内閣の方向性を決める権限が認められているものの，内閣の職権は閣議に基づき行使され（同法4条1項），閣議にかけて決定した方針に基づいて内閣総理大臣が行政各部を指揮監督するものとされています（同法6条）。最高裁はロッキード事件判決（最大判1995（平成7）・2・22刑集49巻2号1頁：判Ⅰ62）において，閣議にかけて決定した方針が存在しなくても，内閣総理大臣は行政各部に対してその所掌事務について一定の方向で処理するように指導・助言等の指示を行うことができるとの判断を示しています。これに対しては，閣議を介在させている内閣法の規定と整合しないとする批判が寄せられています。

　内閣を補佐する内閣補助部局として，内閣官房・内閣法制局・国家安全保障会議があり，各省と同じく分担管理事務も担っている補助部局として内閣府・復興庁があります。このうち内閣官房は内閣の重要政策に関する企画や総合調整を担当し，中央省庁の幹部職員の人事を一元的に管理する内閣人事局も設置されています。内閣法制局は，内閣提出法案・政令案・条約案を審査する組織で，内閣が提出する法律案の合憲性や体系的な整合性を確保する重要な役割を担っています。このほか，内閣の所轄の下に置かれている機関として人事院が

□□□ BOX──国家行政組織に関する重要条文

日本国憲法
65条　　行政権は，内閣に属する。
66条　①　内閣は，法律の定めるところにより，その首長たる内閣総理大臣及びその他の国務大臣でこれを組織する。
　②　内閣総理大臣その他の国務大臣は，文民でなければならない。
　③　内閣は，行政権の行使について，国会に対し連帯して責任を負ふ。

内閣法
1条　①　内閣は，国民主権の理念にのっとり，日本国憲法第73条その他日本国憲法に定める職権を行う。
　②　内閣は，行政権の行使について，全国民を代表する議員からなる国会に対し連帯して責任を負う。
2条　①　内閣は，国会の指名に基づいて任命された首長たる内閣総理大臣及び内閣総理大臣により任命された国務大臣をもって，これを組織する。
　②　（略）
4条　①　内閣がその職権を行うのは，閣議によるものとする。
　②〜③　（略）
6条　　内閣総理大臣は，閣議にかけて決定した方針に基いて，行政各部を指揮監督する。

国家行政組織法
（目的）
1条　　この法律は，内閣の統轄の下における行政機関で内閣府以外のもの（以下「国の行政機関」という。）の組織の基準を定め，もって国の行政事務の能率的な遂行のために必要な国家行政組織を整えることを目的とする。
（組織の構成）
2条　①　国家行政組織は，内閣の統轄の下に，内閣府の組織とともに，任務及びこれを達成するため必要となる明確な範囲の所掌事務を有する行政機関の全体によって，系統的に構成されなければならない。
　②　国の行政機関は，内閣の統轄の下に，その政策について，自ら評価し，企画及び立案を行い，並びに国の行政機関相互の調整を図るとともに，その相互の連絡を図り，すべて，一体として，行政機能を発揮するようにしなければならない。内閣府との政策についての調整及び連絡についても，同様とする。

あります。「所轄」という言葉は，職権の行使にあたって独立性が尊重されることを意味しており，人事院に置かれる3人の人事官には強い身分保障が与えられています。人事院は国家公務員の人事行政を担う行政機関で，給与・採用試験・研修・分限・懲戒処分やその不服申立などの事務を取り扱っています。

7.1.2 内閣府・復興庁

内閣府は内閣総理大臣を長とし，内閣補助事務と分担管理事務の双方を担っています。2001年の中央省庁再編以前は総理府と呼ばれ，立場としては各省と同等でした。これに対して再編後の内閣府には国家行政組織法が適用されず，各省とは別格であることが明示されています。そのため内閣府設置法には，国家行政組織法で定められている組織の基準に関する事項も併せて定められています。内閣府の特徴のひとつとして，事務の規模がある程度大きい場合に設置される外局である委員会・庁の長に国務大臣を充てることができます。かつての防衛庁はその例であり，現在でも国家公安委員会はその長が国務大臣です（このような委員会を大臣委員会と呼びます）。また特定の内閣補助事務・分担管理事務を担当させるために，特命担当大臣を置くことができます（例：金融担当大臣，消費者・食品安全担当大臣）。さらに，経済財政諮問会議など，重要政策に関する会議が設置されており，その議長が内閣総理大臣（あるいは内閣官房長官）である点で後述の審議会とは異なっています。

復興庁は，2011年の東日本大震災からの復興に関する内閣の事務を助け，行政事務を一体的に行うために復興庁設置法に基づいて設置されています。復興庁には地方機関として復興局が設置されており（岩手・宮城・福島），その事務の企画立案を政治家である副大臣・大臣政務官が担当する点にも特色が認められます。

7.1.3 省・委員会・庁

内閣府・復興庁以外の分担管理事務を担う行政機関は，国家行政組織法が定める基準に従い，個別の各省設置法に基づいて設置されます。各省の長は各省大臣で，事務を総轄し，内閣提出法案を準備し，省令・告示を制定したり，訓令・通達を発したりすることができます。大臣を補佐する副大臣・大臣政務官

図表7-1　国家行政組織

は政治任用であり，内閣総辞職と同時にその地位が失われます。各省には内部部局（内局）として官房・局（場合によっては部）が置かれ，その下に課（場合によっては室）が置かれます（ 図表7-2 ）。

内部部局と比較して一定の独立性を有するのが外局であり，国家行政組織法では委員会と庁の2つの形態が予定されています。委員会は，アメリカの独立規制委員会をモデルに戦後導入された合議制の行政機関で，行政の民主化という観点から占領期には数多く存在していたものの，占領後は整理・簡素化されて激減しました。委員会には職権行使の独立性が認められており，この点が憲法65条との関係で違憲ではないかとする議論が存在します。一般的には，内閣が委員会の人事・予算についての一定程度の監督権限を持っていることや，内閣の指揮監督権が及ばない行政機関を法律で設置することも国会の立法裁量に含まれることが，その合憲性の理由として挙げられます。近時では，原子力規制委員会（環境省の外局）や個人情報保護委員会（内閣府に設置される外局としての委員会）が相次いで設置され，職権行使の中立性・独立性を法的に表現する手段として委員会が活用される傾向にあります。これに対して庁は，内部部局が処理するには膨大な事務量がある場合に，主として実施部門を分離するために用いられる組織形態です。最近では消費者庁（内閣府に設置される外局としての庁），観光庁（国土交通省の外局），スポーツ庁（文部科学省の外局）が設けられています。

国の行政機関の地方の業務については，地方支分部局が担当しています。地方支分部局は各省に1系統とは限らず，中央省庁再編以前の状態のまま存続したり（例：厚生労働省における地方厚生局・都道府県労働局），地方支分部局を持たなかったり（例：金融庁）する例もあります。大臣の行政処分等の権限が地方支分部局の長に委任（→6.3.2）されていることも多く，この場合には地方支分部局が実施の任務を担うことになります。

7.1.4　附属機関

府・省・委員会・長の内部部局以外の部局が設置される場合，これらの機関を附属機関と呼びます。内閣法・国家行政組織法ではその類型として，審議会等・施設等機関・特別の機関の3つを規定しています（ 図表7-3 ）。

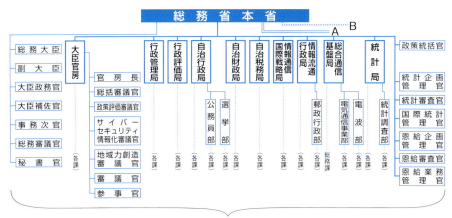

[内部部局（内局）]

[外局]

[附属機関]

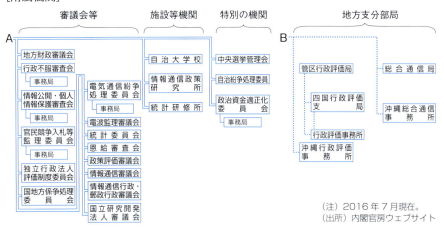

図表7-2　省の組織図（総務省）

（注）2016年7月現在。
（出所）内閣官房ウェブサイト

審議会等は，重要事項に関する調査審議や不服審査等のために専門家や利害関係者を構成員として設置される合議制の機関です。外局としての委員会（国家行政組織法3条2項に基づくため「三条委員会」とも呼ばれます）が対外的な権限行使まで可能であるのに対して，審議会はあくまで行政庁の諮問機関であって，自らの名前で対外的な意思表示ができないことが原則です（審議会の中には統計委員会のように名称が委員会のものがあり，こうした委員会を国家行政組織法8条に基づくため「八条委員会」と呼ぶことがあります）。施設等機関は試験研究や検査検定などの実施業務を行う機関であり，かつての国立大学はこの類型に含まれていました。特別の機関は特殊な組織構成・所掌事務を持つため他の分類にあてはまらない行政機関全てを指す概念で，警察庁・自衛隊・日本学士院などがここに含まれます。

7.2 地方行政組織の基礎

7.2.1 地方公共団体の種類

　地方行政組織については地方自治法が通則的な規定を置いています。地方公共団体は普通地方公共団体と特別地方公共団体に分かれています。普通地方公共団体は都道府県と市町村であり，日本全国にあまねく存在し，また地域に関する全ての事務を担うものとされています。これに対して特別地方公共団体は，普通地方公共団体の事務の一部を担う団体であり，憲法上の地方公共団体（憲法93条）にはあたらないものと解されています（図表7-4）。

　普通地方公共団体のうち市町村は，住民に最も身近な存在（基礎自治体）であり，人口規模によって市・町・村に分かれます。市の中でも人口規模が大きいものが政令指定都市・中核市とされ，通常の市町村よりも強い権限が与えられています。例えば政令指定都市の場合，都道府県が処理する事務（例：児童相談所の設置）の一部を処理することができ，また行政区を設置することもできます。都道府県は市町村を包括する広域的な地方公共団体として，市町村の連絡調整や広域的な事務を担当することとされています。この2つの普通地方公共団体のうち，市町村が憲法上の地方公共団体にあたることに争いはありません。都道府県に関しては，憲法上の保障が及ばないとする説もあり，もしそ

審議会等	消費者委員会，食品安全委員会，行政不服審査会，電波監理審議会，社会保障審議会，社会保険審議会，社会資本整備審議会，運輸審議会，法制審議会，中央環境審議会
施設等機関	財務総合政策研究所，検疫所，自治大学校，国立ハンセン病療養所
特別の機関	日本学術会議，少子化社会対策会議，警察庁，検察庁，日本学士院，日本芸術院，中央選挙管理会，国土地理院，自衛隊

図表7-3　附属機関の具体例

> **BOX──行政委員会と審議会等**
>
> **国家行政組織法**
> （行政機関の設置，廃止，任務及び所掌事務）
> 3条　①　国の行政機関の組織は，この法律でこれを定めるものとする。
> 　②　行政組織のため置かれる国の行政機関は，省，委員会及び庁とし，その設置及び廃止は，別に法律の定めるところによる。
> 　③〜④　（略）
> （審議会等）
> 8条　第3条の国の行政機関には，法律の定める所掌事務の範囲内で，法律又は政令の定めるところにより，重要事項に関する調査審議，不服審査その他学識経験を有する者等の合議により処理することが適当な事務をつかさどらせるための合議制の機関を置くことができる。

図表7-4　地方公共団体の種類

7.2　地方行政組織の基礎

のように理解するとすれば（憲法改正なしに）法律の規定で都道府県を廃止して道州制を導入することは可能と考えることになります。

特別地方公共団体は，普通地方公共団体を超えて広域的な事務を実施したり，普通地方公共団体の内部で地域自治を行ったりする際に用いられます。このうち広域的な事務遂行に関しては，ごみ処理等を市町村の範囲を超えて実施する一部事務組合が以前から認められており，また住民の参加権を強化した広域連合も導入されています。これに対して地域自治のための組織として，旧町村が合併した際に旧町村の共同財産を管理するために設けられた財産区や，市町村合併を円滑に行うために設けられる合併特例区があります。さらに，特別区もまた地域自治のための特別地方公共団体と位置付けられます。かつては都に固有の特別地方公共団体とされてきたものの，現在では道府県でも人口200万人以上の政令指定都市がある場合に市町村を廃止して特別区を設置することができることとされています。

7.2.2　地方公共団体の組織

地方公共団体の組織に関して憲法上決まっているのは，議事機関として議会を設置すること（憲法93条1項）と，地方公共団体の長・議会議員等は住民が直接公選すること（同条2項）の2つです。このような執行機関の長と議会議員をそれぞれ公選する方式を首長主義あるいは二元代表制といいます。都道府県知事・市町村長（これらを首長と呼びます）が住民から直接選挙される点では，地方公共団体の組織原理は大統領制に類似しています。しかし地方自治法では，議院内閣制的な要素も取り込んでおり，議会は首長に対して不信任決議を行うことができ，これに対抗して首長は議会を解散できます（地方自治法178条）。

地方公共団体の組織を特色づけるもうひとつの要素が，執行機関の多元主義です。首長主義のもとでは首長が包括的・総合的に地域の行政を担うこととなるため，政治的な中立性が要求される行政事務の遂行を中心に，行政委員会が地方自治法によって設けられています（図表7-5）。例えば選挙管理委員会・人事委員会・公安委員会・教育委員会がこうした例として挙げられます。また，専門性を要する事務（例：収用委員会）や利害関係者の参加が必要な事務（例：農業委員会）にも委員会制度が設けられています。こうした執行機関は法

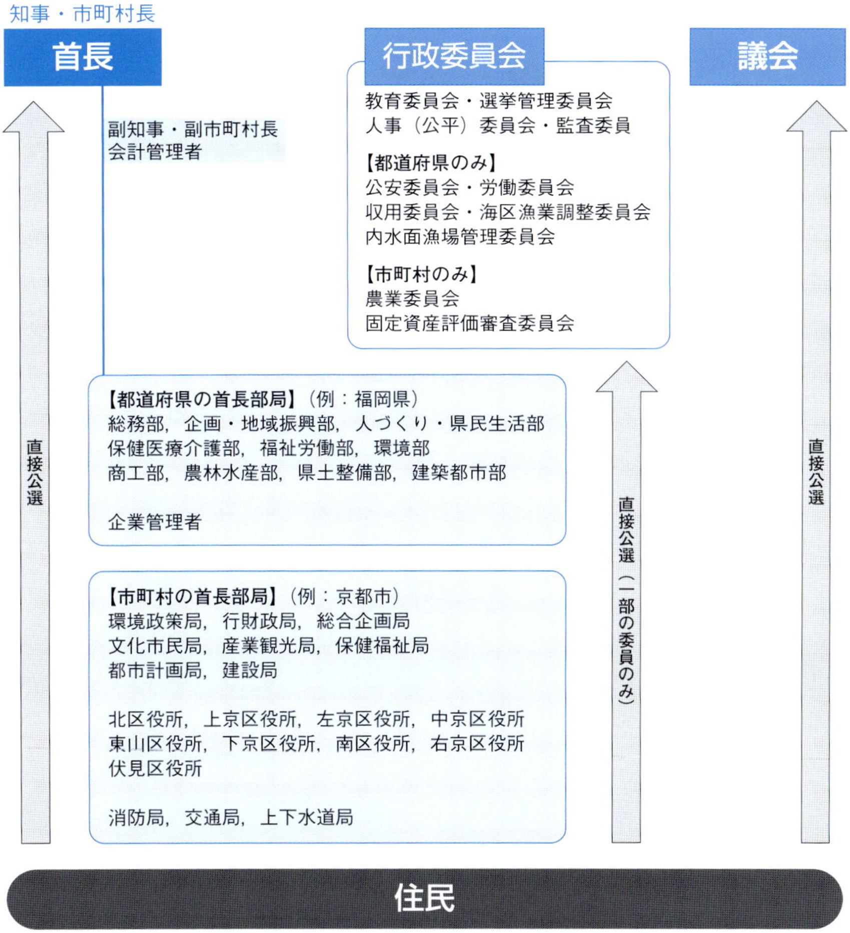

知事・市町村長
首長

副知事・副市町村長
会計管理者

行政委員会
教育委員会・選挙管理委員会
人事（公平）委員会・監査委員

【都道府県のみ】
公安委員会・労働委員会
収用委員会・海区漁業調整委員会
内水面漁場管理委員会

【市町村のみ】
農業委員会
固定資産評価審査委員会

議会

【都道府県の首長部局】（例：福岡県）
総務部，企画・地域振興部，人づくり・県民生活部
保健医療介護部，福祉労働部，環境部
商工部，農林水産部，県土整備部，建築都市部

企業管理者

【市町村の首長部局】（例：京都市）
環境政策局，行財政局，総合企画局
文化市民局，産業観光局，保健福祉局
都市計画局，建設局

北区役所，上京区役所，左京区役所，中京区役所
東山区役所，下京区役所，南区役所，右京区役所
伏見区役所

消防局，交通局，上下水道局

直接公選　　直接公選（一部の委員のみ）　　直接公選

住民

図表 7-5　地方公共団体の組織

律でのみ定めることができ（執行機関法定主義），条例で定めることはできません。その理由は地方公共団体の組織の基本にかかわる事項であることに求められているものの，地方分権の観点からは条例による設置の余地を認めるべきとの見解も有力です。

7.2.3　地方公共団体の事務区分

　地方公共団体の事務区分は，国と地方の関係を考える上でも重要です。明治憲法下の地方自治は，上下水道や電気・ガスのような給付サービスの提供を中心としており，警察行政のような規制行政は国の組織の一部であった府県知事（地方長官）の任務でした。このような住民福祉の増進を図る事務を固有事務（公共事務）といいます。また，もともと国や他の地方公共団体の事務であったものが委任されることで成立する事務を団体委任事務といい，委任された以上，受任者である地方公共団体（市町村）の事務の一部とされました。さらに，戦後の日本国憲法のもとでは地方公共団体が権力的な事務を担うことが認められ，警察等の事務を念頭に行政事務と呼ばれていました。これらはいずれも地方公共団体の事務とされたのに対して，国の事務を地方公共団体の機関（首長・行政委員会）に委任するのが機関委任事務であり，これはあくまでも国の事務であると解されてきました（図表7-6）。機関委任事務は，国の大臣が都道府県知事や市町村長をいわば下級機関として利用する事務遂行形態であり，大臣の指揮監督に従わなければならず，また地方公共団体の事務ではないため条例制定もできませんでした。戦後，府県が完全自治体になったことで，国の法律の適切な執行ができなくなるおそれを感じた中央省庁は，先ほど述べた地方支分部局を設置して対応しました。これに対して地方公共団体による事務遂行の幅が減ることを危惧した旧自治省は，機関委任事務を活用することで地方支分部局への権限流出を避けることを企図しました。機関委任事務は都道府県の事務の7割，市町村の事務の4割程度を占めていたとされ，これが地方の国への従属構造の象徴とされてきました。

　そこで，1999年の地方分権改革で機関委任事務が廃止され，事務区分が整理されました。地方公共団体が遂行する事務は全て地方公共団体の事務とされ，そのうち国等の関与が強い事務を法定受託事務，それ以外の事務を自治事務と

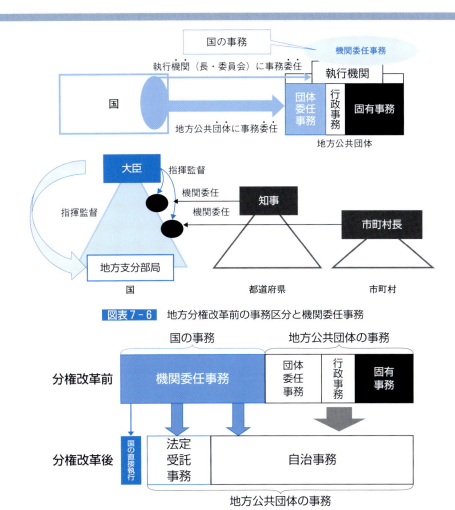

図表7-6 地方分権改革前の事務区分と機関委任事務

図表7-7 地方分権改革による事務区分の変化

考えてみよう

1. 国の行政委員会の歴史を調べ，なぜ最近，行政委員会の新設が増えているのか考えてみよう。
2. 地方分権改革前の機関委任事務と改革後の法定受託事務の類似点と相違点をまとめてみよう。

整理することとされました（地方自治法2条8・9項）（ 図表7-7 ）。法定受託事務は，本来国等が果たすべき役割に係るものであるとされているものの，事務はあくまで地方公共団体に帰属している点で機関委任事務と大きく異なります。そのため，法定受託事務を対象とする条例制定は可能になっています。法定受託事務かどうかは個別の法律で明示しなければならず，明示がない事務は全て自治事務と扱われます。法定受託事務であれば，国が処理基準を定めたり，適正な事務遂行を行わない地方公共団体に対して是正の指示を行ったり，場合によっては代執行を行ったりすることができます。こうした強力な関与権は自治事務では認められていません。また，法定受託事務に関しては，地方公共団体の決定に不満を持つ私人が審査請求（→5.2.1）を行った後に，大臣等に再審査請求を行うことが一般的に認められています（裁定的関与）。

7.2.4 国と地方の関係

1999年の地方分権改革では，国と地方の関係をそれ以前の従属的な関係から対等・協力関係へ変えていくことが目指されました。そのため，国が地方公共団体の事務遂行に関与する場合には，その根拠を法律・政令に置かなければならないとする法定主義の原則が採用され，関与のあり方についてもその類型を地方自治法に定める一般法主義の原則がとられています。また，関与の過程を公正で透明なものとするため，行政と私人との間で適用されている行政手続法に類似する考え方（→8.1）が地方自治法に取り込まれました。書面主義・審査基準の設定・標準処理機関の設定はその一例です。

このように関与のあり方を法律で規定したとしても，その違反に対して中立な立場の裁定者による判断が受けられなければ，関与のルールは空文化してしまいます。そこで1999年の地方分権改革では，国と地方公共団体の間の紛争のうち，国が地方公共団体を拘束する関与の方法を選択した場合の地方の不服を審査する国地方係争処理委員会を設置し，その勧告に不満がある場合には高等裁判所に出訴できるしくみを設けました。この手続は，国の介入に対する地方公共団体の反撃を想定したものです。これに対して地方公共団体が不作為を決め込んでいる場合に，国の側がその違法を訴訟手続によって確認してもらうしくみも2012年に設けられています。

第8章

行政手続と情報管理

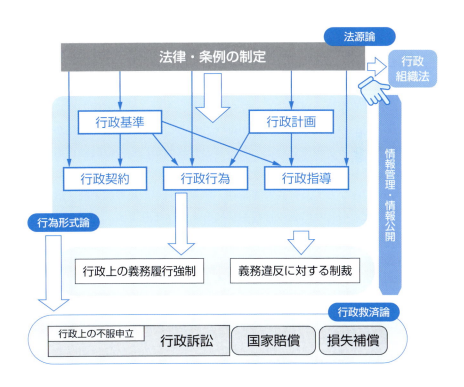

8.1 行政手続とその意義

8.1.1 行政手続の意義

　行政法に限らず，民事法や刑事法でも「実体法」と「手続法」の区別があります。実体法とは，権利・義務の内容に関係するルールのことであり，これに対して手続法とはその権利・義務を実現するための過程・手順についてのルールです。行政法でもこの意味での「手続法」が存在しています。もっとも，行政手続という言葉が用いられる場合には，行政による決定の前に行われる手続を指しているのが普通です。民事手続・刑事手続が主として念頭に置いている裁判所における手続は，行政法では行政救済法と呼ばれるグループで扱われているためです（図表 8 - 1 ）。

　行政手続には，行政と市民とのフェアな関係を構築する役割があります。市民の権利・自由を守る観点からは，適切な行政手続がとられることにより，特に行政活動の名宛人や利害関係者が自らの事情や立場を十分に主張する機会が与えられ，それによってより適切な決定が下される可能性が高まります。それがもし名宛人等にとって不利益な内容を含むものであるとしても，手続をとらなかった場合と比べてある程度の納得が得られた上で決定が行われることから，**執行活動における摩擦の回避**にもつながります。また，民主主義の観点からは，行政による決定への市民の参加機会が確保されることで，**幅広い意見が決定に反映されるチャンス**が確保されるとともに，**行政側が自らの活動の正当性を説明する場**としても機能します。こうした意義は，行政決定の事前手続という狭義の行政手続のみならず，行政情報管理・情報公開や市民参加手続，政策評価・行政監視制度といった広義の行政手続にもあてはまります。

8.1.2 行政手続の基本原則

　行政手続の内容として，しばしば以下のような原則が挙げられることがあります（図表 8 - 2 ）。まず，行政上の決定で直接の影響を受ける人に対して，その決定の前に内容を知らせ，意見を述べる機会を保障する告知聴聞原則があります。また，決定が下された際には，その理由を相手方に対して提示する理由提示原則も，行政の判断の慎重さを担保する重要な要素です。次に，市民か

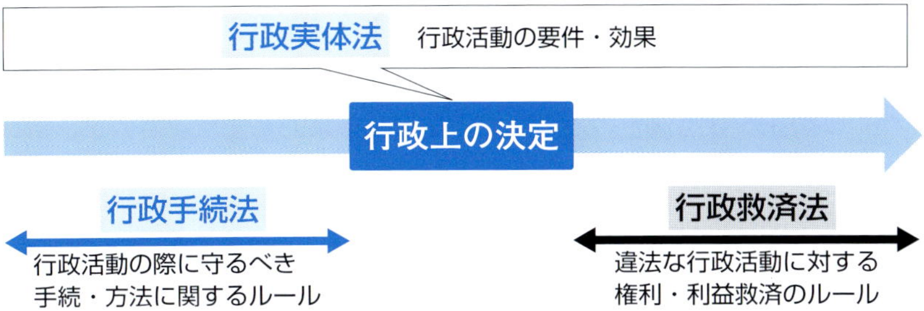

図表 8-1 行政実体法・行政手続法・行政救済法

行政実体法 行政活動の要件・効果

行政上の決定

行政手続法 行政活動の際に守るべき手続・方法に関するルール

行政救済法 違法な行政活動に対する権利・利益救済のルール

行政手続の意義
行政と市民とのフェアな関係を構築

権利・自由の保護
- より適切な決定が下される可能性の向上←自らの立場を主張する機会
- 執行活動における摩擦の回避

民主主義
- 幅広い意見が決定に反映される機会の保障
- 行政がその活動の正当性を市民に説明する場

告知聴聞原則	理由提示原則	迅速処理原則	基準設定原則	文書閲覧原則
行政上の決定の前に内容を知らせ，意見を述べる機会を与える原則	行政上の決定の理由を相手方に提示する原則	申請に対してできるだけ迅速に応答する原則	行政上の決定の判断基準を個別の決定の前に設定・公表する原則	行政が保有する情報を市民に対して原則として公開する原則

図表 8-2　行政手続の意義と基本原則

8.1　行政手続とその意義

らの求めに応じて行政が何らかの利益を与える決定を行う際にはとりわけ，市民側の申請に対してできるだけ迅速に応答する迅速処理原則が重要です。併せて，行政上の決定の判断基準を個別の決定の前に設定・公表する基準設定原則も，公平で公正な意思決定のために大きな役割を果たします。さらに，行政が保有する情報を市民に対して原則として公開する文書閲覧原則も，行政活動の直接の影響を受ける名宛人の権利・自由を保護する観点からも，一般市民が行政活動の適切性を検証する民主主義の観点からも重要です。

　こうした諸原則の根拠については，憲法に求める見解が通例で，個別の条文に求める立場（適正手続に関する31条，新しい人権として手続上の権利を位置付ける13条）と，個別の条文ではなく憲法が前提としている法治主義を根拠とする立場（手続的法治国説）とがあります。最高裁判決では，成田新法事件（参考判例①）が，刑事手続に関する権利を定める憲法31条が行政手続にも及ぶ可能性に言及しているものの，31条を直接適用して行政手続に欠ける法律を違憲と判断した例はありません。

　もっとも，最高裁判例は，日本の行政手続に関する法理の発展に大きな影響を与えてきました。行政手続法が制定される前の時点で，行政手続に関する法理を生み出してきたのは判例・学説であり，現在の行政手続法の条文はそれを整理したものという性格も持ちます。例えば，理由提示原則（行政手続法8・14条）は租税法分野（青色申告）の判例の積み重ねに由来していますし，基準設定原則の生成には個人タクシー事件最高裁判決（参考判例②）が大きな影響を与えています。

8.1.3　行政手続の瑕疵

　法律による行政の原理（→4.1）の考え方によると，違法な行政活動は裁判所によって是正されなければなりません。ここでいう「違法」には，実体法的な違法のみならず手続法的な違法も含まれています。しかし，手続法的な違法，例えば告知聴聞の際に，争点とはあまり関係がない点に関する名宛人への聴き取りが不十分で，最終的に名宛人に不利益な処分が出されたとすると，手続的違法を理由に裁判所がこの判断を取り消したとしても，行政側は聴き取りをもう一度やり直してまた同じ処分をする可能性が高いと言えます。そこで，手続

参考判例① ■ 成田新法事件
（最大判 1992（平成 4）・7・1 民集 46 巻 5 号 437 頁：判 I 5）

【争点】使用禁止命令に事前手続を設定していない成田新法は合憲か

「憲法 31 条の定める法定手続の保障は，直接には刑事手続に関するものであるが，行政手続については，それが刑事手続ではないとの理由のみで，そのすべてが当然に同条による保障の枠外にあると判断することは相当ではない。

しかしながら，同条による保障が及ぶと解すべき場合であっても，一般に，**行政手続は，刑事手続とその性質においておのずから差異があり**，また，行政目的に応じて多種多様であるから，行政処分の相手方に事前の告知，弁解，防御の機会を与えるかどうかは，行政処分により制限を受ける権利利益の内容，性質，制限の程度，行政処分により達成しようとする公益の内容，程度，緊急性等を総合較量して決定されるべきものであって，常に必ずそのような機会を与えることを必要とするものではないと解するのが相当である。」

参考判例② ■ 個人タクシー事件
（最一小判 1971（昭和 46）・10・28 民集 25 巻 7 号 1037 頁：判 I 97）

【争点】不十分な聴聞の結果なされた申請拒否処分は違法か

「多数の者のうちから少数特定の者を，具体的個別的事実関係に基づき選択して免許の許否を決しようとする行政庁としては，事実の認定につき行政庁の独断を疑うことが客観的にもっともと認められるような不公正な手続をとってはならないものと解せられる。すなわち，右（道路運送法［引用者註］）6 条は抽象的な免許基準を定めているにすぎないのであるから，内部的にせよ，さらに，その趣旨を具体化した審査基準を設定し，これを公正かつ合理的に適用すべく，とくに，右基準の内容が微妙，高度の認定を要するようなものである等の場合には，右基準を適用するうえで必要とされる事項について，申請人に対し，その主張と証拠の提出の機会を与えなければならないというべきである。免許の申請人はこのような公正な手続によって免許の許否につき判定を受くべき法的利益を有するものと解すべく，これに反する審査手続によって免許の申請の却下処分がされたときは，右利益を侵害するものとして，右処分の違法事由となるものというべきである。」

違反を理由に行政の判断を取り消すべきかについては、次の2つの考え方が対立しています（ 図表8-3 ）。

1つは、手続の瑕疵はそれだけでは単独の取消事由（いわば「一発アウト」）とはならず、結果に影響を与える場合にのみ取り消しうるという伝統的な立場です。これは、権利救済の観点からは結局のところ内容的に正しい決定であったかどうかが問題であり、手続の瑕疵の問題はそのいわば手段と位置付けます。これに対してもう1つは、手続の瑕疵もそれだけで単独の取消事由となるとする立場です。これは、適正な手続でなければ内容的に正しい決定はできないとする考え方を前提とし、行政手続に裁判手続にはない固有の意義を認める立場とも言えます。最高裁は、理由提示原則違反については以前から単独の取消事由であることを認めています（例：最二小判1963（昭和38）・5・31民集17巻4号617頁：判Ⅰ98）。それ以外の行政手続上の原則については、結果に影響がある場合にのみ取り消しうると読める判決が一般的です（例：最一小判1975（昭和50）・5・29民集29巻5号662頁：判Ⅰ106［群馬中央バス事件］）。もっとも、これらの事件はいずれも行政手続法制定以前のものであり、少なくとも法律によって一定の手続の履践が明確に求められている場面で、これに反してその手続がとられなかった場合には、その一事をもって取消事由となるとする考え方が現在では有力化しています。

8.2 行政過程と情報管理

8.2.1 情報の取得——申請・届出・行政調査

行政上の判断・決定には、その基礎となる情報が不可欠です。行政情報の取得の方法は、大きく2つに分けられます（ 図表8-4 ）。1つは、行政上の決定の直接の利害関係者である名宛人から情報を出してもらうことです。許認可など申請に対する行政の認定判断の場合には、申請者から申請書（あるいは申請書添付文書）という形で決定に必要な情報を提出させ、それによって行政による情報収集のコストを抑制しています。また、行政法令の中には、事業の開始の際に行政による決定を不要とするものの、事業を開始したことを一定の情報とともに届けるよう義務付ける届出というしくみをとるものがあります。これもまた、

```
違法な行政活動 ─┬─ 実体法的な違法
                │   行政活動の内容（要件・効果）に
                │   関するルールに違反した活動          → 単独の取消事由
                │
                ├─ ・理由提示義務違反
                │   ・結果に影響を与える手続違反
                │
                ├─ 法定の手続が全く履践され
                │   なかった場合
                │
                └─ 手続法的な違法
                    行政活動の手続・方法に関するル
                    ールに違反した活動
```

図表 8-3　実体法的違法と手続法的違法

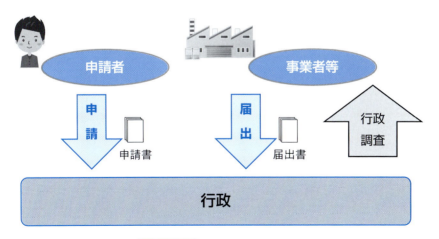

図表 8-4　行政による情報収集

事業に対する監督を行う基礎となる情報を獲得するためのしくみと言えます。

　もう1つは，行政側が自ら情報を獲得するために，場合によっては強制力を行使して調査活動を行うことです（図表8-5）。この行政調査の契機となるのが，内部告発や第三者市民からの情報提供です。特に内部告発は事業者の不正を解明する重要な手がかりであり，内部告発者が将来不利益を受けることのないように公益通報者保護法が制定されています。この行政調査手続については，行政手続法のような一般法はまだ準備されておらず，租税法分野（国税通則法）など個別の行政法分野に散在する法令の規定と判例・学説によってそのルールが形成されています。

　行政調査にはいくつかの類型があります（図表8-6）。最も強力なのは，相手方の意思に反しても実力行使して立ち入り，物件を押収できる強制立入調査（法律上の表現は「臨検」「捜索」等）で，その代わりに裁判官の許可状が必要とされます。行政調査の中には，そこで収集された資料を刑事手続に用いるためになされるものがあり（犯則調査），この場合にこうした強制立入調査が用いられることが多いです（例外的に，児童虐待の防止等に関する法律9条の3の調査は犯則調査でない強制立入調査です）。その次に強力なのは，行政調査に協力しなかった場合に刑事罰が科されたり（例：国税通則法74条の2以下），給付が拒否されたり（例：生活保護法28条5項）するものです。さらに，法律（行政調査の根拠規範）で行政機関に調査権限が認められているものの，違反に対して何も制裁が規定されていないもの（例：水道法17条）や，そのような根拠規範がなく組織規範（所掌事務規定）で行われるもの（例：児童福祉法11条1項）もあります。侵害留保の原則（→4.2.1）からしても，国民の権利を制限したり義務を課したりする作用を伴う行政調査には，根拠規範としての法律の根拠が必要で，もしそれがない場合には，相手方の任意の協力によってのみ調査が可能となります。

　先に述べたように，行政調査手続に関しては一般法がなく，以下のような手続が個別法に散在しているにとどまります。まず，行政調査が適法に行われていることを相手方に示すために，身分証の提示という方法が規定されることがあります（例：建築基準法13条1項）。次に，事前手続の保証として，行政調査の事前通知（例：土地収用法12条1項）や変更の求めに応じる協議努力義務

	担当する組織	目的
行政調査	所管行政機関の職員	行政上の決定（主として不利益処分）のための調査
犯則調査	犯則調査を担当する行政機関（例：国税庁調査査察部）の職員	刑事責任の追及
犯罪捜査（刑事手続）	警察官・検察官	

図表8-5 行政調査・犯則調査・犯罪捜査

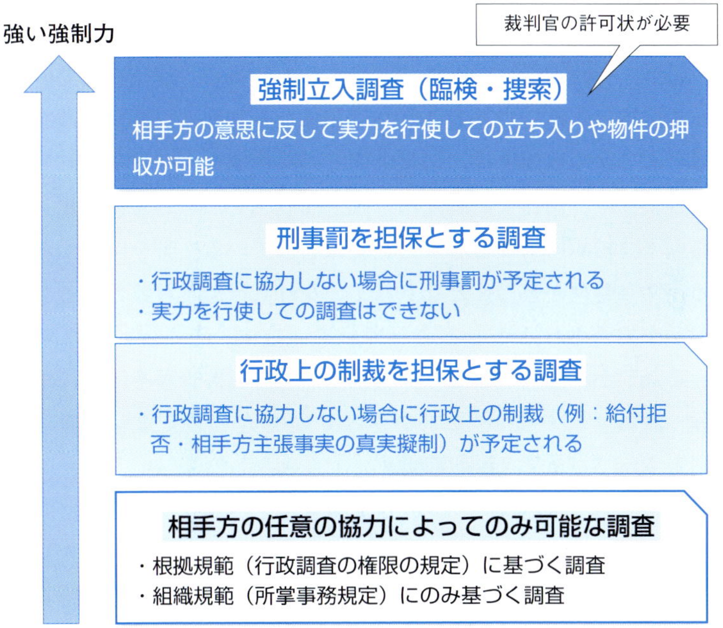

強い強制力 ↑

強制立入調査（臨検・捜索）（裁判官の許可状が必要）
相手方の意思に反して実力を行使しての立ち入りや物件の押収が可能

刑事罰を担保とする調査
・行政調査に協力しない場合に刑事罰が予定される
・実力を行使しての調査はできない

行政上の制裁を担保とする調査
・行政調査に協力しない場合に行政上の制裁（例：給付拒否・相手方主張事実の真実擬制）が予定される

相手方の任意の協力によってのみ可能な調査
・根拠規範（行政調査の権限の規定）に基づく調査
・組織規範（所掌事務規定）にのみ基づく調査

図表8-6 行政調査の類型

（国税通則法 74 条の 9 第 2 項）があります。刑事手続の場合には，調査の際に令状を要求する**令状主義**や，事故に不利益な供述が強制されない**供述拒否権保障**が問題となります。行政調査の場合には，これらは一般的には問題にならないとするのが判例の理解です。令状主義については，刑事訴訟法の強制処分法定主義との関係で，刑事責任の追及を目的とし，直接的・物理的な強制を伴うような態様で行われるような行政調査でない限り適用されないとされます。また供述拒否権保障については，刑事手続に限定されるわけではないものの，刑事責任追及のための資料の取得に直接結びつく作用を一般的に有する手続の場合にのみ問題となるとされます（**参考判例**）。この結果，行政調査のうち**犯則調査**についてのみ，これら 2 つの憲法上の権利保障が問題とされることとなります。さらに，事後手続として，意見申出制度（金融庁の金融検査）や，調査終了時の書面通知（国税通則法 74 条の 11）が予定されていることもあります。

8.2.2　公文書管理

　申請・届出・行政調査等の方法で取得された情報や，行政内部での意思形成にかかわる情報は，適切に管理されなければなりません。文書管理を法制度として整備することの重要性は，情報公開との関係でまずは意識されました。後に説明するように，情報公開制度は，誰が作成したかを問題にせず，行政機関がその時点で組織的に用いるものとして保有している文書を開示する制度です。そのため，文書管理がきちんとなされていなければ開示対象となる文書が存在せず，開示が拒否されることとなってしまいます。その後，2007 年には「消えた年金記録」が社会問題となり，行政内部での文書管理を法的に規律する必要性が強く認識されました。これを受けて 2009 年に**公文書等の管理に関する法律**が制定されています（ **図表 8 - 7** ）。

　この法律の大きな特色は，**一元的な文書管理**を実現していることです。法律では，行政機関の保有する行政文書，独立行政法人の保有する法人文書，そして歴史史料として重要な歴史公文書等を対象としています。この歴史公文書等は，行政機関が現在使用している文書（現用文書）かいない文書（非現用文書）かを問わない定義になっており，この点が一元的な文書管理（**オムニバス方式**）と呼ばれています。この歴史公文書等のうち特に重要で，かつ国立公文書

参考判例■川崎民商事件
(最大判 1972(昭和 47)・11・22 刑集 26 巻 9 号 554 頁：判Ⅰ122)

【争点】刑事罰を担保とする行政調査に憲法 35・38 条の適用があるか

「旧所得税法 70 条 10 号の規定する検査拒否に対する罰則は，同法 63 条所定の収税官吏による当該帳簿等の検査の受忍をその相手方に対して強制する作用を伴なうものであるが，同法 63 条所定の収税官吏の検査は，もっぱら，所得税の公平確実な賦課徴収のために必要な資料を収集することを目的とする手続であって，その性質上，刑事責任の追及を目的とする手続ではない」。

「強制の態様は，収税官吏の検査を正当な理由がなく拒む者に対し，同法 70 条所定の刑罰を加えることによって，間接的心理的に右検査の受忍を強制しようとするものであり，かつ，右の刑罰が行政上の義務違反に対する制裁として必ずしも軽微なものとはいえないにしても，その作用する強制の度合いは，それが検査の相手方の自由な意思をいちじるしく拘束して，実質上，直接的物理的な強制と同視すべき程度にまで達しているものとは，いまだ認めがたい」。

「憲法 35 条 1 項の規定は，本来，主として刑事責任追及の手続における強制について，それが司法権による事前の抑制の下におかれるべきことを保障した趣旨であるが，当該手続が刑事責任追及を目的とするものでないとの理由のみで，その手続における一切の強制が当然に右規定による保障の枠外にあると判断することは相当ではない。しかしながら，前に述べた諸点を総合して判断すれば，旧所得税法 70 条 10 号，63 条に規定する検査は，あらかじめ裁判官の発する令状によることをその一般的要件としないからといって，これを憲法 35 条の法意に反するものとすることはできず，前記規定を違憲であるとする所論は，理由がない。」

「憲法 38 条 1 項の法意が，何人も自己の刑事上の責任を問われるおそれのある事項について供述を強要されないことを保障したものであると解すべきことは，当裁判所大法廷の判例（…）とするところであるが，右規定による保障は，純然たる刑事手続においてばかりではなく，それ以外の手続においても，実質上，刑事責任追及のための資料の取得収集に直接結びつく作用を一般的に有する手続には，ひとしく及ぶものと解するのを相当とする。しかし，旧所得税法 70 条 10 号，12 号，63 条の検査，質問の性質が上述のようなものである以上，右各規定そのものが憲法 38 条 1 項にいう「自己に不利益な供述」を強要するものとすることはできず，この点の所論も理由がない。」

館に移管された文書が特定歴史公文書等とされ，この特定歴史公文書等については永久保存の原則が適用され，公文書館への開示請求権が認められています。

この法律のもうひとつの特色は，文書作成義務が定められていることです。同法4条では，法令の制定改廃・閣議省議・他機関等への基準提示・私人の権利義務にかかわる内容・職員人事等については，文書を作成しなければならないと規定しています。これは証拠的記録に基づいた施策（evidence-based policy）を実現するためであり，こうした文書が作成されていない場合には行政機関に法的な責任が生じる可能性があります。作成された文書については，いつまで保管するかを早期段階で確定し（レコード・スケジュール），廃棄する場合には内閣総理大臣との協議を行って同意を得る手続が予定されています。

8.2.3 個人情報の保護

情報の管理全般について，個人情報保護の観点からさまざまなルールを設けているのが個人情報保護制度です（図表8-8）。個人情報保護法制は，民間事業者に対する規制を中心とする個人情報の保護に関する法律と，行政機関を対象にする行政機関の保有する個人情報の保護に関する法律の二本立てになっており，前者には行政機関に対しても適用される基本法部分も存在しています。

行政機関個人情報保護法の対象は，自己に関する保有個人情報です。これは，行政機関の職員が職務上作成・取得し，組織的に利用するものとして保有している個人情報のことです。個人情報と言えるためには，個人を識別しうる情報（例えば氏名・生年月日等）か，個人を識別するために生成されたデータ（例えば顔認識データや運転免許証番号）である個人識別符号かのいずれかである必要があります。同法の主たる目的は，行政機関が必要以上に個人情報を保有しないことと，行政機関が保有する個人情報が正確であることを担保することにあります。まず,個人情報の収集や保有,さらには他の目的への転用については，取得の利用目的との関係で制限が課されています。行政機関は情報収集の際に利用目的を明示する必要があり，その情報を目的外に利用するためには，本人の同意や所掌事務の遂行のためといった一定の事由がある場合に限られています（同法8条2項）。もしこれに反して目的外利用がされている場合には，自己情報の利用停止請求を行うことができます。次に，行政機関が保有する個人情

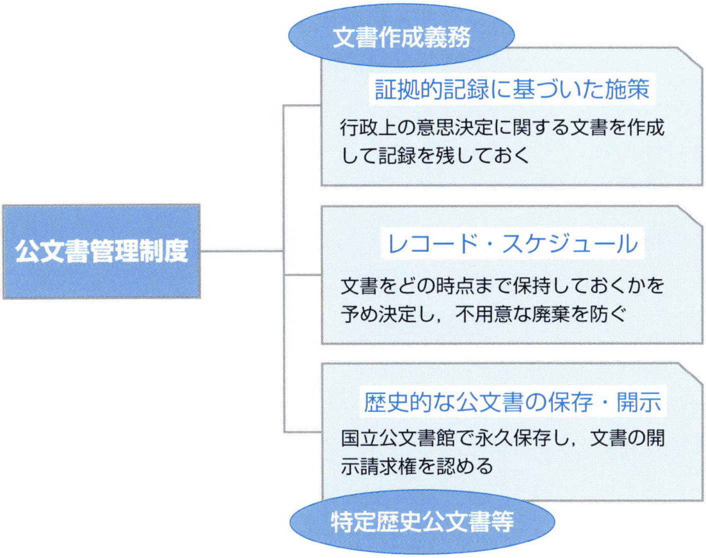

公文書管理制度

文書作成義務

- **証拠的記録に基づいた施策**
  行政上の意思決定に関する文書を作成して記録を残しておく

- **レコード・スケジュール**
  文書をどの時点まで保持しておくかを予め決定し，不用意な廃棄を防ぐ

- **歴史的な公文書の保存・開示**
  国立公文書館で永久保存し，文書の開示請求権を認める

特定歴史公文書等

図表 8-7　公文書管理制度の内容

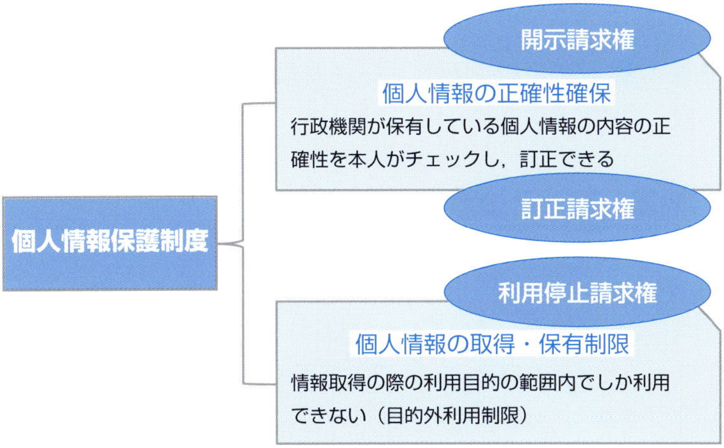

個人情報保護制度

開示請求権

- **個人情報の正確性確保**
  行政機関が保有している個人情報の内容の正確性を本人がチェックし，訂正できる

訂正請求権

利用停止請求権

- **個人情報の取得・保有制限**
  情報取得の際の利用目的の範囲内でしか利用できない（目的外利用制限）

図表 8-8　個人情報保護制度の内容

8.2　行政過程と情報管理

報が正確であることを担保するために，個人情報の本人に対しては開示請求権が認められ，その情報に誤りがある場合には訂正請求権も認められています。

　このように，行政機関個人情報保護法のベースには**個人情報の抑制的な取得・利用**という考え方があります。しかし他方で，2013年に成立した行政手続における特定の個人を識別するための番号の利用等に関する法律（マイナンバー法）や，2015年に改正された行政機関個人情報保護法では，**個人情報を利用する側面が強化**されています。まずマイナンバー法では，税と社会保障に関する情報のマッチングのために，市町村長が住民に対して個人番号を付与するしくみが導入されました（ 図表8-9 ）。個人番号の利用範囲はマイナンバー法及びその委任を受けた条例で規定されることとされ，マイナンバーの収集・管理・利用は法令で認められている場合を除き（たとえ本人の同意があっても）禁止されています。マイナンバー法では本人の自己情報コントロール権よりも，法令で利用範囲を一律に定め，データの安全性を確保する方法がとられているのです。また2015年改正後の行政機関個人情報保護法では，行政機関が業務上得た情報を利用しやすい形で幅広く公開するオープンデータに関する法制度が整備されました（ 図表8-10 ）。これは，個人情報の束から個人が識別できる情報を抜き取って復元できないようにした上で，その行政機関非識別加工情報を事業者等に提供するもので，例えば公共交通機関の運行情報や公共施設の空き情報などの提供が想定されています。もっとも，個人情報が含まれる者には意見書提出権が認められ，反対の意見書が提出されればその者の個人情報を加工対象から除外することとなっています。

8.3　情報公開とその意義

8.3.1　情報公開制度の意義

　行政機関によって取得・管理された情報は，行政上の決定の基礎として使われます。こうした基礎的情報や，それに基づいてなされた決定に関して行政機関が作成した情報は，行政活動が適切に行われていることを対外的に示す手段ともなります。情報公開制度は，こうした説明責任に資するための制度として，はじめは地方公共団体が条例によって制度をスタートさせ，国レベルでも1999

図表8-9　マイナンバーカードのイメージ（見本例）

> **ことば　オープンデータ**
>
> 　行政機関が業務で得た情報を，利用しやすい形で広く公開する活動をオープンデータと呼んでいます。もとは2000年代初め頃からEU等で取り組みが始まり，アメリカではオバマ政権のもとで公共データの開放が進みました。2013年には日本でも「世界最先端IT国家創造宣言」が閣議決定されています。オープンデータの具体例として，公共交通機関の運行情報，保育所等の公共施設の情報，交通情報，防災情報，防犯情報，一般ごみの情報（ごみステーション，収集日）などがあります。こうしたデータの提供を受けて，webサイトやアプリを開発する動きが見られます。

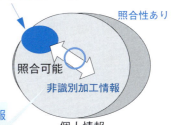

図表8-10　匿名加工情報と非識別加工情報

8.3　情報公開とその意義

年に行政機関の保有する情報の公開に関する法律（情報公開法）が制定されています。個人情報保護や情報公開に関する制度は，国・都道府県・市町村のそれぞれが持っている情報については，それぞれに法律あるいは条例で規律することとなっており（この点で行政手続法・行政手続条例と異なります），それゆえ制度の内容は必ずしも完全に一致してはいません（図表8-11）。もっとも，根幹の部分はほぼ同じです。以下では国の情報公開法のしくみを紹介します。

　情報公開法の対象となる実施機関は，国家行政組織の全てであり，国会・裁判所は対象外となっています。独立行政法人や国立大学法人（→6.2.2）については，独立行政法人等の保有する情報の公開に関する法律という別の法律が作られています（制度の内容はほぼ同じです）。対象となる文書は，行政機関の職員が職務上作成または取得し，組織的に用いている文書や電磁的記録です（同法2条2項）。この定義は保有個人情報（行政機関個人情報保護法）と平仄を合わせており，当該行政機関が作成したかどうかを問わず，開示請求がされた時点で行政機関が保有していれば，開示の対象となります（現在地主義）。また，決裁等の事案処理手続をとったかどうかを問わず，組織的に用いるものとして保有していれば（組織共用文書），開示の対象となります。

　情報公開制度の大きな特色は，誰にでも開示請求権が認められていることです（情報公開法3条）。そして，開示請求の目的は問わないこととなっています。情報を公開する制度としてはもうひとつ，行政手続法に文書閲覧請求権（同法18条）が存在しており，これらはいずれも，行政手続の基本原則としての文書閲覧原則を具体化した制度です（図表8-12）。もっとも，行政手続法の文書閲覧は，名宛人に対して不利益処分（例：営業許可の取消）を行う際に必要となる聴聞手続（→12.1.3）の一環として規定されており，名宛人の権利を守ることに主眼が置かれています。これに対して情報公開法では，開示請求権者に何らかの利害関係がある文書かどうかを問題とせず，あらゆる文書について開示請求権が認められています。これは，自己の権利・利益という問題を離れ，行政活動が適切に行われているかどうかをチェックするという考え方（民主主義・説明責任）に基づくものです。もちろん，開示請求の目的は問われないので，例えば民事訴訟等の法的紛争で自己に有利な資料を集めるために情報公開請求を行うことも許されており，現にそのような使い方もしばしばなされています。

情報管理法制

行政手続法制

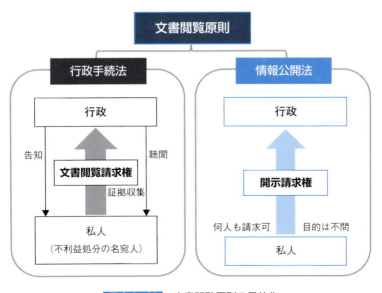

図表 8-11　情報管理法制・行政手続法制における法律と条例の役割分担

図表 8-12　文書閲覧原則の具体化

8.3.2 情報公開の実体ルール

　情報公開法の実体ルールは，次の３つに収斂されます（**図表8-13**）。第１は，原則開示の原則です。情報公開法は申請者に対して情報公開請求権を認めており，法律が定める不開示事由に該当しない限り，必ず開示されることとなっています。逆に，不開示事由に該当した場合には，原則として開示できません（**裁量開示**という方法で開示される可能性はあります）。以下で説明するように，その不開示事由がやや込み入ってはいるものの，基本的な考え方自体は明快です。第２は，部分開示の原則です。ある開示請求対象文書の中に不開示事由が含まれていた場合には，その全部を不開示とするのではなく，不開示部分のみをマスキング（墨塗り）して開示するのが原則です。これは，不開示事由でない限りは開示しなければならないとする原則開示の考え方から派生する当然の原則です（情報公開法６条）。第３は，存否明示の原則です。これは，たとえある文書の請求に対して不開示決定を行う場合でも，問題となっている文書が存在するかどうかは必ず明示しなければならないという考え方です。情報公開制度は，現に実施機関が組織的に用いるものとして保有している文書を開示する制度であり，**文書があるかどうかは開示請求権の成立にとって決定的に重要**です。それゆえ，仮に不開示決定を行うとしても，その文書があるかどうかは明示することとされているのです。その例外となるのが，存否応答拒否（グローマー拒否）です（同法８条）。これは，文書の存否を答えただけで権利・利益が侵害されるおそれがある場合には，文書の存否も回答せずに不開示決定できるとするものです。例えば，「○○氏の国立がんセンターへの入院記録」の請求がなされた場合，一般には個人情報に該当するため不開示決定がなされます。このときに単に不開示決定とすると，文書が存在することになり，○○氏が国立がんセンターに入院したことが分かってしまいます。一般に，がんに罹患したかどうかは，それ自体知られたくない情報ですので，このような場合には存否を明らかにせずに不開示決定がなされます。

　情報公開法の不開示事由は，おおむね次の４つに分けられます。第１は，個人情報です。情報公開法と行政機関個人情報保護法は，個人情報の定義を揃えており，どちらも個人識別型という方法で定義しています。これは（個人識別符号であれば当然に個人情報であるとした上で）個人が識別できる情報が含まれ

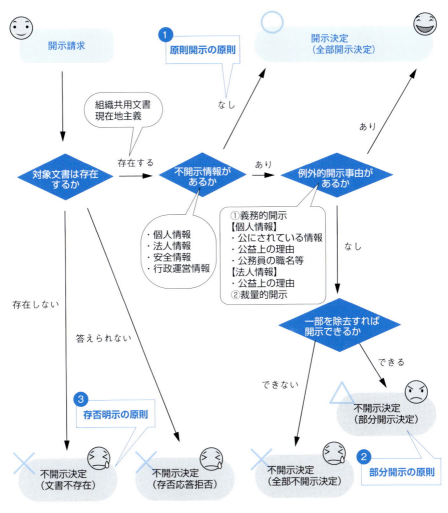

図表 8-13 情報公開の実体ルール

ていれば個人情報に該当すると処理する方法です。個人識別型は，何が個人情報かを明確に判断できるメリットを有する反面，不開示となる範囲が広がりすぎるという問題点も抱えています。そこで法律では，公にすることが予定されている情報や，人の生命・健康等の保護のために公にすることが必要であると認められる情報，さらには公務員の職・職務遂行内容等を例外的開示事由と規定しており（情報公開法5条1号イ～ハ），全体として不開示の範囲を抑えようとしています。これに対して，地方公共団体の中には，個人情報の定義の中に「通常知られたくない」情報という限定を加えているものがあります（プライバシー型）。この方法では，定義上個人情報の範囲がプライバシーに関するものに限定されていることから，例外的開示事由なしでも不開示の範囲が狭くなります。第2は，法人情報です。法人の事業活動に関する内容で，公にすると競争上の地位など正当な利益を害するおそれがある情報は不開示となります。第3は，安全情報です。国の安全（外交関係）や公共の安全（治安関係）に関する情報は不開示とされており，その規定の仕方（「おそれがあると行政機関の長が認めることにつき相当の理由がある情報」）から，行政機関の判断に裁量の余地が認められています（→13.1）。このタイプ以外の不開示情報はこうした規定方法をとっていないため，行政機関の裁量は認められていません。第4は，行政運営情報です。意思形成過程の情報や，事務事業に関する情報は，それが知られると行政の適正な運営を損なうおそれがあることから，不開示とされています。

8.3.3　情報公開の手続ルール

　情報公開法に基づく開示決定・不開示決定は，行政行為（→11.1）の典型例です。そのため，その手続ルールは行政手続法の申請に対する処分に基本的に従いますし，訴訟の場合には不開示決定・部分開示決定の取消訴訟と全部開示決定の義務付け訴訟の併合提起という方法が一般的です（→12.3）。ここでは，情報公開に固有の手続ルールを紹介します（図表8-14）。

　情報公開をめぐる紛争には，申請者に対して拒否処分がなされたことを契機とする行政と申請者との紛争（FOIA型）と，開示される情報に利害関係を有する第三者が開示決定を争う紛争（逆FOIA型）とがあります。FOIA型は拒否

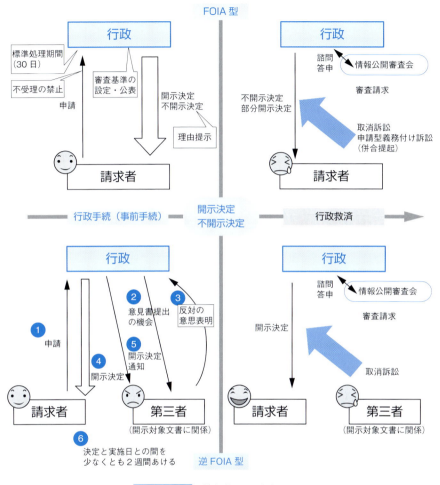

図表 8−14 情報公開の手続ルール

> **ことば　FOIA**
> 情報公開法制が世界的に展開する大きな要因となったアメリカ合衆国情報自由法（Freedom of Information Act）の略称が FOIA です。情報公開法の紛争事例の類型として，申請者が不開示決定を争う場合を FOIA 型（訴訟），第三者が開示決定を争う場合を逆 FOIA 型（訴訟）と呼び分けることがあります。

処分を受けた名宛人が，逆 FOIA 型は名宛人とは別の第三者が原告となる紛争類型です。このうち，特別な配慮が必要なのは逆 FOIA 型です。情報公開の場合には，文書が開示されてしまえば守られるべき法益が守られないことになってしまうため，第三者が開示に対して反対の意見を表明する機会の確保が重要です。そのため，情報公開法では第三者に対して意見書提出の機会を与えることができ，例外的開示事由や裁量開示による開示の場合には必ずその機会を与えなければなりません。そして，第三者から反対の意見書が出された場合には，開示決定と開示実施日との間に少なくとも 2 週間の猶予を設定し，開示決定後にその旨と理由・開示実施日を第三者に通知しなければなりません（同法 13 条）。このような手続を設けることで，第三者が行政上の不服申立や行政訴訟で開示決定を争う機会を確保しているのです。

　不開示決定が争われた場合，行政上の不服申立で重要な役割を果たす情報公開審査会では，紛争の対象となっている文書を実際に見た上で判断することができます。しかし，行政訴訟の場合には，一方当事者が裁判所に対して提出した主張や証拠は相手方にも示されることとなるため，行政機関が証拠として問題となった文書を提出することができません。ここで，相手方当事者に内容を知らせないで審理を行うインカメラ審理が可能であれば，裁判官にのみ対象文書を見せて審理してもらうことができます。この点について最高裁は，インカメラ審理が訴訟で用いられる証拠は当事者の吟味・弾劾の機会を経たものに限られるとする民事訴訟の基本原則に違反するとした上で，明文の規定がない限り許されないと判断しています（最一小決 2009（平成 21）・1・15 民集 63 巻 1 号 46 頁：判 I 89）。最高裁は，インカメラ審理を憲法 82 条の裁判公開原則の問題としてではなく，民事訴訟の基本原則の問題と捉えており，情報公開法に相応の規定を置けば，憲法上の問題を生じさせずにインカメラ審理が可能との立場を示していると考えられます。

● 考えてみよう
1. 行政手続法による統制のメリットとデメリットをまとめてみよう。
2. 情報公開と個人情報保護の制度上の共通点と相違点を検討してみよう。

第9章

行政基準

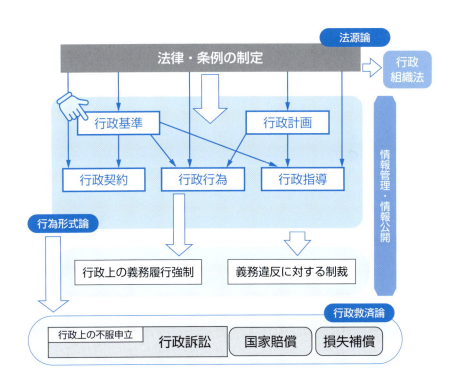

9.1 行政基準の概念

9.1.1 行政基準の概念

　法律による行政の原理の観点からは，行政活動の基準となる内容は法律で定められていなければならないはずです。しかし，実際には次のような理由から，行政活動の内容を全て法律で決めることはできません。1つは，議会の審議能力の限界です。現代の行政活動では複雑で細かな内容までルール化しておかなければならず，その全てを議会が決めるとすると，議会の審議能力を超えてしまいます。議会を中心とする代表民主政の構造を守るためにも，議会の審議対象を重要な内容に限定し，細かな内容は行政に任せる工夫も必要になります。もう1つは，決定の適切性という観点です。行政は（議会と比較して）専門・技術的な知識を有しており，細かなルールを決める能力という点では行政に任せることに合理的な理由があります。また地域事情によって別の細則を定める必要がある場合や，政治からの中立性が求められる場合にも，行政が決定する方が適切な結果が期待できます。このような必要性から，行政機関がその活動に関する一般的なルールを定めているものを行政基準と呼んでいます。

　しかし，法律による行政の原理の観点（→第4章），特に法律の法規創造力からすると，議会の意向を無視して行政機関が国民の権利義務に関する一般的なルールを定めることは許されません。言い換えると，行政機関が国民の権利義務に関する行政基準を定める場合には，必ず法律の委任（授権）が必要です。その授権は漠然としたものであってはならず（白紙委任の禁止），委任の趣旨・目的・範囲が明確でなければなりません。

9.1.2 行政基準の類型

　行政基準は大きく，国民の権利義務に関する内容を持つものと，持たないものとに分けられます（図表9-1，図表9-2）。国民の権利義務に関する行政基準は法規命令と呼ばれており，前述のように法律の委任がなければなりません。これに対して，国民の権利義務とは関係しない行政基準も大量に存在しており，これらは行政規則と呼ばれています。行政規則には法律の委任は不要です。ある法律に基づく行政活動がなされる場合，そのほとんどで「○○法施行

● **学校教育法**

17条 ① 保護者は、子の満6歳に達した日の翌日以後における最初の学年の初めから、満12歳に達した日の属する学年の終わりまで、これを小学校、義務教育学校の前期課程又は特別支援学校の小学部に就学させる義務を負う。ただし、子が、満12歳に達した日の属する学年の終わりまでに小学校の課程、義務教育学校の前期課程又は特別支援学校の小学部の課程を修了しないときは、満15歳に達した日の属する学年の終わり（それまでの間においてこれらの課程を修了したときは、その修了した日の属する学年の終わり）までとする。

② 保護者は、子が小学校の課程、義務教育学校の前期課程又は特別支援学校の小学部の課程を修了した日の翌日以後における最初の学年の初めから、満15歳に達した日の属する学年の終わりまで、これを中学校、義務教育学校の後期課程、中等教育学校の前期課程又は特別支援学校の中学部に就学させる義務を負う。

③ 前2項の義務の履行の督促その他これらの義務の履行に関し必要な事項は、政令で定める。

◉ **学校教育法施行令**

5条 ① 市町村の教育委員会は、就学予定者（法第17条第1項又は第2項の規定により、翌学年の初めから小学校、中学校、義務教育学校、中等教育学校又は特別支援学校に就学させるべき者をいう。以下同じ。）のうち、認定特別支援学校就学者（視覚障害者、聴覚障害者、知的障害者、肢体不自由者又は病弱者（身体虚弱者を含む。）で、その障害が、第22条の3の表に規定する程度のもの（以下「視覚障害者等」という。）のうち、当該市町村の教育委員会が、その者の障害の状態、その者の教育上必要な支援の内容、地域における教育の体制の整備の状況その他の事情を勘案して、その住所の存する都道府県の設置する特別支援学校に就学させることが適当であると認める者をいう。以下同じ。）以外の者について、その保護者に対し、翌学年の初めから2月前までに、小学校、中学校又は義務教育学校の入学期日を通知しなければならない。

② 市町村の教育委員会は、当該市町村の設置する小学校及び義務教育学校の数の合計数が2以上である場合又は当該市町村の設置する中学校（法第71条の規定により高等学校における教育と一貫した教育を施すもの（以下「併設型中学校」という。）を除く。…略…）及び義務教育学校の数の合計数が2以上である場合においては、前項の通知において当該就学予定者の就学すべき小学校、中学校又は義務教育学校を指定しなければならない。

③ （略）

○ **学校教育法施行規則**

32条 ① 市町村の教育委員会は、学校教育法施行令第5条第2項（…略…）の規定により就学予定者の就学すべき小学校、中学校又は義務教育学校（次項において「就学校」という。）を指定する場合には、あらかじめ、その保護者の意見を聴取することができる。この場合においては、意見の聴取の手続に関し必要な事項を定め、公表するものとする。

② 市町村の教育委員会は、学校教育法施行令第5条第2項の規定による就学校の指定に係る通知において、その指定の変更についての同令第8条に規定する保護者の申立ができる旨を示すものとする。

◎ **京都市通学区域外就学事務取扱要綱**

4条 ① 別表第1に掲げる事由に該当する場合には、市内間の区域外就学を認めることがある。

② 別表第1に掲げる事由に該当することを理由とする市内間の区域外就学の手続において保護者が提出する書類は、別記様式1及び別表第2に掲げる書類とする。ただし、必要があると認められる場合は、その都度指定する書類を提出させることがある。

③ 前項の様式等を提出する学校は、児童生徒が在学している学校又は就学することを指定された学校とする。ただし、特に必要があると認める場合は、これらの学校と異なる学校に提出させることがある。

④ 区域外校の校長は、別表第1に掲げる事由に該当し、かつ、通学上及び学校運営上支障がないと認められるときは、本来校の校長と協議のうえ、同表に掲げる期間を限度として、市内間の区域外就学の決定を行う。

法規命令 / 行政規則

図表9-1　行政基準の具体例

	内容	法律の根拠	外部効果
法規命令	国民の権利・義務	必要	あり
行政規則	行政内部事項	不要	なし

図表9-2　法規命令と行政規則

9.1　行政基準の概念

令」「○○法施行規則」という行政基準が作られており，これらは法規命令の代表です。また，法律の中に「○○大臣の定めるところにより」という規定が置かれた上で大臣が告示の形式でルールを定めた場合，この告示も法規命令になります（例：学習指導要領）。これに対して，ある法律の条文の解釈を統一したり，行政による判断の方向性を枠付けたりすることを目的に，上級行政機関が下級行政機関に対して出す通達が，行政規則の代表例です。行政規則の中にはさらに，法律とは全く独立した形で策定されているものがあります。例えば補助金の交付については，法律の留保の中でも全部留保説に立たなければ法律の根拠が不要なので，行政が内部で補助金交付要綱を策定して補助金を交付することがしばしばあります。

　法規命令と行政規則は，行政内部ではいずれも一般的なルールとして扱われることになります。しかし，裁判所での取り扱いは全く異なります。法規命令は法律と同じ効力を持つため（外部効果あり），裁判所は法律を適用するのと同じように，法規命令を適用して判断します。これに対して行政規則は行政内部でしか通用しないので（外部効果なし），裁判所はそのようなルールが存在しない前提で判断を下します。もっとも，最近では法規命令と行政規則の相対化，あるいは行政規則の外部化と呼ばれる状況が見られており，一定の場合には行政規則が裁判所においても大きな役割を果たすことがあります。

9.2　行政基準の手続ルール

9.2.1　行政手続法が定める手続――意見公募手続

　行政手続法では行政基準を「命令等」と呼んでおり（行政手続法2条8号），ここには法律に基づく命令・規則（法規命令とほぼ重なります），審査基準・処分基準（行政行為の細かい基準で，多くは行政規則にあたります），行政指導指針（複数の人に同じ行政指導を行う場合のルールで，行政規則にあたります）が含まれます（図表9-3）。これらの策定にあたって，行政手続法は意見公募手続（パブリック・コメント手続）を規定しています。命令等の策定にあたっては，案を公示し，幅広く意見を求めます（同法39条1項）。意見を述べることができる対象者は，当該行政活動の利害関係者に限定されておらず，また外国人も企

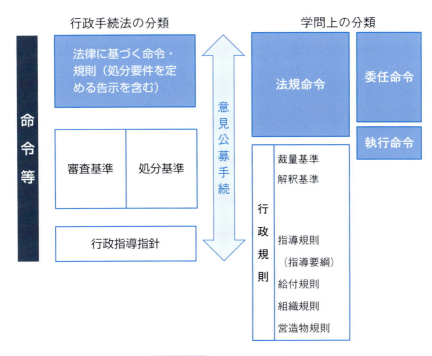

図表9-3 行政基準の分類

クローズアップ● 行政基準の分類

　行政法学では，行政基準の区別として，国民の権利・義務に関する内容を定め，それゆえ法律の授権が必要な法規命令と，法律の授権なしに行政内部事項を定める行政規則の違いを強調します。憲法学では，法律との関係で，法律が明示的に委任規定を置いている委任命令と，法律の規定を実施するために（明示的な委任規定を伴わずに）定められる執行命令とを区別します。これに対して，行政手続法の分類はこれらとはやや異なっており，法律に基づく命令と行政処分に関する法令の規定を詳細化した審査基準（＝申請に対する処分の基準）・処分基準（＝不利益処分の基準）を区別しています。これらは法規命令・行政規則の区別とは別の観点からの線引きであり，両者の相対化の傾向を示すひとつの証左ともされています。

業も意見を提出できます。行政機関にはこれらの提出された意見を採用する義務はないものの，十分に考慮しなければなりません（同法 42 条）。行政機関が考慮することを担保するため，行政機関は意見公募手続の結果を公示しなければならず，その中で提出意見をどのように考慮したか示さなければなりません（同法 43 条 1 項）。行政手続法では，意見公募手続の対象として命令等のみを規定しているものの，実際には国会に提出される法律案（内閣提出法案）がまとめられる前にこの手続がとられていることも多いです。

9.2.2 個別法が定める手続

このほか，個別の法律で別の策定手続が定められていることもあります。例えば，審議会に諮問した上で策定を行う（例：電波法 99 条の 12）方法や，審議会の中で利害関係人の意見聴取を行う（例：最低賃金法 25 条 5 項）方法があります。

9.3 行政基準の実体ルール

9.3.1 法規命令の適法性

法規命令の適法性が問題となる局面は，大きく 2 つに分かれています（図表 9-4）。1 つは，法律が法規命令に委任する際の委任の仕方です。法律が委任の趣旨・目的や範囲を特定せずに法規命令に委任した場合には，白紙委任の禁止にあたり，その法律の当該条項は違憲・無効となります（委任規定が無効となると，委任に基づいて策定された法規命令も全て無効となります）。もう 1 つは，法規命令の授権法律との適合性です。委任の仕方に問題がなかったとしても，委任された側の法規命令が，法律の委任の範囲を逸脱した内容を定めると，違法・無効となります。

法律の委任の仕方に関しては，これまでの最高裁判例の中には，法律の委任の方法が違憲であるとされたものはありません。法律の規定を違憲・無効とすると影響が大きくなるため，最高裁判例の中には，委任の仕方が明確でない場合にその文言の意味を限定して解釈する（合憲限定解釈）ことで違憲となることを回避するものも見られます（参考判例①）。また，委任したことが法律の条

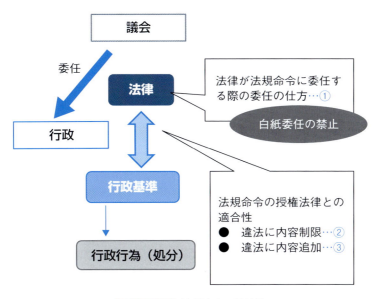

図表9-4　法規命令の適法性

参考判例①■ 人事院規則への委任
　　　（最二小判 2012（平成 24）・12・7 刑集 66 巻 12 号 1722 頁：判Ⅰ175）

【争点】国家公務員法 102 条 1 項による人事院規則への委任は合憲か
　「「政治的行為」とは，公務員の職務の遂行の政治的中立性を損なうおそれが，観念的なものにとどまらず，現実的に起こり得るものとして実質的に認められるものを指し，同項はそのような行為の類型の具体的な定めを人事院規則に委任したものと解するのが相当である。そして，その委任に基づいて定められた本規則も，このような同項の委任の範囲内において，公務員の職務の遂行の政治的中立性を損なうおそれが実質的に認められる行為の類型を規定したものと解すべきである。上記のような本法の委任の趣旨及び本規則の性格に照らすと，本件罰則規定に係る本規則 6 項 7 号については，同号が定める行為類型に文言上該当する行為であって，公務員の職務の遂行の政治的中立性を損なうおそれが実質的に認められるものを同号の禁止の対象となる政治的行為と規定したものと解するのが相当である。」

文から明確に読み取れない場合には，法規命令の規定を違法・無効とする処理を行うことで，法律の規定を違憲とせずに解決する方法もとられています。

　法規命令の授権法律との適合性に関しては，法律で認められていない内容を定めた場合と，法律で定めるべきとされた内容を制限した場合とにさらに分けられます。違法性の判断にあたっては，**法律の授権規定の文言**や，**法律の規定の趣旨・目的**が手がかりとなります。例えば，監獄法（現：刑事収容施設及び被収容者等の処遇に関する法律）が，接見の時間などの条件について法務省令に委任していたのに対して，委任を受けた法務省令の側で14歳未満の者の接見を原則として禁止する規定を置いていた事案で，最高裁は監獄法の文言上そのような内容の委任がされているとは言えないとして，法務省令を違法と判断しました（参考判例②）。また，貸金業の規制等に関する法律（現：貸金業法）が債務者による弁済の際に貸金業者が交付すべき書面に記載する事項を定め，その一部を内閣府令に委任していたのに対して，委任を受けた内閣府令の側で法定の記載事項を省略できる規定を置いていた事案で，最高裁は債務者の利益を保護する法律の規定の趣旨を前提に，法律の規定の文言を厳格に解釈すべきとして，内閣府令を違法と判断しました（参考判例③）。

9.3.2 行政規則の適用可能性

　行政規則は伝統的には法的には無であり，行政活動の適法性の判断とは無関係と考えられてきました。しかし，実際には行政規則は行政活動の重要な部分を規定しており，また行政規則を使った方が国民の権利・利益を保護できる場面があることが認識されてきました。例えば，法律の条文上，行政による判断の基準が明確でなく，行政が具体的な判断のルールを行政規則の形で定めており，そのルールの通りに判断してくれれば許認可が得られたはずだという場合には，行政規則を平等原則（→3.2）と結びつけてその適用を求めることが考えられます。他方で，行政規則は法律による授権を受けず，行政内部のルールとして行政機関が独自に定めているものなので，その法的な効力を法規命令並みに認めることはできません。そこで，行政規則を2つのタイプに分けて，その適用の可能性を判断することが一般化しています。

　行政規則のうち，法律の規定を詳細化する役割を担っているものは，裁量基

参考判例② ■ 監獄法施行規則による接見制限
(最三小判 1991(平成 3)・7・9 民集 45 巻 6 号 1049 頁:判 I 179)

【争点】施行規則が幼年者との接見を原則禁止としたことは適法か

「被勾留者には一般市民としての自由が保障されるので，法 45 条は，被勾留者と外部の者との接見は原則としてこれを許すものとし，例外的に，これを許すと支障を来す場合があることを考慮して，(ア) 逃亡又は罪証隠滅のおそれが生ずる場合にはこれを防止するために必要かつ合理的な範囲において右の接見に制限を加えることができ，また，(イ) これを許すと監獄内の規律又は秩序の維持上放置することのできない程度の障害が生ずる相当の蓋然性が認められる場合には，右の障害発生の防止のために必要な限度で右の接見に合理的な制限を加えることができる，としているにすぎないと解される。」

「規則 120 条が原則として被勾留者と幼年者との接見を許さないこととする一方で，規則 124 条がその例外として限られた場合に監獄の長の裁量によりこれを許すこととしていることが明らかである。しかし，これらの規定は，たとえ事物を弁別する能力の未発達な幼年者の心情を害することがないようにという配慮の下に設けられたものであるとしても，それ自体，法律によらないで，被勾留者の接見の自由を著しく制限するものであって，法 50 条の委任の範囲を超えるものといわなければならない。」

参考判例③ ■ 貸金業法の 18 条書面の記載事項
(最二小判 2006(平成 18)・1・13 民集 60 巻 1 号 1 頁:判 I 178 R 2)

【争点】施行規則が 18 条書面の法定記載事項を緩和したことは適法か

「法 18 条 1 項が，貸金業者は，貸付けの契約に基づく債権の全部又は一部について弁済を受けたときは，同項各号に掲げる事項を記載した書面を当該弁済をした者に交付しなければならない旨を定めているのは，貸金業者の業務の適正な運営を確保し，資金需要者等の利益の保護を図るためであるから，同項の解釈にあたっては，文理を離れて緩やかな解釈をすることは許されないというべきである。」

「18 条書面の記載事項について，内閣府令により他の事項の記載をもって法定事項の記載に代えることは許されないものというべきである。」

準と解釈基準の2つに分けられます。いずれも法律の規定が不明確な場合に作られることは共通です。両者の違いは、法律が行政機関に対して判断権を授権していると考えられるかどうかであり、判断権を授権している（＝行政裁量がある）場合（→13.1）に作られる行政規則を**裁量基準**、そうでない場合に作られる行政規則を**解釈基準**と呼び分けています。この2つのうち**解釈基準**は、行政規則の伝統的な取り扱いと同じく、裁判所はこれを無視することになります。その理由は、**解釈は裁判所の専権事項**と考えられているからです。解釈基準が策定されている場合でも裁判所は、その内容を見ることなく、自らが正しいと信じる解釈に基づいて適用を行うことになります。これに対して**裁量基準**については、行政側に判断権が法律で授権されており、裁判所はそれを尊重して違法性の判断を行うこととなります（→13.3）。裁判所としては、裁量基準が策定されている場合にはまず、**基準の内容が合理的かどうか**を審査します。そして合理性が認められれば原則としてその基準を適用し、その事案の判断を行います。ただし、事案の個別性が高く、裁量基準を適用することがふさわしくない場合には、裁量基準を適用せず、行政側がその個別の事情を考慮したかどうかを審査することとなります（**個別事情考慮義務**）。

　このように、行政規則の中でも裁量基準の性格を持つものについては、裁判所がその内容に基づいて適用する作業を行うことになるため、その限りで行政規則が法規命令に近い取り扱いがなされることになります。ただし、**裁量基準**に合理性がなければ適用されず、合理性があっても個別事情考慮義務が行政側にある場合にもやはり適用されません。このような意味では、裁量基準はなお裁判所によって**適用「できる」**というべきで、ここに適用「しなければならない」法規命令との違いが認められます（ 図表9-5 ）。

9.4 行政基準と訴訟

　行政基準の違法性を裁判で主張する場合には、行政基準そのものを攻撃するのではなく、行政基準に基づいて出された**行政行為**（行政処分）をターゲットにすることが一般的です。つまり、ある行政過程の最終的な決定であり、それによって権利義務関係が変動・確定する時点を捉え、行政処分の取消訴訟等を

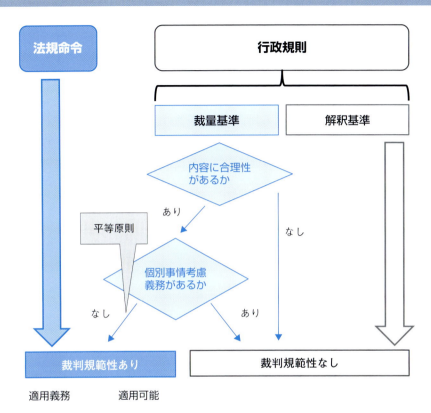

図表9-5　行政規則の適用可能性

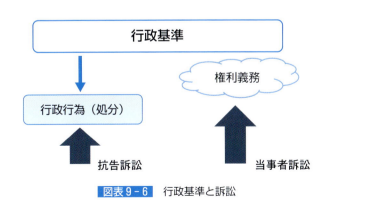

図表9-6　行政基準と訴訟

9.4　行政基準と訴訟

提起して，その中で行政基準が違法であることを主張することになります。

　これに対して，行政行為による最終的な決定が存在せず，行政基準で権利義務が変動・確定する場合や，行政行為を待って争うのでは間に合わない特別な事情がある場合には，その権利義務を対象に当事者訴訟を提起することになります（図表9-6）。例えば，行政基準が違法であって，それに基づく義務が課されるはずはないと主張する場合には，**義務の不存在確認訴訟**を提起し，その中で行政基準が違法であることを主張することとなります。例外的に，権利義務関係に引き直すのが困難な場合には，行政基準そのものの違法を確認する方法での当事者訴訟の提起も考えられます。

● 考えてみよう

1. ある個別行政法を取り上げて，それと関連する行政基準を挙げ，それらの法的性質を検討してみよう。
2. 法規命令と行政規則の相対化とはどのような現象のことをいうのか，またその理論的な背景について検討してみよう。

行政計画

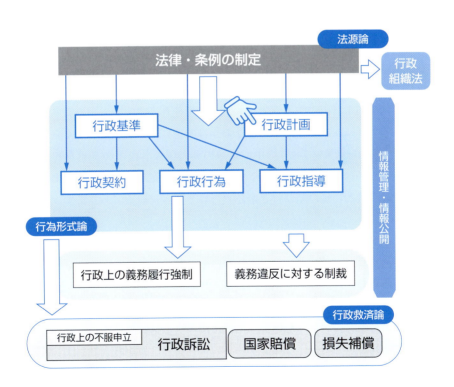

10.1 行政計画の概念

10.1.1 行政計画の概念

　行政機関はその活動のため，さまざまな計画を立てています。計画を立てることで，長期間にわたる行政活動の調整や，利害関係者の意見の反映が図られます。このように，さまざまな利害を衡量・調整しながら中長期的な行政目標を設定し，達成のための具体的な手段の組み合わせを示すものを行政計画といいます（ 図表10-1 ）。行政計画も，行政基準と同様に，法律と個別的な行政活動の中間に位置付けられ，行政活動の細かな準則を定める役割を持っています。そのため，行政基準との違いはそれほど大きなものではなく，おおむね次の2点に整理できます。

　1つは，行政基準が一般に法条の形式（法律の条文の形）をとるのに対して，**行政計画は法条の形式をとらない**ことです。もっとも，行政基準でも行政規則の場合には法条の形式になっていないものが多く，また「指針」「ガイドライン」といった行政基準と行政計画の中間的な形式を採用する例も増加しています。

　もう1つは，法律に基づく行政計画の場合，**法律の授権の内容が行政基準と比較して緩やかである**ことです。行政計画の代表例である都市計画の場合，都市計画法では都市計画で定めうるメニューが示されるのみで，どのような地域についてそのメニューを採用すべきなのかは明確に決まっていません。これは，行政過程（都市計画策定手続）の中で地域の利害関係者などの意見を聴き，その上で適切なメニューを選択することを立法者が想定しているためです。行政計画と行政手続とに深い結び付きが認められる背景はここにあります。

10.1.2 行政計画の類型

　行政計画では，行政基準における法規命令・行政規則のような広く認められた分類がありません。以下で示す類型は，行政計画の具体的なイメージをつかんでもらうためのもので，類型自体が重要であるというわけではありません。

　行政計画の内容に注目した場合，土地に関係する物的計画と，土地とは関係しない非物的計画とに分けられます。このような分け方があることは，土地に関する行政計画が質量ともに重要であることを示唆しています。土地利用に関

■ 廃棄物の処理及び清掃に関する法律
（一般廃棄物処理計画）
6 条　①　市町村は，当該市町村の区域内の<u>一般廃棄物の処理に関する計画</u>（以下「一般廃棄物処理計画」という。）を定めなければならない。
　②　一般廃棄物処理計画には，環境省令で定めるところにより，当該市町村の区域内の一般廃棄物の処理に関し，次に掲げる事項を定めるものとする。
　1　一般廃棄物の発生量及び処理量の見込み
　2　一般廃棄物の排出の抑制のための方策に関する事項
　3　分別して収集するものとした一般廃棄物の種類及び分別の区分
　4　一般廃棄物の適正な処理及びこれを実施する者に関する基本的事項
　5　一般廃棄物の処理施設の整備に関する事項
　③　市町村は，その一般廃棄物処理計画を定めるに当たっては，当該市町村の区域内の一般廃棄物の処理に関し関係を有する他の市町村の一般廃棄物処理計画と調和を保つよう努めなければならない。
　④　市町村は，一般廃棄物処理計画を定め，又はこれを変更したときは，遅滞なく，これを公表するよう努めなければならない。

■ 京都市一般廃棄物処理実施計画
　ウ　収集するごみの区分及び排出・収集方法
　　(ｱ)　家庭ごみ（「京都市廃棄物の減量及び適正処理等に関する条例」（以下「条例」という。）第39条関係（分別義務の対象とするもの））
　　　a　定期収集

区分（収集主体）	概要	収集回数	排出方法※1	収集方法
燃やすごみ※2	（市）	週2回。ただし，精霊送りの供物及び年末年始は，特別作業の日程による。	ポリ袋（市長が指定する袋（以下「指定袋」という。）(*1)により，定点・片側・各戸排出。ただし，精霊送りの供物は，供物受納場所に排出	定点・片側・各戸収集。ただし，精霊送りの供物は，供物受納場所からの収集
	（許可業者）	排出者と許可業者との契約に基づき決定	透明袋（無色透明又は白色透明に限る）により，契約に基づく場所へ排出	契約に基づき排出場所から収集

図表 10-1　行政計画の具体例

する計画（国土利用計画・森林計画等）や都市開発に関する計画が，行政計画ではしばしば登場します。他方で，社会保障法におけるサービス給付に関する行政計画（医療計画・福祉計画等）も近時急速に発展しています。

行政計画の効力に注目した場合，市民に対しても法的な影響を及ぼす外部効計画と，行政内部でしか通用しない内部効計画に分けられます。法律による行政の原理の考え方からすれば，少なくとも国民の権利を制限したり義務を課したりする内容を持つ行政計画には法律の根拠が必要であり，外部効計画の中でも規制的な影響のある計画（その代表例が都市計画です）には法律の根拠が求められます。

行政計画の対象に注目した場合，社会全体の秩序形成を図るマクロ行政計画と，個人あるいは個別の事例を対象とするミクロ行政計画に分けられます（図表10-2）。土地利用に関係する計画の多くはマクロ行政計画です。これに対して，介護保険法の居宅介護サービス計画（ケアプラン）のように，個人を対象にさまざまな給付サービスを調整する行政計画も存在します。

行政計画の階層性に注目した場合，基本計画と実施計画の区別があります。行政計画の多くは，単体で存在するのではなく，基本計画を頂点に，具体的な施策に関する実施計画が複数配置されている階層的・体系的な構造が見られます。そこで，行政計画の間でその内容を調整する計画間調整が必要となります。

10.2 行政計画の手続ルール・実体ルール

10.2.1 行政計画の手続ルール

行政計画と行政手続との間には密接な関係があり，計画策定のための手続ルールはさまざまな形で存在します（図表10-3）。もっとも，行政基準における意見公募手続のように，行政手続法で一定の手続がとられるようには求められておらず，**行政計画の手続ルールは専ら個別法や個別行政分野の行政実務に依存**します。ここでは，比較的幅広く使われている手続ルールを3つ紹介します。

第1は，審議会です（→7.1.4）。審議会は，合理的な政策形成を行うための基礎的情報を獲得するため，専門家や利害関係者等が参加する合議制の組織です。まちづくり分野を中心に，近時は公募委員が参加することも多くなってい

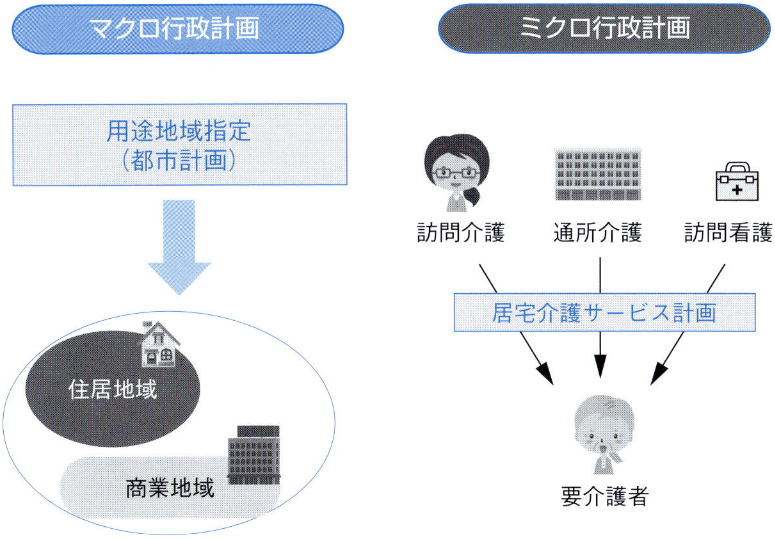

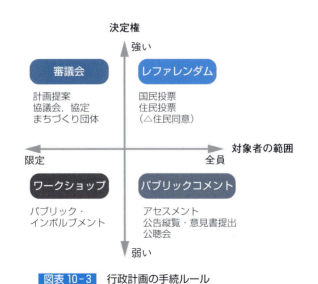

図表10-2　行政計画の類型

図表10-3　行政計画の手続ルール

ます。例えば土地利用関係の計画では，国土審議会や都市計画審議会が策定に関与しています。

　第2は，**ワークショップ**です。行政計画に市民の意見を反映させるためには，計画の比較的早期の段階で，原案作成に関与する手続が求められます。ワークショップはそのような場合に用いられるもので，例えばまちづくり分野では，地域住民を構成員とする協議会をつくり，その中で道路等の整備を行うかどうか，行うとすればどのような内容とするかを決めていきます。市民参加の程度が比較的強いこのタイプの参加方法のことを，パブリック・インボルブメントと呼ぶこともあります。

　第3は，**意見書提出**（パブリック・コメント）です。利害関係者にとどまらず，幅広く行政計画に関する情報を集める場合によく用いられます。例えば，都市計画策定手続においては，都市計画の内容を示し（公告縦覧），利害関係者が意見書を提出することとされており，これと都市計画審議会への諮問とが組み合わされています。また，大規模な公共事業において環境に配慮した事業がなされるようにする環境影響評価（環境アセスメント）でも，複数の段階で意見書提出が認められており，利害関係者にとどまらず誰でも意見書の提出が可能です（図表10-4）。

10.2.2　行政計画の実体ルール

　先に述べたように，行政計画の特色は，法律による縛りが緩やかである点にあります。そこで，行政計画の実体ルールとして説明できる内容はあまり多くありません。ここでは政策分野と関係なく比較的普遍的にあてはまる内容を2つ紹介します。

　1つは，**需給調整の正当化機能**です。1990年代以降の規制緩和によって，需給調整を実施している政策分野はそれ以前よりも少なくなっています。そのため，法律のレベルで許認可を与えうる数を限定したり，許認可の要件を厳しくしたりすることは減っています。他方で，いくつかの分野では，需給調整に関する行政計画を立てるように法律上要求し，許認可の際にその計画との適合性を条件とすることで，需給調整を行うものが見られます。例えば，市町村が処理することが原則である一般廃棄物処理については，市町村が許可した事業者

図表10-4　環境影響評価手続

クローズアップ● 環境影響評価と行政計画の適法性

　日本の環境影響評価は事業アセスメントが中心であり，ある事業（例えば道路の建設）を行う前提を崩さずに，どのような方法をとれば環境負荷が下がるかを検討することが課題となっています（これに対して，より早期段階で事業を行うかどうかも含めて検討するタイプの環境影響評価は戦略アセスメントと呼ばれています）。環境影響評価の結果を十分考慮した上で事業の方法を決定したかどうかは，行政計画の適法性判断にも大きな影響を与えます。例えば，小田急事件（最一小判2006（平成18）・11・2民集60巻9号3249頁：判I185）では，評価書の内容に配慮して高架式とする決定がされたことを理由に，考慮すべき事情を考慮せずになされた決定とは言えないとしています。

についてのみ処理が許されています。その許可要件として，市町村が策定する**一般廃棄物処理計画**への適合が要求され，市町村はごみの排出量の見込みや，市町村自身による処理能力を勘案して，どの程度の許可業者を必要とするかを判断することとなります。この計画に従って許可を求める業者に対して拒否処分をしても，法律が行政計画を介在させて需給調整を行わせるしくみがとられていることから，拒否は適法とされます（参考判例①）。同様に計画が需給調整に用いられている例として，社会保障法における**サービス給付行政**（医療計画・介護計画・福祉計画）があります（参考判例②）。

　もう1つは，計画の内容を信じて行動した企業等の**信頼保護**です。行政計画は長期間にわたるものも多く，その計画の内容が実現されるために企業等が協力しなければならないこともあります。他方で，社会の状況は刻々と変化しており，計画を策定した時点の判断がいつまでも維持されていると，時代錯誤の計画となりかねません。そのため計画の適時の見直しが法律上要求されていたり，政権交代等により計画が変更されたりすることもあり得ます。この場合に，それまで存在していた行政計画の内容を信頼して活動していた企業等が，計画の変更によって不測の経済的損害を受けることがあり，そのような損害を行政側が填補すべきかという問題が出てきます。これを計画担保責任（計画保障責任）と呼ぶことがあります。基本的な考え方としては，行政法の一般原則の1つである信頼保護原則（→3.2）の適用場面と同じく，企業側が信頼してもおかしくない公的見解の表示（ここでは行政計画の策定）がなされたか，長期的な投資が行われなければ資本を回収できない性格の事業であるか，企業側の経済的状況に配慮した行政上の措置（場合によっては損失補償）が行われたか等が考慮されることとなります。

10.3　行政計画の機能──都市計画を具体例として

10.3.1　土地利用の規制

　行政計画の代表例が都市計画です。都市の秩序ある発展のためには，私人の土地利用を規制したり，都市の基盤となる施設（道路・公園等）を計画的に整備したりする必要があります。都市計画はそのために策定される行政計画であり，

参考判例① ■ 一般廃棄物処理計画と一般廃棄物収集運搬業許可
(最一小判2004(平成16)・1・15 判時1849号30頁:判Ⅰ126)

【争点】一般廃棄物処理計画に基づく需給調整は適法か

「一般廃棄物処理計画には，一般廃棄物の発生量及び処理量の見込み，一般廃棄物の適正な処理及びこれを実施する者に関する基本的事項等を定めるものとされている（廃棄物処理法6条2項1号，4号）。これは，一般廃棄物の発生量及び処理量の見込みに基づいて，これを適正に処理する実施主体を定める趣旨のものと解される。そうすると，既存の許可業者等によって一般廃棄物の適正な収集及び運搬が行われてきており，これを踏まえて一般廃棄物処理計画が作成されているような場合には，市町村長は，これとは別にされた一般廃棄物収集運搬業の許可申請について審査するに当たり，一般廃棄物の適正な収集及び運搬を継続的かつ安定的に実施させるためには，既存の許可業者等のみに引き続きこれを行わせることが相当であるとして，当該申請の内容は一般廃棄物処理計画に適合するものであるとは認められないという判断をすることもできるものというべきである。」

参考判例② ■ 医療計画と保険医療機関指定拒否処分
(最一小判2005(平成17)・9・8 判時1920号29頁:判Ⅰ127)

【争点】医療計画に基づく需給調整は適法か

「健康保険法1条ノ2は，健康保険制度については，それが医療保険制度の基本をなすものであることにかんがみ，その在り方に関し常に検討を加え，医療保険の運営の効率化，給付の内容及び費用の負担の適正化並びに国民が受ける医療の質の向上を総合的に図りつつ実施されるべき旨を規定している。同条が医療保険の運営の効率化に意を用いて健康保険制度が実施されるべきこととしている趣旨に照らすと，同法43条ノ3第2項が保険医療機関の指定を拒否することができる要件として規定する「其ノ他保険医療機関若ハ保険薬局トシテ著シク不適当ト認ムルモノナルトキ」には，医療保険の運営の効率化という観点からみて著しく不適当と認められる事由がある場合も含まれると解するのが相当である。」
(※現在では健康保険法が改正され，医療計画に適合しない申請を拒否しうる明文規定(同法65条4項)が存在している。)

都市計画法がその内容や策定手続を定めています。都市計画法が定める都市計画は決定のいわば「形」にすぎず，その内容はさまざまです。それは大別すると，土地利用を規制するものと，都市基盤を整備するものとに分けられます。

土地利用に関する都市計画は，エリアを区切ってそのエリアでの土地の利用方法（用途・建築物の形態等）を規制する方法をとります（図表 10−5）。都市的な土地利用がなされているエリア（及びその周辺）に対して都市計画区域が設定され，その中にさまざまな土地利用に関する都市計画が策定されています。最も大きな地域の区分は，区域区分に関する都市計画です。これは，都市的な土地利用を促進すべき地域と抑制すべき地域とに二分するもので，市街地として都市整備を進めるべき市街化区域と，市街化を抑制すべき市街化調整区域が設定されます（このような線引きがなされない非線引き都市計画区域も存在します）。区域区分によって市街化区域となった区域ではさらに，細かな土地利用規制を指定する地域地区（ゾーニング）に関する都市計画が策定されます。その代表が，地域で建築できる建物の用途やその形態を定める用途地域に関する都市計画です。例えば，ある地域が第一種低層住居専用地域に指定されると，そこでは住居以外の目的で土地を利用することが大きく制限され，また住居の高さもおおむね 2〜3 階建て程度に制限されます。さらに，比較的幅広の道路で区切られた街区を単位として，より詳細な建築規制を行う都市計画として，地区計画があります。

建築規制の内容として用途地域で定められる代表的な内容が，用途・建ぺい率・容積率です（図表 10−6）。用途地域はその名の通り，建築物の用途を地域ごとに指定することを主眼としており，その**用途**は大きく**住居・商業・工業**に分かれています。用途地域は全部で 12 種類あり，それぞれの地域で建築してよい用途（または建築してはならない用途）が決まっています。**建ぺい率**とは，敷地のうちどのくらいの割合を建物に使ってよいかという数字で，建ぺい率 100％であれば，敷地のぎりぎりまで建物を建ててよいことになります。容積率とは，敷地のどのくらいの割合の延べ面積の建物が建てられるかという数字で，実質的には建物の高さを規制するものです。例えば，建ぺい率 100％で容積率 200％であれば，敷地を全て使った 2 階建ての建物が最大で建てられるという意味になります。都市計画法・建築基準法では，用途地域のメニューが書

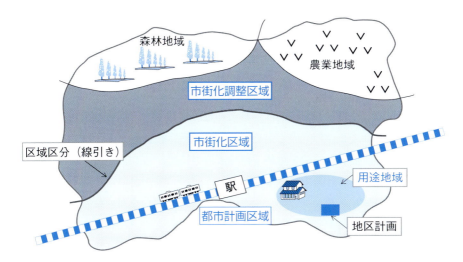

図表 10-5 土地利用に関する都市計画

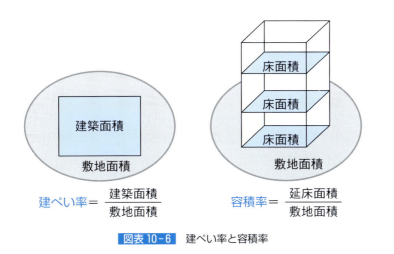

図表 10-6 建ぺい率と容積率

かれており，その中で設定可能な建ぺい率・容積率も決まっています。この枠内で，どの地域に対してどのような用途地域を設定するかは，全て都市計画で決められます。用途地域の制限を守っているかどうかは，建築物を建てる前に得なければならない建築確認の段階で審査されます。

10.3.2　都市基盤の整備

　都市計画のもうひとつの役割は，**都市基盤の整備**です。都市計画法は整備の方法として大きく2つのものを定めています（ 図表10-7 ）。1つは，道路・公園などの都市に必要な施設を単体で整備する方法で，これを定めているのが都市施設に関する都市計画です。もう1つは，道路・公園といった都市基盤施設と宅地や再開発ビル等をまとめて整備する方式で（これを面的整備といいます），市街地開発事業に関する都市計画がこれを定めています。私有財産制をとっている日本においては，こうした都市基盤の整備のためには私有地を獲得しなければなりません。この2つの整備方法は，土地獲得方法の違いとも関連しています。都市施設に関する都市計画によって整備が決定された道路等の整備にとって必要な用地は，最終的には土地収用によって確保されます。これに対して，市街地開発事業に関する都市計画の実現のためには，土地収用と並んで換地・権利変換という手法が使われます。これは，事業前の土地所有者の不動産価値を維持したまま，別の土地に所有権を移転したり，再開発ビルの区分所有権に権利を変換したりする方法で，土地所有者が同じ地域に住み続けることができることから，土地収用よりも事業に関する所有者の合意を得やすい方式です。

　都市基盤整備に関する実現手続は，都市施設に関する都市計画と市街地開発事業に関する都市計画とで異なっています。また，市街地開発事業の内容によっても手続は異なることから，ここでは都市施設に関する都市計画に基づいて都市計画道路を整備する場合と，市街地開発事業に関する都市計画を踏まえて所有者等が土地区画整理組合（→**6.2.2**）を設立して土地区画整理事業を実施する場合を紹介します。

　都市計画道路を整備する場合には，まず都市計画でどこに道路を通すかを決める必要があります。道路を整備するためには最終的には現存する建物を壊して土地を収用することになるため，都市計画によって道路予定地となった土地

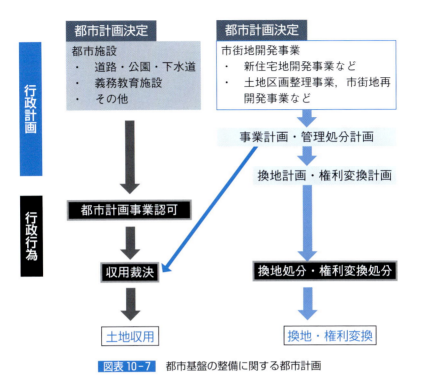

図表10-7　都市基盤の整備に関する都市計画

コラム● 換地と権利変換

　市街地開発事業の代表が，土地区画整理事業と市街地再開発事業です。土地区画整理事業では，従前の土地に対する所有権等の権利を新たな土地の上に移す換地という方法が用いられます。これに対して，再開発ビルを建築する市街地再開発事業では，単純に土地所有権を移転する方法をとることができないため，もとの土地所有権を，再開発ビルの建物の床の所有権とこれに対応する建物地上権の共有部分に変換する権利変換という方法が用いられます。

に対しては，大規模・堅固な建物を建てることが禁止され，建築の前には都道府県知事の許可が必要になります。しかし，道路を作るためにはこれだけでは不十分であり，さらに道路整備事業を実施するための都市計画事業認可を得る必要があります。この都市計画事業認可は，事業に伴う土地収用権を事業実施者に与える意味を持ちます。事業認可が得られると，道路予定地での建築物の建築はさらに難しくなり，最終的には土地収用の手続で土地所有者が反対しても強制的に土地が取り上げられ，所有者には損失補償がなされることとなります（→5.3）。

土地区画整理事業は，不整形な宅地を一旦整地し，道路拡幅や公園の整備のために必要な土地や，売却して事業費に充てる土地（これを保留地といいます）を確保した上で，宅地を整形し，もとの土地所有者に再配分する事業です。事業の前後で土地所有者一人あたりの土地の面積は減ることとなります。しかし，道路や公園等が整備されることで土地の値段は上昇する（はずである）ことから，土地の経済価値は事業の前後で変わらないため，損失補償は不要とされています（もし土地の経済価値が事業の前後で減少する場合には，補償金が支払われます）。土地区画整理事業を実施する場合には，まず市街地開発事業に関する都市計画として事業の実施が都市計画決定され，事業が実施される地区の土地所有者が強制加入する公共組合である土地区画整理組合が設立されることが一般的です。組合設立には，予定地の土地所有者等の2/3以上の同意が必要となり，同意を集めて都道府県知事が組合設立認可を与えると，同意していない土地所有者等も強制的に土地区画整理組合の組合員になります。土地区画整理の場合には，事業を実施している間も土地所有者等はその地域に住み続けることができるものの，事業の進捗の都合上，一旦別の土地に所有権を移すことがあります。これを仮換地といいます。仮換地後に工事が始まり，その間に最終的な換地先が換地計画によって固まり，工事完了の際に換地処分がなされて新たな土地に所有権が移転することとなります。

10.4 行政計画と訴訟

行政計画の違法を主張する訴訟として最もよく使われるのは，行政計画で定

参考判例■ 土地区画整理事業計画の処分性
　　（最大判2008（平成20）・9・10民集62巻8号2029頁：判Ⅱ1）

【争点】土地区画整理事業計画に処分性があるか
　「事業計画が決定されると，当該土地区画整理事業の施行によって**施行地区内の宅地所有者等の権利にいかなる影響が及ぶかについて，一定の限度で具体的に予測することが可能になるのである**。そして，土地区画整理事業の事業計画については，いったんその決定がされると，**特段の事情のない限り，その事業計画に定められたところに従って具体的な事業がそのまま進められ，その後の手続として，施行地区内の宅地について換地処分が当然に行われることになる**。前記の建築行為等の制限は，このような事業計画の決定に基づく具体的な事業の施行の障害となるおそれのある事態が生ずることを防ぐために法的強制力を伴って設けられているのであり，しかも，**施行地区内の宅地所有者等は，換地処分の公告がある日まで，その制限を継続的に課され続けるのである**。
　そうすると，施行地区内の宅地所有者等は，事業計画の決定がされることによって，前記のような規制を伴う土地区画整理事業の手続に従って換地処分を受けるべき地位に立たされるものということができ，その意味で，その法的地位に直接的な影響が生ずるものというべきであり，事業計画の決定に伴う法的効果が一般的，抽象的なものにすぎないということはできない。」
　「換地処分を受けた宅地所有者等やその前に仮換地の指定を受けた宅地所有者等は，当該換地処分等を対象として取消訴訟を提起することができるが，換地処分等がされた段階では，実際上，既に工事等も進ちょくし，換地計画も具体的に定められるなどしており，その時点で事業計画の違法を理由として当該換地処分等を取り消した場合には，事業全体に著しい混乱をもたらすことになりかねない。それゆえ，換地処分等の取消訴訟において，宅地所有者等が事業計画の違法を主張し，その主張が認められたとしても，当該換地処分等を取り消すことは公共の福祉に適合しないとして事情判決（行政事件訴訟法31条1項）がされる可能性が相当程度あるのであり，換地処分等がされた段階でこれを対象として取消訴訟を提起することができるとしても，宅地所有者等の被る権利侵害に対する救済が十分に果たされるとはいい難い。そうすると，事業計画の適否が争われる場合，実効的な権利救済を図るためには，事業計画の決定がされた段階で，これを対象とした取消訴訟の提起を認めることに合理性があるというべきである。」

められた内容に従って出された**行政行為（処分）を攻撃する方法**です。行政計画の内容が要件に組み込まれた行政処分の取消訴訟等の中で，行政計画の内容が違法であることを主張することとなります。

　行政計画に後続する行政行為が存在しない場合には，**行政計画で定められた権利・義務の確認訴訟（当事者訴訟）**が用いられます。例えば，廃棄物処理法に基づく一般廃棄物処理計画で，市町村は家庭から出される一般ごみの収集方法を決めています。この計画でごみ収集を有料化すると決めることができ，この場合には後続の行政行為（処分）が存在しません。そこでごみ収集有料化を争うには，一般廃棄物処理計画に基づく権利・義務の存在を確認（この事例では，例えば無料でごみを収集してもらえる地位の確認）する訴訟が用いられます。

　行政計画の中には例外的に，その計画によって権利・義務・法的地位を最終的に変更・確定する性格を持つものもあります。このような場合には，行政計画に<u>処分性</u>（→5.2）が認められ，その計画を対象とする取消訴訟等を提起して違法を主張することになります。判例上認められているものとして，<u>土地区画整理事業計画</u>があります。土地区画整理事業には地権者等の強制加入組織である土地区画整理組合によって行われるタイプ（<u>組合施行</u>）と，市町村などが行うタイプ（<u>公共団体施行</u>）があり，組合施行では組合設立認可にあたる時点に公共団体施行で策定されるのが土地区画整理事業計画です。この計画ができると，将来的に自分の土地が換地処分されることが確定することや，換地処分段階で争おうと思ってもその段階では工事が完了していて<u>実効的な権利救済</u>が図られないことが考慮され，計画に処分性が認められています（<u>参考判例</u>）。

● 考えてみよう

1. 自分が住んでいる市町村の一般廃棄物処理計画にどのような内容が定められているか，調べてみよう。
2. 自分が住んでいる地域の近隣で実施された（されている）土地区画整理事業を探し，どのような内容の事業がどのような手続で進められたのか，調べてみよう。

行政行為（1）
——概念・効力・実体ルール——

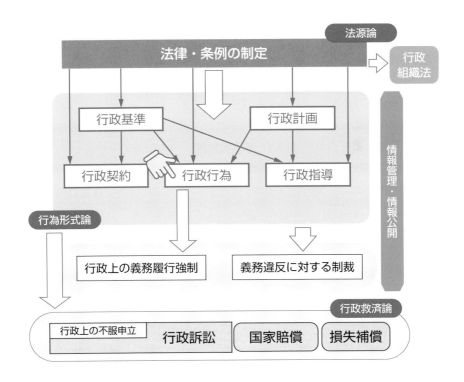

11.1 行政行為の概念

11.1.1 行政行為の概念

　行政活動の中で，行政機関はさまざまな決定を行っています。中でも行政行為（行政処分）は最も重要な決定の形式です。例えば，自動車の運転免許，公立小学校の就学指定，鉄道運賃に対する認可，原子力発電所の原子炉設置の許可，産業廃棄物の不法投棄に対する措置命令はいずれもこの行政行為にあたります。これらは，法令の規定に基づいて行政機関が一定の判断を行い，その直接の結果として私人の権利・義務を変動・確定させる効果を持っています。

　行政庁が法令に基づき，個別の事例において，私人に対して直接的に法的効果を発生させる認定判断行為を行政行為といいます（ 図表11-1 ）。この定義には，他の行為形式との線引きを行う要素が含まれています。まず「法令に基づき」は，当事者の意思表示の合致に基づいてなされる行政契約との違いを示しています。行政行為によって権利・義務が変動する根拠は法令の規定に求められており，意思とは関係がありません。次に「直接的に」とは，その行為によって直接に権利・義務関係が変動することを意味しており，行政基準や行政計画のようにその後の行政過程で何らかの具体化行為が予定されていないことを含意します。さらに「法的効果を発生させる」とは，その行為の結果として権利・義務に変動・確定が生じるということであり，権利・義務に影響を与えない行政指導との区別の基準です（ 図表11-2 ）。

　行政行為は行政法理論の中心に位置付けられています。その理由は，歴史的・制度的に次のように説明できます。歴史的には，行政行為は裁判判決に匹敵するものとして理論的に構築された概念でした。現在でも，行政行為の効力論では判決に類似した発想が色濃く見られます。行政行為はその後，民法の**法律行為**と類似する概念と位置付けられるようになります。このため行政行為の無効や撤回，さらには附款の議論では，民法の法律行為論の考え方との類似性が認められます。判決や法律行為が民事訴訟法や民法の体系の中心にあるように，行政法学では行政行為を中核に位置付け，民事法とは異なる内容の体系化を図ることで，民事法からの独立を達成しようとしました。行政行為の一方性や権力性がしばしば強調されるのは，こうした文脈において行政法の特殊性を際立

食品衛生法

51条 都道府県は、飲食店営業その他公衆衛生に与える影響が著しい営業（食鳥処理の事業の規制及び食鳥検査に関する法律第2条第5号に規定する食鳥処理の事業を除く。）であって、政令で定めるものの施設につき、条例で、業種別に、公衆衛生の見地から必要な基準を定めなければならない。

52条 ① 前条に規定する営業を営もうとする者は、厚生労働省令で定めるところにより、都道府県知事の<u>許可</u>を受けなければならない。
② 略

国民年金法

（裁定）
16条 給付を受ける権利は、その権利を有する者（以下「受給権者」という。）の請求に基づいて、厚生労働大臣が<u>裁定</u>する。

許可 → 適法に営業できる地位
無許可営業に対する刑事罰

裁定 → 年金給付を受ける権利
年金請求権に関する規定

72条 ① 第11条第2項（…略…）若しくは第3項（…略…）、第19条第2項（…略…）、第20条（…略…）又は第52条第1項（…略…）の規定に違反した者は、2年以下の懲役又は200万円以下の罰金に処する。
② 略

（支給要件）
26条 老齢基礎年金は、保険料納付済期間又は保険料免除期間（…略…）を有する者が65歳に達したときに、その者に支給する。ただし、その者の保険料納付済期間と保険料免除期間とを合算した期間が25年に満たないときは、この限りでない。

図表11-1 行政行為の具体例

図表11-2 行政行為と他の行為形式との区別基準

11.1 行政行為の概念

たせるためです。また制度的には，行政行為に関する3つの通則法（**行政手続法・行政不服審査法・行政事件訴訟法**）が，行政行為の事前手続と事後の不服申立手続，さらには訴訟手続を規定しており，ある個別法上の行政上の決定が行政行為と判定されれば，この3つの通則法が適用されます。なお，これらでは「行政庁の処分」という用語が用いられており，学問上の概念である行政行為とほぼ重なり合うものの，範囲の微妙なずれが存在しています（→5.2）。

11.1.2 行政行為の類型

　行政行為の類型論にはいくつもの軸があります。ここでは，初学者にとって有用な2つの類型論を紹介します。

　1つは，行政手続法に基づく分類です。行政手続法は行政行為（条文上は行政庁の処分）を「申請に対する処分」と「不利益処分」に大別しています（BOX，図表11-3）。両者の違いは，行政行為に先立ってそれを私人の側が求める申請を行うかどうかにあります。申請に対する処分は，自動車の運転免許のように，それを求める私人の側がまず申請し，法令の定める条件に適合すると行政が判断した場合に処分が行われます。ここで処分しないという決定（拒否処分）がなされたとしても，これも申請に対する応答なので，不利益な内容を持つものの，申請に対する処分に含まれます。これに対して不利益処分は，私人の側が求めてもいないのに，行政側が自らの判断で私人にとって不利益な処分を行うものです。例えば産業廃棄物の不法投棄に対する措置命令はこれにあたります。

　もう1つは，「許可」と「認可」，「許可」と「特許」の違いです。社会的に害悪を及ぼすおそれがある行為を規制しようとする場合，一旦その行為を一律に禁止し，法令で定める一定の要件を満たした者にだけその禁止を個別に解除することがあります。このような行政行為を許可と呼びます。もっとも，法律の条文での表現は必ずしも許可ではなく，免許などの用語が使われることもあります（**自動車の運転免許**はこの意味での講学上の許可に含まれています）。これに対して，国家が関心を持つ一定の取引の有効要件として行政行為を必要とする場合の類型が認可です。許可と認可の違いは，制裁手段の違いに求められます。無許可で何らかの活動を行った場合には，刑事罰が科されます。これに対して無認可の取引は民事上無効となります。

□□□ BOX──行政手続法に基づく行政行為（処分）の類型

行政手続法
2条(定義)　この法律において，次の各号に掲げる用語の意義は，当該各号に定めるところによる。
　1～2　（略）
　3　申請　法令に基づき，行政庁の許可，認可，免許その他の自己に対し何らかの利益を付与する処分（以下「許認可等」という。）を求める行為であって，当該行為に対して行政庁が諾否の応答をすべきこととされているものをいう。
　4　不利益処分　行政庁が，法令に基づき，特定の者を名あて人として，直接に，これに義務を課し，又はその権利を制限する処分をいう。ただし，次のいずれかに該当するものを除く。
　　イ　（略）
　　ロ　申請により求められた許認可等を拒否する処分その他申請に基づき当該申請をした者を名あて人としてされる処分
　　ハ～ニ　（略）
　5～8　（略）

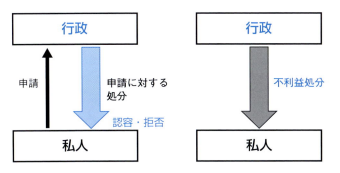

図表11-3　行政手続法の定める行政行為の類型

これに対して「許可」と「特許」の違いは、許される活動の内容・性格の相違に求められます（図表11-4）。許可は、本来自由にできた行為が一旦禁止され、再びそれができるようになる自然の自由の回復であるのに対して、特許はもともと自由にはできない活動ができるようになることだと説かれてきました。電気・ガスのような公益事業や、鉱業のような事業は、本来であれば国家しか行えない性格のものであり、それを特別に私人に認める代わりに私人（特許事業者）はさまざまな義務に服するとされました。国家が持っている特権を付与するというこのような説明は、現在では通用力を失っています。もっとも、ネットワーク設備に対する重複投資を避けるため（例：電気・ガス）、あるいは行政活動の実施機能を担わせるために、私人に一定の義務を課す（とりわけ廃業の自由を認めない）代わりにある程度の独占的地位を認める規制手法は現在でも存在しており、許可との営業規制上の差異はなお残されています。

11.2 行政行為の効力

一般的な行政行為の効力として、実体法的には規律力と執行力が、手続法的には公定力、不可争力、不可変更力が挙げられます（図表11-5）。

11.2.1 実体法的な効力

行政行為は、行政と私人との意思表示の合致ではなく、**行政が一方的に権利・義務関係を変動・確定させる法的効果**を持っています。このような行政行為の効力を規律力といいます。行政行為の一方性・権力性といった場合、その多くはこの規律力のことを指しています。規律力の根拠は、行政行為への授権規定を持つ個別の法律に求められます。

行政行為の中でも私人に義務を付加するような内容を持つものについては、**私人が義務を果たさない場合に、行政上の強制手段を用いて行政側がその義務を実現することができます**。このような行政行為の効力を執行力といいます。民事法の世界と異なり、行政法では裁判所を介さずに行政機関が自ら義務を実現する自力救済が一部分で認められています。その詳細は行政代執行法や国税徴収法などで定められており、こうした法律が執行力の根拠となっています。

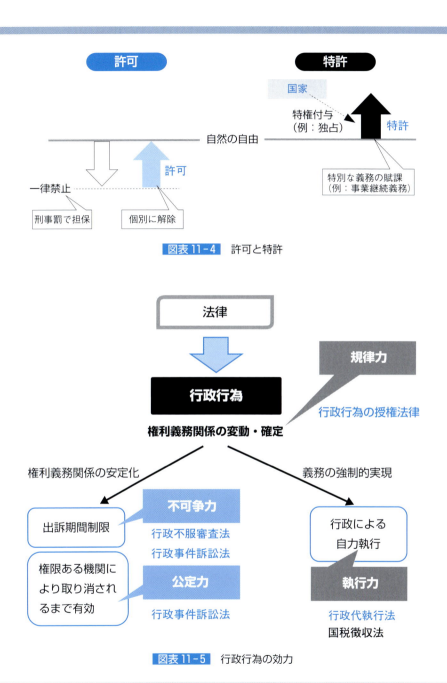

図表 11-4　許可と特許

図表 11-5　行政行為の効力

11.2.2　手続法的な効力

　行政行為は，たとえ違法であっても，取消権限がある者（権限ある行政機関・裁判所）によって取り消されるまで，何人も（裁判所も）その効力を否定できず，有効なものとして扱われます。このような効力を**公定力**といいます。この「違法だが有効」という定式は，法律による行政の原理からするとそれとは矛盾するように思われ，またこのような特殊な取り扱いにこそ行政行為の特性が表れているのだとかつては理解されていました。しかし，公定力は権利義務関係の画一的な取り扱いを確保するため，行政行為に関する訴訟における違法性の判断を，取消訴訟という特別の訴訟に限定したことに伴って生じた効力です。取消訴訟によってしか行政行為を取り消すことができず（これを**取消訴訟の排他性**といいます），他の訴訟の前提として行政行為が違法・無効であるとの主張ができないために，このような取り扱いがなされているのです（→5.2）。この公定力の客観的範囲は，**行政行為の法的効果の及ぶ範囲**と一致します（**図表11-6**）。また，国家賠償訴訟のように，その争点として処分の違法性が主張されるにとどまり，処分の効果に変更を与えるものではない場合には，公定力は及びません（それゆえ取消判決を得ることなく国家賠償訴訟を提起することができます）（**参考判例**）。さらに，行政行為に基づく義務違反を理由とする刑事罰が科される場合に，刑事手続においても行政行為の違法性を主張できる（＝刑事訴訟に公定力は及ばない）とする見解が現在では有力です。

　行政行為の効力を否定するルートが限定されていることと結びついているのが，不可争力の問題です。権限ある行政機関（審査庁）が処分を取り消す行政不服審査法では処分から3ヶ月以内に，裁判所が処分を取り消す取消訴訟では処分から6ヶ月以内にその手続を開始しなければならないとされており，この**一定期間が経過するともはや争うことができなくなってしまいます**。これを**不可争力**といいます。行政行為は大量になされ，またそれを前提にさまざまな権利義務関係が積み重なることが多いため，早期に権利義務関係を確定させる必要があります。それゆえこうした取り扱いが立法で認められており，公定力と相まって，時間が経過すると行政側に有利な構造ができあがっています。

　処分の取消には，これまで念頭に置いてきた私人の側が権限ある行政機関や裁判所に取消を求める**争訟取消**と並んで，処分を行った行政機関が自ら職権で

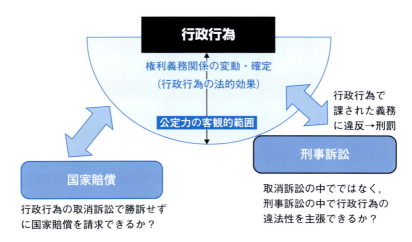

図表11-6 行政行為の公定力の客観的範囲

参考判例■ 固定資産税賦課決定と国家賠償訴訟
（最一小判2010（平成22）・6・3民集64巻4号1010頁：判Ⅱ161）

【争点】国家賠償訴訟に行政行為の公定力は及ぶか
「行政処分が違法であることを理由として国家賠償請求をするについては，あらかじめ当該行政処分について取消し又は無効確認の判決を得なければならないものではない（…）。このことは，当該行政処分が金銭を納付させることを直接の目的としており，その違法を理由とする国家賠償請求を認容したとすれば，結果的に当該行政処分を取消した場合と同様の経済的効果が得られるという場合であっても異ならないというべきである。」

取り消す職権取消もあります。そしてこの職権取消の場合には，3ヶ月・6ヶ月といった期間制限はなく，いつでも取り消すことができます。しかし，行政上の不服申立に対する裁決（→5.2.1）のように，紛争を解決するために，裁判類似の慎重な手続を経て出された行政行為は，行政側の都合で取り消されては困ります。そこで，このような手続を経た**争訟裁断的な行政行為に限って，処分を行った行政機関も事後的に変更・取消を行うことができない効力**が認められており，これを不可変更力といいます。不可変更力はこのように，全ての行政行為にあてはまるわけではないことに注意が必要です。また，他の効力と異なり，不可変更力はその根拠となる法律あるいは制度がない点も特徴です。かつては，この不可変更力よりもさらに強い実質的確定力が認められる行政行為もあり，その場合には**処分庁だけでなく上級行政庁や裁判所も事後的な変更ができない**とされていました。しかしこうした法律の根拠がない構造の中で，裁判所の審査権を制限するほどの強い効力を認めることには疑問があり，現在では実質的確定力については否定的に解する立場が一般的です。

11.3　行政行為の実体ルール

11.3.1　行政行為の無効

　行政行為の効力を否定する訴訟は取消訴訟に限られており，それゆえ他の訴訟（例えば民事訴訟）の中で行政行為が無効であることを前提に何らかの権利を主張することはできません。しかし，行政行為の中でもその瑕疵の程度がひどいものについては，取消訴訟を使わなくても無効を認定できるという考え方が，すでに戦前から存在していました。民法の法律行為論でも出てくるように，無効については原則として，いつでも誰でも無効主張ができます。言い換えれば，行政行為が無効であるとすると，取消訴訟の排他性には服することなく，また出訴期間制限も及びません。行政行為の効力論から見れば，**無効の行政行為には公定力と不可争力がない**ことになります。そこで，行政行為の無効を裁判所で判断してもらう訴訟類型としては，処分をターゲットとせず**現在の権利義務関係を対象にする民事訴訟（争点訴訟）・公法上の当事者訴訟**や，端的に処分の無効を確認する**処分の無効確認訴訟**が使われることとなります。

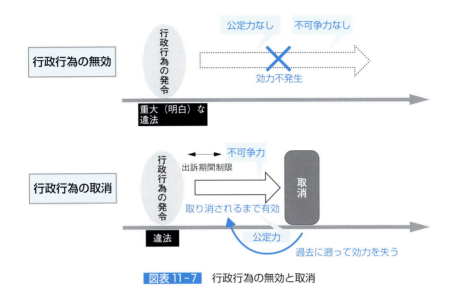

図表 11-7　行政行為の無効と取消

	行政行為の無効	行政行為の争訟取消
発令時	重大（明白）な違法	違法
公定力	なし	あり
不可争力	なし	あり
行政行為の効力	はじめから効力不発生	取り消されるまで有効 取り消されると過去に遡って効力を失う
利用できる訴訟類型	現在の法律関係に関する訴え（民事訴訟［争点訴訟］・当事者訴訟） 処分の無効確認訴訟	取消訴訟

図表 11-8　行政行為の無効と争訟取消の比較

11.3　行政行為の実体ルール

ここで問題となるのが，どんな場合に行政行為が無効となるのかという点です。伝統的な理解であり，現在の判例でもある程度前提となっている考え方は，**行政行為の瑕疵の程度が重大で，瑕疵が誰から見ても明白に分かることを要求する**重大明白説です（参考判例）。**瑕疵の程度の重大性**とは，一般には**行政行為の要件や効果に関する法令の重要な規定に違反していること**を意味します。例えば，権限が法令上与えられていない行政機関が行った処分や，実現不可能な内容を伴う行政行為は，無効とされます。これに対して明白性については，行政行為を基盤に展開している権利義務関係の安定性を確保したり，行政行為によって変動・確定した権利義務関係を信頼した第三者を保護したりする観点から要求されると考えられています。

　もっとも，明白性の要件はもともと，取消訴訟が行政裁判所で審理されるのに対して無効を前提とする民事訴訟が大審院を頂点とする通常裁判所で審理されていた戦前の裁判制度を前提としていました。また戦後，このような二元的裁判制度が廃止されて裁判所が一元化した後も，農地改革関連の事件の中で裁判所が処分の無効確認訴訟という新たな訴訟類型を創造し，その利用可能条件として明白性が要求されてきました。その後，1961 年に現在の行政事件訴訟法が立法化された際に，処分の無効確認訴訟は利用条件をやや厳しくした上で法定化されたことから，明白性を常に要求する必要はなく，第三者が関係しないような行政行為の無効は重大性だけでも認められ得るという見方（明白性補充要件説）も学説上有力化しています。

11.3.2　行政行為の撤回

　行政行為の無効と取消の区別は，主として裁判所が取り消す（争訟取消）場面を念頭に置いています（ 図表 11-7 ， 図表 11-8 ）。これに対して次の行政行為の取消と撤回の区別は，処分を行った行政機関やその上級行政庁などが職権で取り消す（職権取消）場面に関する議論です（ 図表 11-9 ， 図表 11-10 ）。これらは，行政手続法における不利益処分の典型例でもあります。まずは職権取消についてです。先ほど述べたように，不可争力が問題となるのは私人の側が取消を求める争訟取消に限られており，職権取消では行政庁はいつでも取り消すことができます。また，職権取消も取消なので，**行政行為がその成立の段**

参考判例 ■ 課税処分の無効
　　　　　　（最三小判 1961（昭和 36）・3・7 民集 15 巻 3 号 381 頁：判Ⅰ163）

【争点】行政行為が無効となる条件は何か

「瑕疵が明白であるというのは，処分成立の当初から，誤認であることが外形上，客観的に明白である場合を指すものと解すべきである。もとより，処分成立の初めから重大かつ明白な瑕疵があったかどうかということ自体は，原審の口頭弁論終結時までにあらわれた証拠資料により判断すべきものであるが，所論のように，重大かつ明白な瑕疵があるかどうかを口頭弁論終結時までに現われた証拠及びこれにより認められる事実を基礎として判断すべきものであるということはできない。また，**瑕疵が明白であるかどうかは，処分の外形上，客観的に，誤認が一見看取し得るものであるかどうかにより決すべきものであって**，行政庁が怠慢により調査すべき資料を見落したかどうかは，処分に外形上客観的に明白な瑕疵があるかどうかの判定に直接関係を有するものではなく，行政庁がその怠慢により調査すべき資料を見落したかどうかにかかわらず，外形上，客観的に誤認が明白であると認められる場合には，明白な瑕疵があるというを妨げない。」

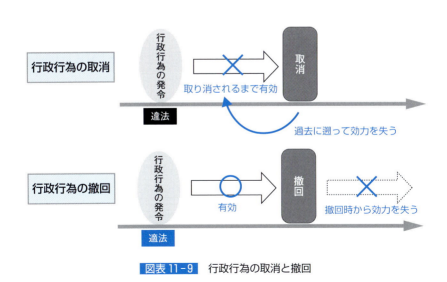

図表 11-9　行政行為の取消と撤回

階から違法であることを前提としています。違法な行政行為は，法律による行政の原理の観点から考えても，その存続が許されないものです。それゆえ職権取消は，それを明文で許容する法律の規定がなくても，もとの行政行為を授権した法律の規定を根拠に行うことができ，また処分庁（上級行政庁も含むとする見解も有力です）としては職権取消すべきだと考えることができます。

　職権取消が制限される場面は，次の2つです。1つは，丁寧な手続を経て紛争を解決する争訟裁断的な行政行為（典型例は行政不服審査法に基づく裁決）について認められる不可変更力がある場合で，行政行為の効力のところで説明しました。もう1つは，取り消すことで相手方の信頼が保護されなくなる場面での職権取消制限の法理です。これが問題となるのは，行政行為の名宛人に対して利益が付与されている場面です（このような行政行為を授益的行政行為といいます）。このときには，法律による行政の原理の要請と，相手方の信頼保護の要請を比較衡量して，職権取消が制限されるかどうかを判断することになります。具体的には，違法な行政行為について名宛人に帰責性のある場合（例えば不正な内容の申請を行って違法に行政行為を得た場合）には，職権取消は制限されない方向に傾きます。逆に，職権取消によって守られる公益に比して，それによって生じる私人の側の権利・利益侵害の程度が大きい場合には，職権取消が制限される方向に傾きます。職権取消が制限されると，たとえ取消の要件を満たしていたとしても，その取消は違法と評価されることになります。

　これに対して撤回は，**行政行為の成立当初は適法であり，それを事情の変更によって失効させること**をいいます。取消の場合には，行政行為の成立時点に遡って効力がなくなる（遡及効）のに対して，撤回の場合には遡及効が生じず，撤回された時点から効力が失われます。撤回の典型例のひとつは，許認可を得たときには適切に業務を行っていた事業者がその後になって悪質な行為を繰り返し，消費者に被害を発生させているような場面です。許認可を与えたときには法令の要件を充足しているため，成立当初は適法と言えるものの，その後の事情の変化によって現時点では処分要件を満たさなくなってしまっています。このような場合，許認可に関する権限を行政機関に与えた法律は，要件を事後的に満たさなくなった不適格な事業者から許認可を奪うことによって，そうした事業者を市場から排除することも要請していると考えることができるため，撤

	行政行為の職権取消	行政行為の撤回
発令時	違法	適法
行政行為の効力	取り消されるまで有効 取り消されると過去に遡って効力を失う	撤回時までは有効 撤回によりその時点以降は効力を失う
法律の根拠	もとの行政行為の授権規定により取消可能	もとの行政行為の授権規定により撤回可能 (撤回独自の法的根拠を要するとする見解あり)
権限のある行政機関	処分庁・上級行政庁 (処分庁のみとする見解あり)	処分庁
権限行使の制限	行政行為の不可変更力(争訟裁断的な行政行為の場合)	
	職権取消制限の法理 法治主義と相手方の信頼保護の比較衡量 (違法な行政行為についての名宛人の帰責性,名宛人の権利・利益侵害の大きさ等を考慮)	撤回権制限の法理 要件の事後的消滅 原則として撤回すべき(相手方の信頼・権利侵害の程度を考慮) 公益上の理由 撤回に関する相手方の予見可能性,損失補償の有無等を考慮

図表11-10　行政行為の職権取消と撤回の比較

● 考えてみよう

1. 六法から行政行為の具体例を探し出し,それがなぜ行政行為と言えるのか考えてみよう。
2. 行政行為の無効・取消・撤回の相違点を整理してみよう。

回それ自体の法律の根拠は不要で，もとの行政行為を授権する法律の規定によって撤回が可能とする理解が一般的です。もっとも最近では，撤回に関する独自の根拠規定を置く立法が増えています（条文上は職権取消・撤回の区別なく「取消し」と書かれているため，それがどちらにあたるのかは条文を読んで確認する必要があります）。他方で撤回は，法律による行政の原理を守るという目的を持たないため，撤回可能なのは処分庁に限られ，上級行政庁には許されないと解されています。

　撤回に関しても，撤回権制限の法理が存在しています。職権取消と異なり，撤回の場合には法律による行政の原理に基づいて撤回すべきという力は働いていません。それゆえ，**相手方に不利益を与えている行政行為についての撤回は自由に行うことができるものの，相手方に利益を与える授益的行政行為の撤回は不自由である**との前提がとられています。もっとも，法律で撤回権を明確に規定している場合，撤回権が制限されるかどうかは，基本的には根拠規定の解釈問題です。それゆえ，撤回権制限の法理が正面から問題になるのは，撤回権に関する明文の根拠規定がない場面です。このときには，撤回の類型に応じて制限が働く程度が変わってきます。さきほど例に出したような，**許認可の要件が事後的に消滅している場面**では，不適格な事業者を市場から排除することが強く要請されており，場合によっては行政に**撤回義務**が生じるとも考えられます。それゆえ，撤回権制限の法理が働く余地はあまり広くはなく，相手方の信頼の程度や，侵害される権利・利益の性格・程度によっては撤回が制限されうることとなります。これに対して，撤回される相手方に帰責性がなく，**専ら公益的な理由から撤回がなされる場面**もあります。例えば，放送局に与えていた免許について，別の目的で電波を利用する方が公益に資すると考えられた結果，免許を撤回して電波を別目的に転用することが考えられます。この場合には，撤回される相手方がそのような可能性を予見していたか，撤回に伴って生じる損失が補償されるかが考慮されることになります。放送局の例では，放送設備の設置には莫大な投資が必要であり，公益上の理由で電波が取り上げられると，その経済的価値が失われてしまいます。そのため，もし撤回するのであれば損失補償が必要と考えられます（→5.3）。

行政行為（2）
―― 手続ルール ――

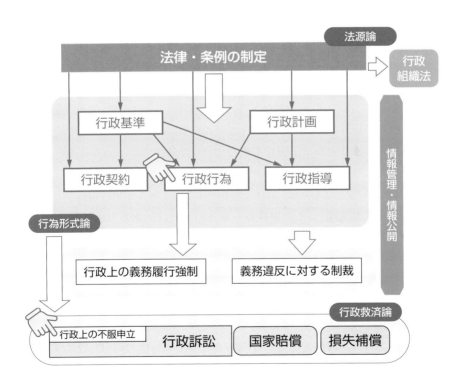

12.1 行政行為の事前手続——行政手続法

12.1.1 行政手続法の役割

　我が国では伝統的に行政手続は重視されず，行政活動の内容が法律に合致していればよいという考え方がとられてきました（→8.1）。こうした実体法重視の見方に加えて，我が国では行政機関が相手方に不利益を及ぼすフォーマルな活動を行わない傾向が見られました。事業者がある事業を始めるために許認可を求めて申請を行っても，拒否処分が訴訟で争われることを避けるため，申請書を受け取らず（返戻・不受理），あるいは受け取ってもいつまでも応答せず（応答留保）引き延ばす実務が見られました。また，事業者が法令に違反した場合には，事業停止や改善命令などの不利益処分を行うことが法律上は予定されています。しかし，事業者への監督よりも産業の保護を優先する行政実務では，こうした権限を行使せずに行政指導で済ませる（営業自粛の行政指導）ことがしばしば見られました。こうした行政スタイルが閉鎖的な市場の要因となっているとの批判が，とりわけ1980年代後半からアメリカを中心になされ，そうした外圧もひとつの要因となって行政手続法が1993年に制定されました。

　行政手続法は，行政の行為形式のうち**行政基準**（2005年改正で追加），**行政行為**，**行政指導**についての一般的な手続ルールを置いています（ 図表12-1 ）。ここで一般的というのは，これらの行為形式を用いている個別の行政法がそれぞれに手続を置くことなく，行政手続法という一般法でまとめて共通の手続を導入していることを意味します（ただし，行政手続法や個別の行政法で行政手続法の適用除外を規定していれば，以下で説明する手続ルールが用いられないことになります）（ 図表12-2 ）。また**手続ルール**というのは，**ある行政活動を行う際の手順や守るべき形式を定めたもの**であり，**どのような場合に（＝要件）どのような内容の（＝効果）行政行為をするかという実体ルール**と区別されます。こうした実体ルールは，個別の行政法で定められているか，判例・学説の蓄積である行政法総論が作り上げています（そのような例として行政行為の無効・取消・撤回の議論があります（→11.3））。

　行政手続法では，行政行為という用語ではなく行政庁の処分（行政処分）という言葉を使っており，後述の行政不服審査法・行政事件訴訟法と平仄を合わ

	行政手続法に基づくもの	その他の法令に基づくもの
法律・条例の制定		審議会（諮問），パブリック・コメント，住民投票
行政基準	意見公募手続	審議会（諮問）
行政計画		公告縦覧，意見書提出，公聴会，アセスメント，パブリック・インボルブメント，計画提案
行政行為（処分）	申請に対する処分手続，不利益処分手続	審議会（諮問），行政審判
行政契約		公共調達契約手続
行政指導	行政指導手続	
行政上の義務履行確保		行政代執行手続，租税滞納処分手続
事業の見直し		政策評価，行政監視

図表 12-1　行政手続に関する一般法の状況

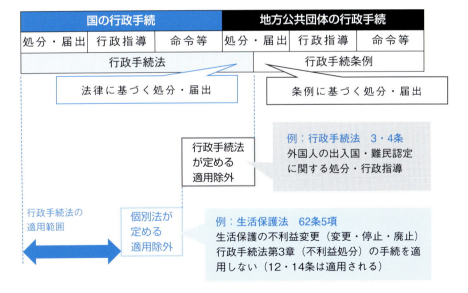

図表 12-2　行政手続法と適用除外

せています。行政手続法ではこの行政処分を，申請に対する処分と不利益処分に大別しています（→11.1）。この2つは行政過程で用いられる行政行為のいわば典型を示しています。申請に対する処分とは，私人の側が自分に利益がある許認可等の行政処分を求めて申請を行う場合の手続です。これに対して不利益処分は，私人の側がこうした申請によって行政処分を求めることなく，行政側が職権によって私人にとって不利益な処分を行う手続です。両者の区別は，自己に利益のある行政行為を求める「申請」があるかどうかという点にあります。そこで，申請に対する拒否処分は，確かに私人にとっては不利益をもたらすものではあるものの，申請に対する応答としてなされた処分なので，手続ルールとしては申請に対する処分に含まれています。

12.1.2　申請処理手続

　申請に対する処分の手続は，申請者（名宛人）の地位を守るための内容が中心になっています（図表12-3）。まず，申請に対する処分を行う場合には，法令で定められている許認可等の要件をさらに具体化する審査基準を設定し，公にする義務が行政に課されています（行政手続法5条）。審査基準のメリットを考える手がかりになるのが，試験の採点基準です。例えば，2つの大問から構成される期末試験があり，それぞれの配点が50点ずつであるとします（行政行為に関する法令の定めはここまで大雑把であることはあまりないものの，法令の定めを見ただけでどんな場合に行政行為がなされるかがはっきり分かることは例外的です）。ここでもし採点基準があれば，出題者が採点基準を作る際と，個別の採点を行う際の2度にわたって判断基準や判断の適切性を検討する余地が生まれ，より慎重な採点がなされることになります。また，採点基準が公表されていれば，採点基準と異なる採点がされている場合に受験者側が異議を述べることも可能になります。このように，審査基準の策定には，**行政の判断の慎重さや合理性を担保する機能**と，**平等取り扱いを確保して不服申立の便宜を図る機能**の2つがあります。この審査基準の定義は，法規命令・行政規則の二分論（→9.1）とは関係なくなされており，審査基準に該当すれば意見公募手続がとられ，設定された審査基準は公にされることになります。

　次に，申請に対する拒否処分がなされた場合に，その理由を示さなければな

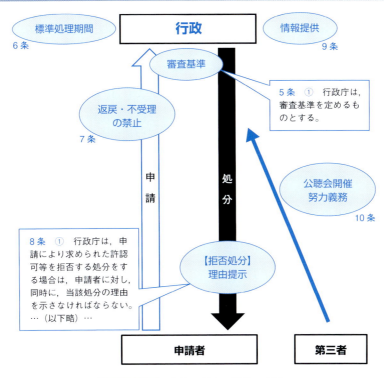

図表12-3 申請に対する処分の手続

クローズアップ● 職権授益処分

　行政手続法では，行政処分を「申請に対する処分」と「不利益処分」の2つに分けています。もっとも，すべての処分がこの2つに分けられるわけではありません。申請に対する処分の対概念は申請をまたずに行政機関が職権で行う職権処分であり，不利益処分の対概念は授益処分です。このように考えると，職権授益処分に関する手続ルールが存在していないことが分かります。

　行政活動の名宛人に何らかの利益を付与する処分の多くは，名宛人が申請を行うことを前提にしています。申請なしに授益処分がなされる珍しい例として，出入国管理及び難民認定法の在留特別許可（同法50条）があります（→**5.2**）。不法滞在している外国人に対する退去強制の手続の途中で，法務大臣が在留を許可すべき事情があると考えた場合に認められるこの許可には，それ自体に対する申請手続がありません。ただし，退去強制に関する異議の申出への応答の一種とみることもできます。

らない**理由提示**が規定されています（同法8条）。申請を全て認める処分であれば相手方に不満はなく，その理由を提示する必要性はさほど高くないでしょう。しかし**拒否処分**（**一部拒否処分**を含む）であれば，先ほど述べた行政の判断の慎重さ・合理性の担保や不服申立の便宜を図る観点から，その理由がきちんと提示されることが極めて重要です。判例によれば，**理由提示がなされるべき内容は，処分の根拠条文と根拠事実であり**（**参考判例①**），根拠条文に不明確な点があって審査基準の適用関係を示さなければ理由が分からない場合には**審査基準との適用関係も併せて提示**されなければなりません。

　さらに，申請書類を受け取らなかったり，受け取ってもいつまでも応答しなかったりすることを防ぐため，行政手続法では**不受理の禁止**（同法7条）と，**標準処理期間**の定め（同法6条）を置いています。申請書が行政機関の事務所に到達すれば，行政機関は直ちに審査を開始しなければなりません（行政機関に応答義務がない**届出**の場合も，事務所に届出書類が到達すれば届出義務が果たされたことになります（同法37条））。また，行政機関は申請に対する処分の標準処理期間を定めるように努める義務があり，もし定められればその内容を公にしておかなければなりません。こうした規定によって，返戻・不受理・応答留保といったそれまでの実務を改善しようという意図が見られます。

　行政手続法の申請に対する処分の手続で，名宛人以外の第三者の利益に配慮している規定は1つだけです。それは**公聴会の開催努力義務**（同法10条）です。法律では義務付けられていないものの，行政手続法制定を受けてそれぞれの地方公共団体で策定された**行政手続条例**の中には，一定の場合に公聴会の開催を義務付ける例も見られます。

12.1.3　不利益処分手続

　不利益処分手続も申請に対する処分の手続と同じく，処分の名宛人の権利や地位を保護することを最も重要視しています。申請に対する処分に類似するルールとして，**処分基準の設定・公表努力義務**（同法12条）と，**理由提示義務**（同法14条）があります。処分基準の機能は審査基準とほぼ同じで，名称が異なっている理由は，結びついている行政行為の手続類型が異なっていることと，処分基準の場合にはその設定や公表が努力義務に止まっていることにあります。

参考判例① ■ 旅券法の理由提示義務
(最三小判 1985(昭和 60)・1・22 民集 39 巻 1 号 1 頁:判Ⅰ109)

【争点】拒否処分の理由提示はどの程度詳細である必要があるか
「一般に，法律が行政処分に理由を付記すべきものとしている場合に，どの程度の記載をなすべきかは，処分の性質と理由付記を命じた各法律の規定の趣旨・目的に照らしてこれを決定すべきである（…）。旅券法が右のように一般旅券発給拒否通知書に拒否の理由を付記すべきものとしているのは，一般旅券の発給を拒否すれば，憲法 22 条 2 項で国民に保障された基本的人権である外国旅行の自由を制限することになるため，拒否事由の有無についての**外務大臣の判断の慎重と公正妥当を担保してその恣意を抑制するとともに，拒否の理由を申請者に知らせることによって，その不服申立てに便宜を与える趣旨**に出たものというべきであり，このような理由付記制度の趣旨にかんがみれば，一般旅券発給拒否通知書に付記すべき理由としては，**いかなる事実関係に基づきいかなる法規を適用して一般旅券の発給が拒否されたかを，申請者においてその記載自体から了知しうるものでなければならず**，単に発給拒否の根拠規定を示すだけでは，それによって当該規定の適用の基礎となった事実関係をも当然知りうるような場合を別として，旅券法の要求する理由付記として十分でないといわなければならない。」

参考判例② ■ 処分基準と理由提示
(最三小判 2011(平成 23)・6・7 民集 65 巻 4 号 2081 頁:判Ⅰ111/118)

【争点】処分基準が設定されている場合にその適用関係を示す必要があるか
「建築士に対する上記懲戒処分については，処分内容の決定に関し，本件**処分基準が定められている**ところ，本件処分基準は，意見公募の手続を経るなど適正を担保すべき手厚い手続を経た上で定められて公にされており，しかも，その内容は，前記 2 (4) のとおりであって，**多様な事例に対応すべくかなり複雑なもの**となっている。そうすると，建築士に対する上記懲戒処分に際して同時に示されるべき理由としては，処分の原因となる事実及び処分の根拠法条に加えて，本件処分基準の適用関係が示されなければ，処分の名宛人において，上記事実及び根拠法条の提示によって処分要件の該当性に係る理由は知り得るとしても，いかなる理由に基づいてどのような処分基準の適用によって当該処分が選択されたのかを知ることは困難であるのが通例であると考えられる。」

後者の点に関して設定・公表を義務化しなかった理由は，法令上の違法の基準と実務上の取締りの基準との間に差異があることがあり（例えば，道路ごとの自動車の速度制限と，スピード違反として検挙される基準となっているスピードとの差異），処分基準が公表されるとこうした執行の妙味が失われてしまうおそれがあることが挙げられています。もっとも，処分基準が設定され，公表されていれば，審査基準と全く同じ法的意味が処分基準にも認められます。さらに，理由提示については全ての不利益処分に提示が義務付けられ，**法令の規定だけでは適用関係が分からない場合に処分基準が設定（・公表）されていれば，処分基準との適用関係も示さなければなりません**（参考判例②）。

不利益処分に固有の手続は，告知・聴聞です（ 図表 12-4 ）。これは，相手方に不利益な処分を職権で行う前に，どのような処分を行う予定であるかを相手方に通知し（告知），相手方の意見を聴取する（聴聞）ことです。まず告知の段階では，不利益処分の内容や根拠条文，処分の原因事実あるいは意見表明の方法に関する情報を名宛人に通知します。行政手続法では，手続がデラックスな聴聞と，簡素な弁明の機会の付与の 2 つを用意しており，どちらの手続をとるかは行政手続法 13 条で規定があります。両者の違いは，処分を担当する職員とは通常別の聴聞主宰者が進行する聴聞期日において，自己の見解を口頭で主張する手続があるか，そのようなものがなく原則として書面で意見を述べるにとどまるかにあります（弁明の機会の付与でも行政庁が認めれば口頭による意見表明の機会は与えられるものの，聴聞主宰者が間に立って処分担当職員と名宛人が対峙する構造にはなりません）。聴聞手続の場合には，この聴聞期日における審理を充実させるため，教示を受ける権利や文書等閲覧請求権（→8.3）が名宛人に認められています。また，処分を実施する行政庁は，その際に聴聞担当者が作成した聴聞調書・報告書の内容を十分に参酌して不利益処分を行わなければなりません（同法 26 条）。

12.2 行政行為の事後手続──行政不服審査法

12.2.1 行政行為の概念

行政行為（処分）が出された後に，その違法性・不当性を行政機関で争う手

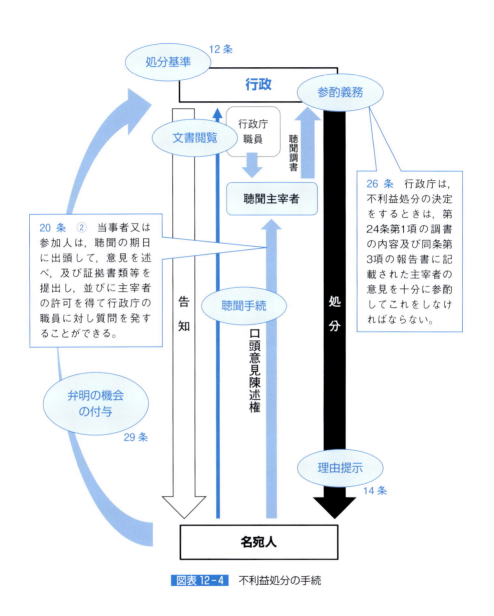

図表 12-4 不利益処分の手続

続を，**行政行為の事後手続**と呼びます。その一般法として，行政不服審査法があります。行政不服審査法は全部で 3 種類の手続を定めています（ 図表12-5 ）。

第 1 は，審査請求です。審査請求は，原則として処分庁の最上級行政庁（例：地方支分部局の長が処分庁の場合には大臣）である審査庁に対して処分の是正を求める手続です。処分庁に上級行政庁がなければ，審査庁は処分庁自身となります（例：京都府情報公開条例に基づく不開示決定の場合には，処分庁も審査庁も京都府知事）。また，法律で特別に指定された行政機関があれば，そこが審査庁となります（例：介護保険審査会（介護保険法 183 条 1 項））（ 図表12-6 ）。行政不服審査法は審査請求を原則的な手続としており，行政処分であれば，他の個別の法律の規定なしに当然にこの手続が利用できます。

第 2 は，再調査の請求です。再調査の請求は，処分庁に対して主として事実認定をめぐって再度の考慮を求める簡易な手続です。審査請求と異なり，個別の法律で利用できることが規定されていない限り，この手続を利用することができません（例：国税通則法 81 条以下）。再調査の請求と審査請求は，その両方を利用することもできますし，再調査の請求を使わずに審査請求のみ利用することもできます。ただし，一旦再調査の請求を行った場合には，その決定を得るまでは原則として審査請求を行うことができません。

第 3 は，再審査請求です。再審査請求は審査請求に対する裁決に不服がある場合の手続で，個別の法律で利用できることが規定されている場合のみ利用できます（例：厚生年金保険法 90 条）。ただし，法定受託事務（→**7.2.3**）に関しては，地方自治法 255 条の 2 の規定によって一般的にこの再審査請求が認められており，例えば知事が行った処分に対する知事への審査請求の後に，大臣に対する再審査請求も可能です（裁定的関与）。

12.2.2 審査請求手続

審査請求手続を利用するためには，一定の条件（不服申立要件）を満たす必要があります。対象となる活動が行政行為にあたるものであり（**処分性**），その処分によって自己の権利・利益が侵害されている必要があります（**不服申立適格**）。さらに，不服申立には 3 ヶ月の期間制限が設けられており（**不服申立期間**），これを経過すると利用できなくなります（→**11.2**）。

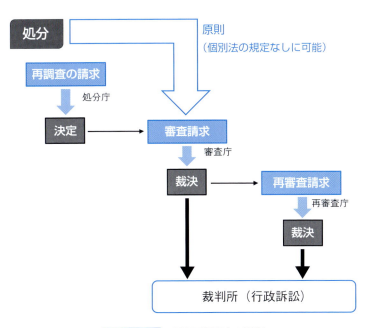

図表 12-5 行政不服審査の種類

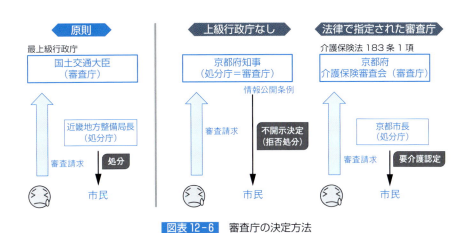

図表 12-6 審査庁の決定方法

12.2 行政行為の事後手続——行政不服審査法

審査請求の手続は，審査請求書の提出から始まります（ 図表12-7 ）。その手続は大きく2つの段階に分けられます。最初は，審理員による審理です。審査庁は，処分に関係した職員以外の職員を審理員として指名し，審理員が手続を主催します。審理員は審査請求書を処分庁に送付し，処分庁は弁明書を提出します。これを受けて審査請求人はさらに反論書を提出します。こうした書面のやりとりによって手続は基本的に進行します（書面審理主義）。ただし，審査請求人には口頭意見陳述権が保障されており，意見陳述の場には処分庁も出席して，審理員を主催者とする対審構造が実現することとなります。審理員はこうした手続を経て審理員意見書を作成し，審査庁に提出します。また，行政処分の執行は，審査請求の申立てをしただけでは停止せず，これと並行して執行停止の手続をとる必要があります。審理員は，この執行停止についても手続が必要かどうかに関する意見書を作成します。

　続いて，行政不服審査会（地方公共団体の場合には条例でこれに相当する組織を設置します）における手続です。情報公開審査会などの別の審議会が関与する場合や審査請求人が諮問を希望しない場合などの例外を除いて，審理員の手続が終わった後に，審査庁は外部専門家らで構成される行政不服審査会へ諮問を行います。行政不服審査会は，審理員による審理資料や審理員意見書を踏まえ，独自の調査権限を行使して事案を調査できます。また，審査請求人が希望すれば口頭意見陳述を行うこともできます。行政不服審査会の審理が終了すると，答申を作成し，審査庁及び審査請求人に送付するとともに公表します。

　審査庁は，審理員意見書・審査会答申の内容を踏まえ，最終的な判断を裁決という形で示します。裁決の方法には，不服申立要件を欠く場合の却下裁決，不服申立要件は充足しているものの処分が違法・不当ではない場合の棄却裁決，請求に理由があって処分が違法・不当であると認められる認容裁決の3種類があります。さらに，処分が違法・不当であると認められるものの，処分を取り消すと公益上著しい障害が生じる場合に処分を取り消さない事情裁決も規定されています。裁決それ自体も行政行為（処分）としての性格を有しており，とりわけ行政行為の効力論にいう不可変更力は，この審査請求に対する裁決を念頭に置いています。これに加え，裁決にはその趣旨に従った行動を関係行政庁にとらせる拘束力（行政不服審査法52条1項）も認められています。

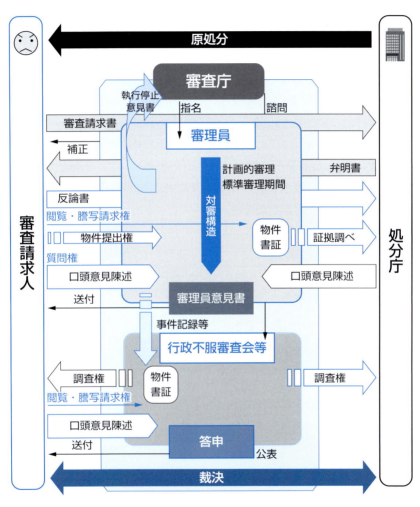

図表12-7　行政不服審査の手続

12.2.3　再調査の請求・再審査請求の手続

処分庁に対して再度の考慮を求める再調査の請求の手続は，主として事実関係をめぐる争いについて簡易迅速な解決手段を設ける趣旨で規定されています。そのため，再調査の請求については，上記の審理員による審理も行政不服審査会への諮問も予定されておらず，処分庁と請求人とのやりとりだけで手続が完結します。

審査請求に対するさらなる不服申立である再審査請求の手続では，審理員が選任され，審理員が手続を主催します。これに対して，行政不服審査会への諮問手続は，すでに審査請求段階でこの手続がとられていることから，再審査請求では予定されていません。行政不服審査法は，行政過程のどこかの段階（処分の前か後）で，一度は第三者機関の判断が介在するべきことを念頭に置いており（行政不服審査法43条1項1・2号），その機会を複数保障する必要はないと考えているためです（ 図表12-8 ）。

12.3　行政行為と訴訟

12.3.1　違法な処分の是正

行政行為（処分）に対する訴訟として，行政事件訴訟法は抗告訴訟を規定しています。抗告訴訟にはさらにいくつかの種類があり，紛争類型に応じてこれらが使い分けられています（ 図表12-9 ）。

すでに出された行政行為に対する訴訟として，取消訴訟と無効確認訴訟があります。取消訴訟には出訴期間制限があり，処分等があったことを知った日から6ヶ月を越えると取消訴訟の提起ができなくなります。この場合には代わって無効確認訴訟が利用できるものの，その訴訟要件や本案勝訴のハードルはより厳しくなります。

取消訴訟で勝訴するためには，その利用条件にあたる訴訟要件を充足し，さらに本案でも請求に理由があること（＝処分が違法であること）が裁判所により認められなければなりません。取消訴訟の訴訟要件は，出訴期間・不服申立前置・処分性・原告適格・（狭義の）訴えの利益の5つです（ 図表12-10 ）。すでに説明したように，取消訴訟を適法に提起するためには出訴期間制限の範囲内

	審理員による審理	行政不服審査会への諮問
再調査の請求	×	×
審査請求	○	○
再審査請求	○	×

図表 12-8　再調査の請求・再審査請求の手続

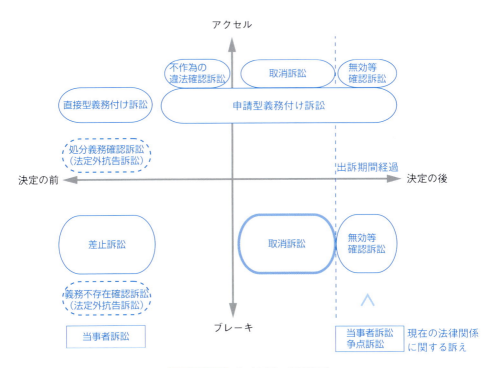

図表 12-9　行政訴訟の訴訟類型

であることが必要です。また，個別の法律で行政上の不服申立を経由しなければ訴訟が提起できないと書かれていれば，審査請求に対する裁決を得てからでなければ訴訟提起ができません（不服申立前置）。取消訴訟の訴訟要件の中心は，処分性・原告適格・訴えの利益です。このうち処分性についてはすでに説明したので（→5.2），ここでは残り2つを簡単に紹介します。

原告適格とは，取消訴訟を提起できる人的な資格の問題です。行政事件訴訟法では「当該処分又は裁決の取消しを求めるにつき**法律上の利益を有する者**」に限り提起できると規定されています（行政事件訴訟法9条1項）。申請拒否処分や不利益処分の名宛人がここに含まれることは明らかで，問題となるのは**名宛人以外の第三者**に原告適格が認められるかどうかという点です。このうち，処分の法的効果によって権利が侵害される第三者（例：租税滞納処分によって使用・収益が制限される不動産を共有する者）については，名宛人と同様に原告適格が認められます。判断が困難なのは，処分の結果として権利・利益侵害を受ける第三者です。この点について最高裁は，「当該処分を定めた行政法規が，不特定多数者の具体的利益を専ら一般的公益の中に吸収解消させるにとどめず，それが帰属する**個々人の個別的利益**としてもこれを保護すべきものとする趣旨を含むと解される場合には，かかる利益も右にいう法律上保護された利益に当たり，当該処分によりこれを侵害され又は必然的に侵害されるおそれのある者は，当該処分の取消訴訟における原告適格を有するものというべきである」（最三小判1992（平成4）・9・22民集46巻6号571頁：判Ⅱ14/41［もんじゅ訴訟］）との基準を立てています。そして，処分の名宛人以外の第三者に利益侵害が発生している場合に原告適格が認められるためには，当該第三者に処分によって一定の不利益が生じており（**不利益要件**），その利益が行政法規によって守られるべき利益（公益）として位置付けられ（**保護範囲要件**），かつその利益が第三者個人の利益としても個別的に保護されていること（**個別保護要件**）が求められます。その判断にあたっては，処分の根拠法規だけではなく，それと目的を共通にする関連法令の趣旨・目的を参酌し，また法令の規定だけでなく侵害される利益の内容や性質を勘案しなければなりません（同条2項）。

（狭義の）訴えの利益の有無は，取消判決が得られることにより紛争が実効的に解決されるかどうかを意味します。例えば，取消を求めている処分にもと

```
                                              ┌─────────────────┐
                                              │ 個別法の規定が   │
                                              │ ある場合のみ     │
                                              └─────────────────┘
┌──────────────┐      ╭──────────╮      ┌──────────────┐
│   出訴期間    │      │ 取消訴訟の│      │  不服申立前置 │
│ 処分を知ってから│──────│ 訴訟要件  │──────│ 審査請求に対する│
│ 6ヶ月以内     │      ╰──────────╯      │ 裁決を得る    │
└──────────────┘            │            └──────────────┘
                            │
```

処分性

行政庁の処分＝「公権力の主体たる国または公共団体が行う行為のうち，その行為によって，直接国民の権利義務を形成しまたはその範囲を確定することが法律上認められているもの」

原告適格

「当該処分又は裁決の取消しを求めるにつき法律上の利益を有する者」
＝「当該処分により自己の権利若しくは法律上保護された利益を侵害され又は必然的に侵害されるおそれのある者」

- 不利益処分の名宛人，拒否処分を受けた申請者＝当然原告適格あり
- 処分の第三者
  ○処分の法的効果により権利侵害を受ける第三者（規律的侵害）
  ○処分の結果として権利・利益侵害を受ける第三者（事実的侵害）
    不利益要件＋保護範囲要件＋個別保護要件

狭義の訴えの利益

取消判決が得られることにより紛争が実効的に解決されるかどうか

- 法的状態の変化：法令の改廃，処分の消滅（職権取消・撤回），取消判決・申請認容処分の可能性
- 事実状態の変化：工事の完了，原告の死亡（一身専属的権利）
- 処分の期間経過と処分による不利益の有無：紛争予防の利益，原状回復の利益

図表 12-10 取消訴訟の訴訟要件

もと有効期限が設定されていて，訴訟の最中にその有効期限が経過して処分が失効すると，もはや取消判決によって処分を失効させる必要がなくなるため，訴えの利益がなくなり，訴訟は却下されます（ 図表12-11 ）。このように，**処分の法的効果の時間的な限界の問題**が，狭義の訴えの利益ではしばしば争われます。また，取消訴訟を提起したとしても，それだけでは問題となっている処分の効力は残存しているため（執行不停止原則），訴訟係属中に行政側が処分に基づいて何らかの義務履行強制（→第16章）を行うこともあり得ます。例えば，違法建築に対する除却命令の違法性を争っている途中に，行政側が行政代執行によって違法とされた建築物を壊すと，もはや取消判決をしても意味がないとして訴えの利益が消滅します。そこで，訴訟係属中に現状が原告側の不利益に変更されないように，処分の執行停止の申立てを行い，裁判所による執行停止決定を得ておくことも重要です。

出訴期間が経過した後に用いられる無効確認訴訟も，基本的な構造は取消訴訟と似ています（ 図表12-12 ）。ただし，訴訟要件として，**現在の法律関係での訴訟では直截的で適切な紛争解決とならない場合にのみ無効確認訴訟が利用できる**とする訴えの利益に関する条件（行政事件訴訟法36条）が加わります。また，本案勝訴のためには，単に処分が違法であるのみならず，その**違法が重大なものであり，瑕疵の程度が明白である**ことまで要求されます。こうした条件が付く理由は，無効確認訴訟が処分の無効の場合にしか使えないところに由来します（→11.3）。違法性の程度が甚だしく，それが明らかである場合には，行政行為の公定力が否定されることとなります。そうすると，抗告訴訟を使う必要はなくなり，行政行為が存在しないことを前提に現在の権利義務関係を対象として争う（処分の無効を前提とする）当事者訴訟や民事訴訟（処分の無効が争点に含まれるため争点訴訟と呼ばれます）を使うことが原則にかなっているはずです。そこで，無効確認訴訟の訴訟要件の中に，現在の法律関係に関する訴えによっては目的を達成できない場合という条件が加わっているのです。

12.3.2　適法な処分の要求

処分の要件を充足しているにもかかわらず，まだその処分が出されていない場合に処分を要求する訴訟が義務付け訴訟です。義務付け訴訟は，申請手続が

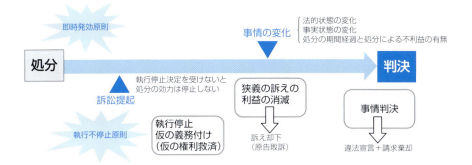

図表 12-11 取消訴訟と時間の経過

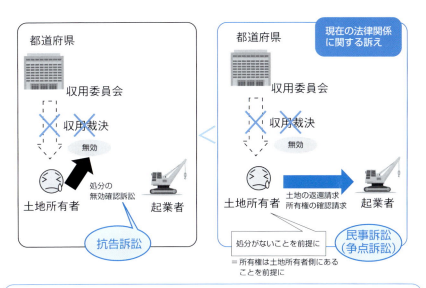

行政事件訴訟法 36条
　無効等確認の訴えは、当該処分又は裁決に続く処分により損害を受けるおそれのある者その他当該処分又は裁決の無効等の確認を求めるにつき法律上の利益を有する者で、当該処分若しくは裁決の存否又はその効力の有無を前提とする現在の法律関係に関する訴えによって目的を達することができないものに限り、提起することができる。

図表 12-12 処分の無効確認訴訟と現在の法律関係に関する訴え

ある場合（申請型義務付け訴訟）とない場合（直接型義務付け訴訟）とで，その訴訟要件が異なっています（ 図表12-13 ）。

　行政事件訴訟法の2004年改正前までは，申請に対する処分がなされない場合には不作為の違法確認訴訟が，拒否処分がなされた場合には取消訴訟が使われることが想定されていました。これらはいずれも，行政が一定の処分をすることを命ずるものではなく，判決の趣旨に従って行政庁が判断しなければならないとする判決の拘束力（行政事件訴訟法33条2項）に期待した制度設計でした（ 図表12-14 ）。しかし，これでは直截な権利救済とはならないことから，2004年改正で義務付け訴訟が導入されました。申請型義務付け訴訟の大きな特色は，この従来からあった不作為の違法確認訴訟や拒否処分取消訴訟等との併用が強制されていることです。申請型義務付け訴訟は単独では提起できず，申請に対する応答前なら不作為の違法確認訴訟と，拒否処分後なら拒否処分取消訴訟と，拒否処分取消訴訟の出訴期間経過後なら拒否処分の無効確認訴訟と申請型義務付け訴訟とを併合提起しなければなりません（行政事件訴訟法37条の3第1項）。申請型義務付け訴訟そのものの訴訟要件の規定は多くないものの，それは**併合提起する訴訟の側の訴訟要件を満たしている必要がある**からと言えます。

　これに対して，申請手続が予定されていない場合に一定の処分を求める直接型義務付け訴訟は，例えば，改善命令や営業停止命令といった不利益処分を処分の名宛人以外の第三者（例えば周辺住民）が求める場面での利用が想定されています。直接型の場合には，申請手続がそもそも存在しないため，別の訴訟との併合提起も規定されていません。他方で，直接型には大きく次の3つの訴訟要件が規定されており，いずれもクリアするのが簡単ではないものばかりです（行政事件訴訟法37条の2第1〜4項）。第1は，原告適格です。その基本的な考え方は，取消訴訟における第三者の原告適格と同じです。第2は，重大な損害要件です。これは，一定の処分がなされないことによって重大な損害が生ずるおそれがあることを要求するもので，**行政過程を経ずに裁判所が直接的に救済を与えるべき必要性**が高い事情や，**処分がされないことの適法性を疑わせる事情**があることを意味しています。第3は，補充性要件です。これは，その損害を避けるために義務付け判決以外に適切な方法がないことです。例えば，

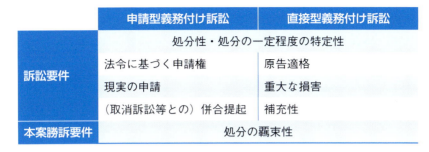

図表12-13　義務付け訴訟の訴訟要件・本案勝訴要件

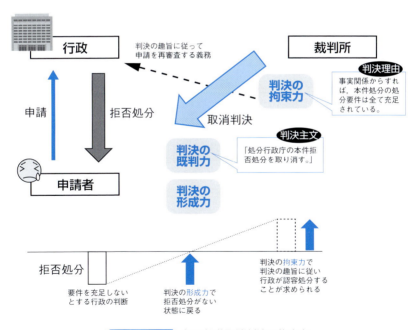

図表12-14　拒否処分取消判決の拘束力

12.3　行政行為と訴訟

義務付け判決と同程度の救済を与える手続が行政過程の中に設定されていれば（例：更正の請求），直接型義務付け訴訟は利用できません。ただし，この適切な方法の中には，民事訴訟の利用可能性は含まれないとされています。

　申請型・直接型を問わず，義務付け訴訟の本案勝訴要件は，処分をすべきことが根拠条文から明らかであるか，処分をしないことが裁量権の逸脱・濫用（→**13.3**）にあたること（処分の覊束性）です（行政事件訴訟法37条の2第5項・37条の3第5項）。複数の処分要件があって，その全部を充足しなければ適法な処分とならない場合，取消訴訟ならばそのうちの1つの要件が欠けるだけで，処分が違法であったとして取り消すこととなります。しかし，義務付け訴訟の場合には，裁判所はその全ての要件が充足されているかを審理し，全て充足する（あるいは処分しないことが裁量権の逸脱・濫用にあたる）と判断できる場合にしか義務付け判決を出すことができません。そのため，申請型義務付け訴訟では，とりあえず取消判決を出して行政側の対応を見守り，行政側が裁判所の期待した処分を行わない場合に要件全部の充足の有無を判断して義務付け判決を行う方法も認められています（同法37条の3第6項）。

12.3.3　違法な処分の予防

　処分の要件を充足していないにもかかわらず，その処分がなされることが確実視される場合には，差止訴訟が用いられます。差止訴訟の典型例は，自己に対する不利益処分を差し止めたり，名宛人に対しては利益のある処分をそれにより被害を受ける可能性がある第三者が差し止めたりする場面です。差止訴訟は，処分が出される前でなければ訴訟の意味がないため，処分が出されると訴えの利益が消滅することになります。差止訴訟の主要な訴訟要件は，直接型義務付け訴訟に類似しています（行政事件訴訟法37条の4第1～4項）。第1は，原告適格です。もちろん，原告が予想される不利益処分の名宛人であれば，この要件は問題となりません。第2は，重大な損害要件です。差止訴訟におけるこの要件は，取消訴訟との時間的な役割分担を規定したものです。つまり，問題となる処分が出た後にその取消訴訟を提起して執行停止の申立てをしたのでは間に合わないような損害があるかどうかが，この要件で問題とされます。例えば，名誉や信用と関係する紛争や，短期間で処分が反復継続・累積加重され

参考判例 ■ 君が代訴訟（2月判決）
（最一小判2012(平成24)・2・9民集66巻2号183頁：判Ⅱ59）

【争点】 差止訴訟の「重大な損害」要件はどのような場合に充足されるか

「行政庁が処分をする前に裁判所が事前にその適法性を判断して差止めを命ずるのは，国民の権利利益の実効的な救済及び司法と行政の権能の適切な均衡の双方の観点から，そのような判断と措置を事前に行わなければならないだけの救済の必要性がある場合であることを要するものと解される。したがって，差止めの訴えの訴訟要件としての上記「重大な損害を生ずるおそれ」があると認められるためには，処分がされることにより生ずるおそれのある損害が，処分がされた後に取消訴訟等を提起して執行停止の決定を受けることなどにより容易に救済を受けることができるものではなく，処分がされる前に差止めを命ずる方法によるのでなければ救済を受けることが困難なものであることを要すると解するのが相当である。

本件においては，前記第1の2(3)のとおり，本件通達を踏まえ，毎年度2回以上，都立学校の卒業式や入学式等の式典に際し，多数の教職員に対し本件職務命令が繰り返し発せられ，その違反に対する懲戒処分が累積し加重され，おおむね4回で（他の懲戒処分歴があれば3回以内に）停職処分に至るものとされている。このように本件通達を踏まえて懲戒処分が反復継続的かつ累積加重的にされる危険が現に存在する状況の下では，事案の性質等のために取消訴訟等の判決確定に至るまでに相応の期間を要している間に，毎年度2回以上の各式典を契機として上記のように懲戒処分が**反復継続**的かつ**累積加重**的にされていくと事後的な損害の回復が著しく困難になることを考慮すると，本件通達を踏まえた本件職務命令の違反を理由として一連の累次の懲戒処分がされることにより生ずる損害は，処分がされた後に取消訴訟等を提起して執行停止の決定を受けることなどにより容易に救済を受けることができるものであるとはいえず，処分がされる前に差止めを命ずる方法によるのでなければ救済を受けることが困難なものであるということができ，その回復の困難の程度等に鑑み，本件差止めの訴えについては上記「重大な損害を生ずるおそれ」があると認められるというべきである。」

て被害が急速に拡大するような状況では，この要件が充足されやすくなります（**参考判例**）。第3は，**補充性要件**です。これは，差止判決と同程度の救済水準を実現できる他の訴訟や，行政過程でのしくみがないことを意味しています。例えば，差止訴訟の対象となっている処分に先行する処分があるとすれば，その**先行処分の取消訴訟**を提起することで，差止判決と同等の救済水準を確保することができ，このような場合には差止訴訟の提起が認められません。

　差止訴訟の本案勝訴要件は，処分すべきでないことが根拠条文から明らかであるか，処分をすることが裁量権の逸脱・濫用にあたること（**処分の羈束性**）です。

> ● 考えてみよう
> 1．行政手続法の申請に対する処分と不利益処分の手続を比較し，その相違点を確かめた上で，手続上の相違が生じる合理的な理由があるか考えてみよう。
> 2．行政が関係する紛争事例をニュースから選び出し，その紛争事例にふさわしい訴訟類型を検討してみよう。

第13章

行政行為（3）
──行政裁量──

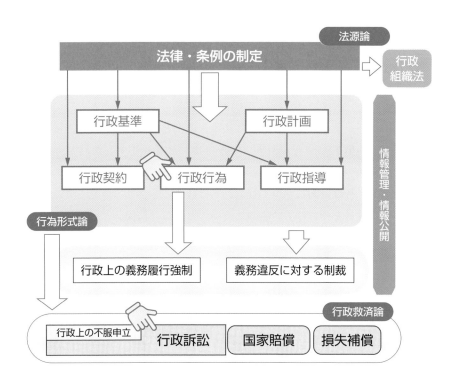

13.1 行政裁量の概念と意義

13.1.1 行政裁量の概念

　日常用語で「裁量」とは，自分の意見や判断で物事を処理することを指しています。行政裁量も，行政の判断で案件を処理する点は共通です。しかし，**法律による行政の原理**という考え方からすると，とりわけ国民の権利を制限したり義務を課したりする行政活動に対しては**法律の根拠**が必要であり，法律があれば法律を無視して行政が案件を処理することは通常できません。もっとも，法律の規定の仕方が詳細さを欠いているとすると，法律が定めている枠内で行政に判断の余地を認めることは可能でしょう。そもそも，裁判所とは別に行政機関を設け，そこに一定の社会管理機能を委ねている趣旨は，例えば専門性や地域性が高く，それゆえ法律を機械的に適用することが難しい任務があるためと考えられます。そうであるとすれば，法律が行政の判断の条件や内容を決め尽くしていない場面があることは，容易に想定できます。

　より上位の基準が規律密度を抑制したために生じた行政の判断・行動決定の余地を行政裁量といいます（ 図表13-1 ）。行政裁量は，あらゆる行為形式について問題となります。中でも最も問題となり紛争事例も多いのが行政行為の裁量であるため，本書では行政行為の中で裁量論を説明することとしています。行政行為の場合，より上位の基準とは法律・条例と，法律の委任・授権を受けた行政基準（→第9章）・行政計画（→第10章）となります。ただし，行政行為は，法令に基づく認定判断行為と定義されているので，法律の委任・授権のない行政基準・行政計画に基づく行政行為は観念できません。そうすると，行政行為の行政裁量を枠付けているのは結局のところ「法律」ということになります。立法者は行政に対して，法律によって行政行為の詳細な内容を規定することができます（行政作用の種類や基本権に対して与える影響によっては詳細な規定を置かなければならないことさえあります）。それにもかかわらず立法者が法律で明確な定めを置かなかったのは，基準の具体化・補充を行政に委ねる趣旨であると考えることができます。このように行政裁量が認められる根拠を法律の定めに求める考え方を，規範的授権理論といいます。そして補充のためには，行政行為を授権している条文のみならず，その法律の他の規定や関連する法令

ことば　自由裁量と羈束(きそく)裁量

　伝統的な行政法学では，行政行為を法律によって要件・効果が明確に規定されている羈束行為と，それが明確でない裁量行為に分け，裁量行為をさらに自由裁量と羈束裁量に分けていました。「羈束裁量」という概念は，法律によって厳しく縛られているという意味の「羈束」と法律から自由という意味の「裁量」とが融合した，矛盾をはらむ言葉です。なぜこのような分かりにくい言葉が生まれたのでしょうか。

　もともと行政行為に対する司法審査は，行政活動を制約する法律の規定が明確な場合に限られると考えられていました。つまり，羈束行為に対しては司法審査ができるのに対して，裁量行為には司法審査が及ばないとされていました。しかしそうすると，行政行為の広範な部分が司法審査の対象外となってしまいます。そこで，古典的裁量論と呼ばれる考え方は，裁量行為とされた部分をさらに2つに分け，法律の規定が不確定なものでも裁判所が法解釈によって意味内容を明らかにできる羈束裁量と，それができない自由裁量の区別を設けました。そして，羈束裁量については羈束行為と同じように司法審査が及び，裁量行為については裁量権の逸脱・濫用の有無については審査できる（踰越濫用審査）としたのです。羈束裁量という奇妙な概念は，司法審査の対象を拡張する努力によって生まれたものでした。しかし現在では，司法審査の観点からは羈束行為と羈束裁量の区別には意味がないと考えられるようになり，かつての自由裁量のことを単に「裁量」という用語法が一般的です。

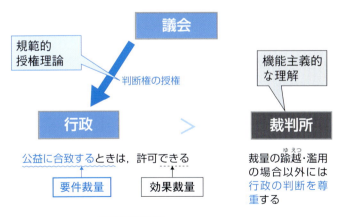

図表13-1　行政裁量の概念

の規定等から，行政による決定の際にどのような事項を考慮すべきか（考慮事項）を幅広く探求しなければなりません。

　行政裁量の問題は，上記の立法・行政関係だけに止まりません。立法者によって裁量権が認められた行政行為は，それが行政に認められた裁量権の範囲を逸脱し，または裁量権が与えられた趣旨に反して濫用した場合でなければ，裁判所によって違法とされることがありません（統制密度の低下）。立法者によって設定された幅の中に行政機関の認定判断がおさまっている場合には，裁判所としてはよりよい内容の決定がありうると思ったとしても，行政の判断を尊重することとなります（行政事件訴訟法30条は，このことを確認する趣旨の規定です）。裁判所が行政裁量について審査を差し控える理由は，立法者が行政機関に判断権を授権していることに加えて，**裁判所の審査・判断能力の限界**という要素も影響しています。裁判所は法を事実に適用して紛争を裁断する司法作用を担っていることから，政策的な適切性や専門技術性を伴う問題に対して適切な判断を下すことが，構造上難しいと言えます。ある個別的案件に最終的な決着を付けるための判断能力という観点から行政機関と裁判所とを比較するという視点（**機能主義的な理解**）が，行政裁量の議論では影響を持っています。

13.1.2　行政裁量の意義

　次に，行政裁量が幅広く見られる典型的な場面を3つ挙げることで，どんな場合に法律の規律密度が緩められるのかを示し，あわせて行政裁量の意義や機能を紹介することとします（図表13-2）。第1は，**個別事例における衡平の実現**です。行政行為を授権する法律の規定は一般的な形式で書かれており，個別の例外的なケースまで念頭に置いて規定を準備することは困難です。その結果，法律の規定を単純にあてはめて解決すると不合理な結論が出てくることもあり得ます。行政裁量が認められれば，具体的な状況に即応した対応を図ることができ，また個別の事情を十分に考慮して行政活動を実現することができます。

　第2は，**柔軟な利害調整の実現**です。とりわけ土地利用・都市計画（→**10.3**）の分野では，土地所有者の権利・利益と公益とが対立する構図が見られ，公益の中にも住民の生活環境利益から都市の均衡ある発展という非常にマクロ的な利益までさまざまなグラデーションが存在します。このような分野においては，

ことば　考慮事項

　行政上の決定の際に行政が考慮に入れるべき諸要素のことを「考慮事項」と言います。考慮事項は通常，行政活動を授権する法令上の要件規定に書かれています。しかし，とりわけ裁量が認められる場合には，法令上の要件規定には明示されていない要素が，決定に影響を与えることがあります。行政上の決定の際には一般に，法律が明示的に考慮禁止としている事項以外の全ての考慮事項を考慮する義務が行政にあると考えられています。

　考慮事項が影響を与えるのは，行政裁量と原告適格の問題です。行政裁量の司法審査にあたっては，行政が考慮事項を導出してそれらを適切に考慮しなかった場合に，裁量権の逸脱・濫用が認められます。また第三者の原告適格の有無の判断にあたり，考慮事項が保護範囲要件の判断に影響を与えます（→**12.3.1**）。

□□□ BOX――行政裁量の司法審査

行政事件訴訟法
（裁量処分の取消し）
30条　行政庁の裁量処分については，裁量権の範囲をこえ又はその濫用があった場合に限り，裁判所は，その処分を取り消すことができる。

個別事例における衡平の実現	柔軟な利害調整の実現	専門性の尊重
・法律の規定をあてはめて解決すると不合理な結論がでる場合への対応 ・個別性が高く，法律で画一的な条件を定めることが難しい場合への対応	・議会における法律の制定では実現できない細やかな利害調整を行政過程で実現 ・法律で詳細な内容を規定せず，メニューのみを示して，具体的決定は利害関係者が参加する行政手続に委ねる	・将来予測や高度な専門技術性を要する判断について，判断過程を法律で設定した上で具体的判断を行政に委ねる ・政治的決定に適さない専門性の高い決定について，枠組を法律で設定した上で具体的判断を行政に委ねる

図表13-2　行政裁量の意義

行政上の決定を行う際に行政手続を設定して利害関係者を幅広く手続に取り込み，その中で合意を形成していくプロセスが不可欠です。そのためには法律で詳細な内容を規定せず，法律ではメニューのみを示し，具体的な決定は行政過程に委ねるという方法がとられます。

第3は，**専門性の尊重**です。例えば，原子炉を設置するかどうかの決定に際しては，原子力発電に関する高度な専門技術性に加え，将来のエネルギー需給状況や将来にわたる技術発展の可能性といったさまざまな不確定要素を考慮する必要があります。あるいは教育に関する事項も，教育に関する知見や経験を備えた行政側の専門的判断を尊重しなければ，教育の目的を達成することが一般に困難です。こうした専門性の高い分野では，法律で行政活動の詳細を決め尽くすのではなく，決定の目的・方法・組織といった枠組を設定した上で，行政過程での判断に委ねることになります。

13.1.3 行政の判断過程と裁量

今度は，行政の判断過程に沿って，そのどの部分に裁量が認められるのかを考えてみます。すでに説明したように，行政裁量が認められると，裁判所の審査密度が低くなります。**通常の場合には，裁判所は行政機関の立場で決定の内容を審査し，裁判所の判断が行政機関の判断と異なれば，行政機関の判断を裁判所の判断で置き換えます**（これを実体的判断代置といいます）。しかし，**裁量が認められる場合には**，自らが行政機関の立場で判断し直すのではなく，**行政の決定過程や内容に合理性があったかどうかを審査する**（広義の判断過程審査）ことになります（図表13-3）。

行政の判断過程は一般に，事実認定→要件の認定→手続の選択→時期の選択→行為の選択，の順番でなされます（図表13-4）。このうち**事実認定**については，日本では裁判所の専権事項と考えられており，それゆえ裁判所は行政機関の事実認定を前提とせずに最初から事実認定を行うことになります。ただし，行政機関が裁判類似の手続（行政審判）で事実認定を行う場合には，その事実認定を裁判所が前提としなければならない実質的証拠法則が立法で認められていることがあり，この場合には裁判所は行政機関による認定事実が実質的証拠と言えるかどうかのみを審査することとなります。

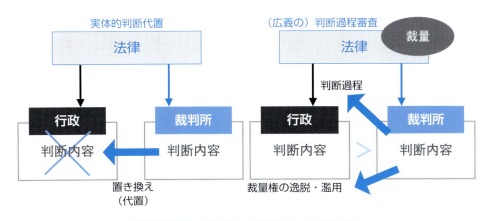

図表 13-3 行政裁量と裁判所による審査方法

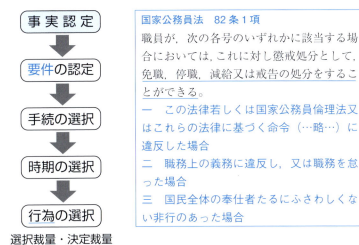

図表 13-4 行政の判断過程と行政裁量

次の段階は，**要件の認定**です。要件を認定するためには，行政法令の条文を解釈し，事実をそれにあてはめて評価するという作業が必要になります。このうち条文の解釈もやはり裁判所の専権事項とされているため，行政機関の解釈が裁判所を拘束することはいかなる意味でもあり得ません。そこで，要件裁量が認められるのは，事実を規範にあてはめて評価する部分となります。

さらに，手続の選択と時期の選択が行われることがあります。法律が行政手続について規定を置き，その手続をとることができるとしている場合には，手続を履践するかしないかを行政の判断で決めることができます（手続の裁量）。また，特に不利益処分の場合には，どのタイミングで処分するかを行政側がある程度のスパンの中で決めることができます（時の裁量）（→15.3.1）。これに対して，申請に対する処分では，申請書が行政機関に到達すれば行政側に審査義務が生じるため（→12.1.2），時の裁量は一般にそれほど大きくありません。

最終段階は，行為の選択です。ここには，法律で規定されている複数の選択肢のどれを選ぶか（選択裁量）と，そもそも行政行為を行うか（決定裁量）の2つが含まれます。伝統的に行政裁量が容易に認められてきたのは，この行為の選択に関する効果裁量でした。その後，戦後になってから最高裁判例では要件裁量も広く認めはじめ，現在では事実認定以外の全ての段階で行政裁量が認められることがあり得ます。

13.2 行政裁量の有無

13.2.1 法律の文言

行政裁量は法律によって与えられるものなので，行政裁量があるかどうかの判断は，**法律の条文解釈**によって決まることになります（図表13-5）。もっとも，文言だけで決まることはあまり多くはなく，行政による判断の性格やそれによって影響を受ける権利の内容も併せて考慮する必要があります。

効果裁量を認めうる典型的な文言は，「…できる」とする規定です。日常用語として考えても，「できる」ということは，してもよいし，しなくてもよいことを意味します。これに対して，「…しなければならない」とする規定は，効果裁量を否定し，ある決定を行うことが義務であることを意味します。「…

出入国管理及び難民認定法

（法務大臣の裁決の特例）
50条　①　法務大臣は，前条第3項の裁決に当たって，異議の申出が理由がないと認める場合でも，当該容疑者が次の各号のいずれかに該当するときは，その者の在留を特別に許可することができる。
1　永住許可を受けているとき。
2　かつて日本国民として本邦に本籍を有したことがあるとき。
3　人身取引等により他人の支配下に置かれて本邦に在留するものであるとき。
4　その他法務大臣が特別に在留を許可すべき事情があると認めるとき。
②〜④　（略）

要件裁量
- 白地要件規定
  要件を一切定めていない
- 不確定概念
  文言の意味内容を解釈によって一義的に確定できない

効果裁量
- 「できる」規定
  例外的な場面を除いて，ある行為をするかどうか，するとしてどんな内容にするかの判断を行政に委ねる趣旨

図表13-5　法律の文言と行政裁量の有無

ものとする」とする規定もほぼ同義で，原則として裁量が認められません。

要件裁量を認めうる典型的な規定の1つは，白地要件規定です。これは，行政上の決定に関する要件を法律が一切定めていないものです。例えば，墓地，埋葬等に関する法律10条1項は，「墓地，納骨堂又は火葬場を経営しようとする者は，都道府県知事の許可を受けなければならない」と規定しており，墓地等の経営の際に許可が必要であることはここから分かります。しかし，どんな場合に（＝要件）許可が与えられるかについては一切規定されていません。もう1つの典型例は，不確定概念です。これは，要件に含まれる文言が一義的な内容を持っていないものです。例えば，「公益に合致するときは」という規定では，何が「公益」なのかを解釈によって一義的に決めることができません。

13.2.2 行政判断の性格・手続

行政裁量が認められるためには，さらに実質的な理由付けが必要です。まず，行政判断の性格や手続の要素を見てみます。効果裁量を認めうる典型的な要素は，**行政機関の知識・判断能力**が裁判所の知見を定型的に見て上回っていることです。例えば教育行政に関しては，教育の専門的知識や日常的な接触関係から，こうした要素が存在すると言えます。また，公務員に対する懲戒処分についても，日頃から部下の指揮監督を行っている懲戒権者の知識・判断能力が裁判所の知見を上回っていると想定できます（参考判例①）。

要件裁量を認めうる典型的な要素の1つは，**行政過程における利益衡量**の存在です。例えば都市計画関係の決定においては，法律で定められたメニューの中でどの内容の土地利用規制を行うかは，都市計画策定手続における市民参加を経て決定されるべき内容です。こうした幅広い関係者を巻き込んだ合意形成のプロセスは，裁判所によって代替できるものではないため，このような行政過程を経た判断の結果を裁判所が尊重する合理性があると言えます（参考判例②）。もう1つは，**行政判断の専門性・技術性**です。とりわけ，専門的な知見を決定に取り込むために，専門家により構成される合議組織（審議会等）を決定に介在させる構造がとられている場合，そのような手続を経て出された判断の結果を裁判所が尊重することがあり得ます（最一小判1992（平成4）・10・29民集46巻7号1174頁：判Ⅰ139［伊方原発訴訟］）。

参考判例① ■ 神戸税関事件
(最三小判 1977(昭和 52)・12・20 民集 31 巻 7 号 1101 頁:判Ⅰ140)

【争点】公務員の懲戒処分に行政裁量が認められるか

「国公法は，同法所定の懲戒事由がある場合に，懲戒権者が，懲戒処分をすべきかどうか，また，懲戒処分をするときにいかなる処分を選択すべきかを決するについては，公正であるべきこと（74条1項）を定め，平等取扱いの原則（27条）及び不利益取扱いの禁止（98条3項）に違反してはならないことを定めている以外に，具体的な基準を設けていない。したがって，懲戒権者は，懲戒事由に該当すると認められる行為の原因，動機，性質，態様，結果，影響等のほか，当該公務員の右行為の前後における態度，懲戒処分等の処分歴，選択する処分が他の公務員及び社会に与える影響等，諸般の事情を考慮して，懲戒処分をすべきかどうか，また，懲戒処分をする場合にいかなる処分を選択すべきか，を決定することができるものと考えられるのであるが，その判断は，右のような広範な事情を総合的に考慮してされるものである以上，平素から庁内の事情に通暁し，部下職員の指揮監督の衝にあたる者の裁量に任せるのでなければ，とうてい適切な結果を期待することができないものといわなければならない。」

参考判例② ■ 小田急事件
(最一小判 2006(平成 18)・11・2 民集 60 巻 9 号 3249 頁:判Ⅰ185)

【争点】都市計画決定に行政裁量が認められるか

「都市施設の規模，配置等に関する事項を定めるに当たっては，当該都市施設に関する諸般の事情を総合的に考慮した上で，政策的，技術的な見地から判断することが不可欠であるといわざるを得ない。そうすると，このような判断は，これを決定する行政庁の広範な裁量にゆだねられているというべきであって，裁判所が都市施設に関する都市計画の決定又は変更の内容の適否を審査するに当たっては，当該決定又は変更が裁量権の行使としてされたことを前提として，その基礎とされた重要な事実に誤認があること等により重要な事実の基礎を欠くこととなる場合，又は，事実に対する評価が明らかに合理性を欠くこと，判断の過程において考慮すべき事情を考慮しないこと等によりその内容が社会通念に照らし著しく妥当性を欠くものと認められる場合に限り，裁量権の範囲を逸脱し又はこれを濫用したものとして違法となるとすべきものと解するのが相当である。」

13.2.3　決定の内容・影響を受ける権利

　次に，行政による決定の内容や，影響を受ける権利の観点から，裁量が認められたり，認められなかったりすることがあります。まず，裁量を肯定しうる要素として，**一定の権利・地位を例外的に与える性格**の決定であることが挙げられます。例えば，学校施設は本来教育目的にのみ利用される施設で，それ以外の目的に利用する場合には許可が必要です（地方自治法238条の4）。これは，本来の用途・目的を妨げない範囲内でのみ許され，また学校教育法や学校施設の確保に関する政令でも目的外使用が制限されていることから，許可を与えるかどうかには行政裁量が認められることになります（**参考判例①**）。また，外国人には日本国内に滞在する憲法上の権利はないと考えられていることから，外国人に対する在留資格の延長にも行政裁量が認められます（最大判1978（昭和53）・10・4民集32巻7号1223頁：判Ⅰ7［マクリーン事件］）。

　これに対して，裁量を否定しうる要素の1つとして，**定型的な請求権が認められている**ことが挙げられます。例えば，市民会館のような公の施設は，正当な理由がない限り住民の利用を地方公共団体が拒むことはできず，また施設利用について不当な差別的取り扱いをしてはなりません（地方自治法244条2・3項）。そうすると，利用を許可することが原則であって，拒否は極めて例外的な場合にしかできないことになります（**参考判例②**）。同じように，情報公開請求（→**8.3**）についても，開示請求の対象となっている文書が存在し，そこに不開示事由が含まれていなければ，開示請求権が市民の側に存在します（情報公開法3条）。こうした場合には，拒否に関する裁量の余地は認められないことになります（情報公開請求については，安全情報に関する不開示情報のみ要件裁量が肯定されています（最二小判2011（平成23）・10・14判時2159号53頁：判Ⅰ79））。もう1つの要素は，**決定によって影響を受ける権利の性格**です。例えば土地収用法は，公共のために必要な土地を所有者から強制的に収用する代わりに，補償金を支払うこととし，補償金額は「相当な価格」（土地収用法71条）と定められています。これは意味が一義的に決まらない不確定概念のように思われるものの，最高裁は，通常人の経験則及び社会通念に従って客観的に認定できるものであると判断して，行政裁量を否定しています（最三小判1997（平成9）・1・28民集51巻1号147頁：判Ⅱ96）。これは，収用裁決によって財産権

参考判例①■日教組教研集会事件
（最三小判2006（平成18）・2・7民集60巻2号401頁：判Ⅰ144）

【争点】学校施設の目的外使用許可に行政裁量が認められるか

「地方自治法238条の4第4項，学校教育法85条の上記文言に加えて，学校施設は，一般公衆の共同使用に供することを主たる目的とする道路や公民館等の施設とは異なり，本来学校教育の目的に使用すべきものとして設置され，それ以外の目的に使用することを基本的に制限されている（学校施設令1条，3条）ことからすれば，学校施設の目的外使用を許可するか否かは，原則として，管理者の裁量にゆだねられているものと解するのが相当である。すなわち，学校教育上支障があれば使用を許可することができないことは明らかであるが，そのような支障がないからといって当然に許可しなくてはならないものではなく，行政財産である学校施設の目的及び用途と目的外使用の目的，態様等との関係に配慮した合理的な裁量判断により使用許可をしないこともできるものである。」

参考判例②■泉佐野市民会館事件
（最三小判1995（平成7）・3・7民集49巻3号687頁）

【争点】公の施設の使用許可に行政裁量が認められるか

「本件条例7条1号は，「公の秩序をみだすおそれがある場合」を本件会館の使用を許可してはならない事由として規定しているが，同号は，広義の表現を採っているとはいえ，右のような趣旨からして，本件会館における集会の自由を保障することの重要性よりも，本件会館で集会が開かれることによって，人の生命，身体又は財産が侵害され，公共の安全が損なわれる危険を回避し，防止することの必要性が優越する場合をいうものと限定して解すべきであり，その危険性の程度としては，前記各大法廷判決の趣旨によれば，単に危険な事態を生ずる蓋然性があるというだけでは足りず，明らかな差し迫った危険の発生が具体的に予見されることが必要であると解するのが相当である（…）。そう解する限り，このような規制は，他の基本的人権に対する侵害を回避し，防止するために必要かつ合理的なものとして，憲法21条に違反するものではなく，また，地方自治法244条に違反するものでもないというべきである。」

が完全に奪われるという決定の侵害的性格に注目して，行政裁量の余地を認めなかったものと考えられます。

13.3 行政裁量の審査手法

13.3.1 考慮事項審査（実体的判断過程統制・社会観念審査）

　行政裁量が認められない場合には，裁判所は，条文を解釈し，事実を認定し，事実を条文にあてはめて結論を出します。そしてその結論が行政の判断と異なっていれば，裁判所による判断で行政判断を置き換えます（**実体的判断代置**）。行政裁量が認められると，このような判断方法がとられず，行政判断に裁量権の逸脱・濫用があったかが審査されます（図表13-6）。その審査の最も基本的な視点は，**行政機関が考慮すべき事項をきちんと考慮したか，考慮すべきでない事項を考慮していないか**（考慮不尽・他事考慮）という点です。**考慮事項**とは，**行政が判断する際に検討・配慮すべき事項のことで，判断を授権した法律の規定のみならず，その規定を含む法律の他の規定や関連法令，さらには憲法や場合によっては法の一般原則から導出されることもあります。行政裁量が認められているということは，行政機関は法律の授権規定を離れて好き勝手に判断してよいということを意味するのではなく，授権規定のみならず幅広い法源から考慮事項を導出し，それらを適切に衡量することが義務付けられているのです。**

　考慮事項審査は，認められている行政裁量の広狭に応じて，いくつかのバリエーションを持っています。裁量の余地が極めて広い場合（例えば公務員の懲戒処分や外国人の在留に関連する処分）では，考慮事項を考慮した過程よりも，その結果としてなされた裁量権行使が社会通念上許される範囲を超えているかどうかが審査されます（社会観念審査）。これに対して，裁量の余地が狭い場合には，考慮事項を考慮した過程の適切性が審査の中心となります。さらに，**行政機関がどの考慮事項を重視し，どれを軽視したかという点にまで踏み込んで，その重み付けが適切でない場合には裁量権の逸脱・濫用があるとする判断方法**もあります（過大考慮・過小考慮）（参考判例）。

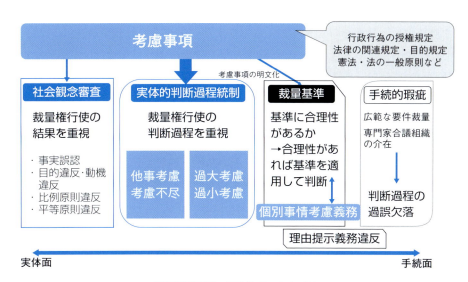

図表 13-6 行政裁量の審査手法

参考判例 ■ 日教組教研集会事件
　　　　　（最三小判 2006（平成 18）・2・7 民集 60 巻 2 号 401 頁：判 I 144）

【争点】どのような場合に裁量権の逸脱・濫用が認められるか
　「裁量権の行使が逸脱濫用に当たるか否かの司法審査においては，その判断が裁量権の行使としてされたことを前提とした上で，その判断要素の選択や判断過程に合理性を欠くところがないかを検討し，その判断が，重要な事実の基礎を欠くか，又は社会通念に照らし著しく妥当性を欠くものと認められる場合に限って，裁量権の逸脱又は濫用として違法となるとすべきものと解するのが相当である。」
　「上記の諸点その他の前記事実関係等を考慮すると，本件中学校及びその周辺の学校や地域に混乱を招き，児童生徒に教育上悪影響を与え，学校教育に支障を来すことが予想されるとの理由で行われた本件不許可処分は，重視すべきでない考慮要素を重視するなど，考慮した事項に対する評価が明らかに合理性を欠いており，他方，当然考慮すべき事項を十分考慮しておらず，その結果，社会通念に照らし著しく妥当性を欠いたものということができる。」

13.3.2　裁量基準

　裁量権の行使に関する考慮事項について，行政機関が内部で基準を作っている場合には，基準を手がかりとする審査がなされます。行政手続法（→**12.1**）では，申請に対する処分について審査基準を定めるように義務付け，不利益処分については処分基準を定めるよう努力義務を課しています。**行政行為に裁量が認められる場合には，こうした審査基準や処分基準が裁量基準としての性格を持つこととなります。**

　裁量基準が存在する場合には，裁判所はまずその**裁量基準に合理性があるかを審査し，合理性があれば原則としてその基準を適用し**，裁量権行使のあり方に問題がなかったかを判断します。裁量基準の多くは行政規則であり，行政規則それ自体には法的拘束力（＝外部効果）はありません（→**9.1**）。しかし，それが平等原則（→**3.2**）と結合することで，裁量基準を適用する方法での解決がなされるのです。ただし，裁量基準を機械的に適用すると問題が生じる場合には，個別の事情を考慮した裁量権行使が求められます（参考判例）。ここに，法規命令として行政行為の要件・効果の詳細を定めた場合との違いが出てきます。法規命令であれば法律と同じように，どんな場合にも適用されることとなります。これに対して裁量基準の場合には，行政機関の個別事情考慮義務との関係で適用が不適切な場合には基準が用いられず，それ以外の裁量審査方法（例えば考慮事項審査）がとられることになります。この場合には，なぜ裁量基準を適用することが不適切なのかの理由を，行政側が説明する必要があり，その適否も含め裁判所の裁量審査が行われることとなります。

13.3.3　行政手続の過誤

　行政裁量がある場合でも，行政手続が違法であったことを理由とする裁量権の逸脱・濫用が認められることがあります。例えば，理由提示が不十分であった場合には，裁量の有無にかかわらず，たとえ内容的に見てその行政行為が適法であったとしても，行政行為が違法として取り消されます。こうした手続の瑕疵に関する一般論とは別に，判断過程の過誤・欠落に注目する裁量審査の基準があります。これは，広範な要件裁量が認められ，その認定にあたって専門家の合議組織の判断を尊重する手続が設定されている場合に，専門家合議組織

参考判例 ■ 君が代訴訟（1月判決）
（最一小判2012（平成24）・1・16 判時2147号127頁：判Ⅰ12）

【争点】裁量基準よりも個別事情考慮義務が重視されるのはどのような場合か

「不起立行為等に対する懲戒において戒告を超えてより重い減給以上の処分を選択することについては，本件事案の性質等を踏まえた慎重な考慮が必要となるものといえる。そして，減給処分は，処分それ自体によって教職員の法的地位に一定の期間における本給の一部の不支給という直接の給与上の不利益が及び，将来の昇給等にも相応の影響が及ぶ上，本件通達を踏まえて毎年度2回以上の卒業式や入学式等の式典のたびに懲戒処分が累積して加重されると短期間で反復継続的に不利益が拡大していくこと等を勘案すると，上記のような考慮の下で不起立行為等に対する懲戒において戒告を超えて減給の処分を選択することが許容されるのは，過去の非違行為による懲戒処分等の処分歴や不起立行為等の前後における態度等（以下，併せて「過去の処分歴等」という。）に鑑み，学校の規律や秩序の保持等の必要性と処分による不利益の内容との権衡の観点から当該処分を選択することの相当性を基礎付ける具体的な事情が認められる場合であることを要すると解すべきである。したがって，不起立行為等に対する懲戒において減給処分を選択することについて，上記の相当性を基礎付ける具体的な事情が認められるためには，例えば過去の1回の卒業式等における不起立行為等による懲戒処分の処分歴がある場合に，これのみをもって直ちにその相当性を基礎付けるには足りず，上記の場合に比べて過去の処分歴に係る非違行為がその内容や頻度等において規律や秩序を害する程度の相応に大きいものであるなど，過去の処分歴等が減給処分による不利益の内容との権衡を勘案してもなお規律や秩序の保持等の必要性の高さを十分に基礎付けるものであることを要するというべきである。」

「過去に入学式の際の服装等に係る職務命令違反による戒告1回の処分歴があることのみを理由に同第1審原告に対する懲戒処分として減給処分を選択した都教委の判断は，減給の期間の長短及び割合の多寡にかかわらず，処分の選択が重きに失するものとして社会観念上著しく妥当を欠き，上記減給処分は懲戒権者としての裁量権の範囲を超えるものとして違法の評価を免れないと解するのが相当である。」

の調査審議・判断の過程に看過しがたい過誤・欠落があり，それに基づいて行政庁が行政行為を行った場合には，判断に合理性がないとして裁量権の逸脱・濫用を認めるものです。すでに述べたように，裁量審査の基本は考慮事項審査であり，根拠規定のみならず幅広い法源から考慮事項を導出し，その適切な衡量がなされているかが審査の中核です。ただし，専門性・技術性が高い事項であるため考慮事項の導出が容易でない決定であって，決定過程全体で見た重心が専門家の合議組織による審議や判断に置かれているような手続が設定されていれば，考慮事項に基づく審査ではなく，そうした**手続が適正に履践されたか**を中心に審査する手法がとられるのです（**参考判例①**）。

13.3.4　消極的裁量濫用審査

　効果裁量が認められている場合には，法令上の要件が満たされていても行政行為を行わない自由が行政側に認められています。しかし，こうした不作為が裁量権の逸脱・濫用にあたる場合には，行政側には行政行為を発する**作為義務**があります。これは，裁量が認められている際に，裁量権を積極的に行使しすぎた場合と同様，消極的に行使しすぎた場合（＝**不作為**）にも濫用が認められるとする考え方で，この場合には違法な不作為によって生じた損害を賠償する責任（国家賠償責任）が認められたり（**参考判例②**），義務付け訴訟の認容判決が出されて行政側に一定の行政行為を発することが命じられたりします。

13.4　行政行為の附款

13.4.1　行政行為の附款の概念と種類

　行政行為の附款とは，行政行為の効果を制限するために付加される（広い意味での）条件のことで，実務上幅広く使われています。例えば，行政行為の効果を発生不確実な将来の事実に係らせる**条件**（例：許可業者数が一定数を下回った時点から，一般廃棄物処理業の許可が発効する），発生確実な事実に係らせる**期限**（例：運転免許の有効期限），行政行為の名宛人に特別な義務を課す**負担**（例：産業廃棄物処分場の許可を与え，その際により高性能な処理装置を設置することを条件とする），将来にわたって撤回がありうることを明示する**撤回権留保**

参考判例①■伊方原発訴訟
(最一小判 1992(平成 4)・10・29 民集 46 巻 7 号 1174 頁:判 I 139)

【争点】どのような場合に裁量権の逸脱・濫用が認められるか
「原子炉施設の安全性に関する判断の適否が争われる原子炉設置許可処分の取消訴訟における裁判所の審理，判断は，原子力委員会若しくは原子炉安全専門審査会の専門技術的な調査審議及び判断を基にしてされた被告行政庁の判断に不合理な点があるか否かという観点から行われるべきであって，現在の科学技術水準に照らし，右調査審議において用いられた具体的審査基準に不合理な点があり，あるいは当該原子炉施設が右の具体的審査基準に適合するとした原子力委員会若しくは原子炉安全専門審査会の調査審議及び判断の過程に看過し難い過誤，欠落があり，被告行政庁の判断がこれに依拠してされたと認められる場合には，被告行政庁の右判断に不合理な点があるものとして，右判断に基づく原子炉設置許可処分は違法と解すべきである。」

参考判例②■筑豊じん肺訴訟
(最三小判 2004(平成 16)・4・27 民集 58 巻 4 号 1032 頁:判 II 152)

【争点】規制権限不行使に関する裁量権の逸脱・濫用はどのように判断されるか
「国又は公共団体の公務員による規制権限の不行使は，その権限を定めた法令の趣旨，目的や，その権限の性質等に照らし，具体的事情の下において，その不行使が許容される限度を逸脱して著しく合理性を欠くと認められるときは，その不行使により被害を受けた者との関係において，国家賠償法 1 条 1 項の適用上違法となるものと解するのが相当である」。
「通商産業大臣は，遅くとも，昭和 35 年 3 月 31 日のじん肺法成立の時までに，前記のじん肺に関する医学的知見及びこれに基づくじん肺法制定の趣旨に沿った石炭鉱山保安規則の内容の見直しをして，石炭鉱山においても，衝撃式さく岩機の湿式型化やせん孔前の散水の実施等の有効な粉じん発生防止策を一般的に義務付ける等の新たな保安規制措置を執った上で，鉱山保安法に基づく監督権限を適切に行使して，上記粉じん発生防止策の速やかな普及，実施を図るべき状況にあったというべきである。そして，上記の時点までに，上記の保安規制の権限（省令改正権限等）が適切に行使されていれば，それ以降の炭坑労働者のじん肺の被害拡大を相当程度防ぐことができたものということができる。」

(例：市場拡張の必要が生じた場合には行政財産の使用許可を撤回する）が附款の例としてしばしば挙げられます（ 図表13-7 ）。

この４つの中では，条件と負担の違いに注意が必要です。条件と負担はいずれも，行政行為が法律の根拠規定との関係で本来予定している効果を制約している点で共通です。ただし「条件」については，**その条件が充足されないと行政行為が有効にならない**のに対して，「負担」であれば**条件の成就と関係なく行政行為は有効になっている**点に違いがあります。相手方がいつまでも負担を履行しない場合でも，負担付行政行為はなお有効であり，行政側が負担付行政行為の効力を失効させたい場合には，撤回によることになります（負担が履行されなくても負担付行政行為は成立当初から適法であるため，職権取消とはなりません）（→**11.3**）。

13.4.2　附款の機能

附款が幅広く使われている理由は，**状況に合わせて柔軟な対応を図ることができる**点にあります。つまり，法律の授権規定で定められている行政行為の本来の内容のままでは拒否処分せざるを得ない場合に，附款付の行政行為とすれば全部拒否処分を避けることができます。他方で，名宛人にとって附款付行政行為はいわば満額回答ではない（一部拒否処分）ので，どのような場合にこうした附款を付すことができるのかが問題となります。

法律で附款を付すことが明確に認められている場合（法定附款）には，附款が許容されていることは明らかです（条文上は「附款」ではなく「条件」を付すことができると規定されています）。そのような明文規定がない場合でも，附款が法律の授権規定で定められている行政行為の本来の内容を変更する点に注目すれば，**行政裁量が認められる行政行為には附款を付すことができる**と考えられます（ただし，法定附款を認める規定があれば直ちに行政裁量が認められるという関係にはありません）。そして，附款の適法性は，行政裁量の審査手法と同じ方法で判断することができます。

13.4.3　附款に対する訴訟

附款が違法である場合には，**附款だけを対象とする取消訴訟**を提起すること

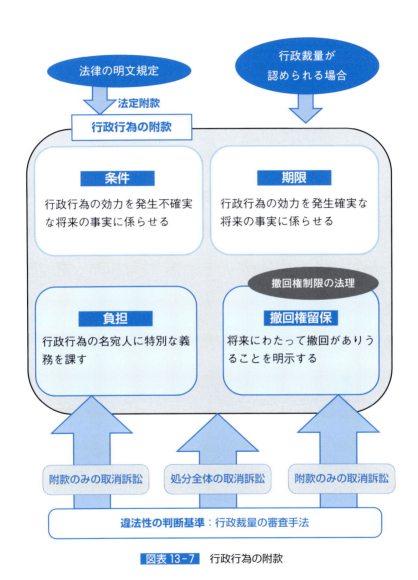

図表 13-7　行政行為の附款

が一般的です。名宛人にとって不利な内容を含む附款の部分が取り消されれば，名宛人が満足する行政行為本体だけが残ることになります。ただし，**附款が行政行為の重要部分を構成している場合**には，附款単独の取消訴訟は認められず，附款付行政行為をいわば一部拒否処分と見て，**その全体の取消訴訟**を提起（場合によってはさらに**申請型義務付け訴訟**を併合提起）することになります。

　さきほどの「条件」と「負担」を例に説明すると，「条件」はその内容が成就して初めて行政行為が発効するので，附款が行政行為の重要部分を構成していると言えます。そのため条件付の行政行為の場合には，条件のみの取消訴訟ではなく，条件付行政行為全体の取消訴訟（と申請型義務付け訴訟）が選択されます。これに対して「負担」は，その内容の成就と関係なく行政行為は発効するため，原則に戻って負担のみの取消訴訟を提起することになります。

> ● 考えてみよう
> 1．個別行政法の中から，行政裁量が認められると考えられる条文を選び出し，なぜ行政裁量が認められるのか検討してみよう。
> 2．自動車の運転免許に記載されている「眼鏡等　中型車は中型車（8 t）に限る」という条件の法的性格を考えてみよう。

行政契約

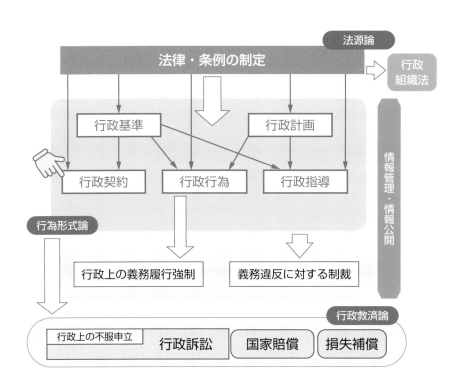

14.1 行政契約の概念と意義

14.1.1 行政契約の概念

　行政主体が締結する契約を行政契約といいます。この中には，行政主体が民間の組織と同じ立場で（例えば建物の建築工事の発注者として）締結する民事契約も含まれています。伝統的には，行政主体が行政上の権限を行使することとの関係で締結される公法上の契約だけが，行政法学で注目されていました（→2.3）。しかし，行政主体が締結する民事契約についても，私人間の契約にはない特色が認められることから，現在では公法・私法の区別なく行政契約と捉える考え方が一般化しています（ 図表14-1 ）。

　行政契約と行政行為（→11.1）はいずれも，個別の事例で行政の相手方の権利・義務関係を変動・確定させる性格を持っています。行政行為の法的効果は法律の規定に基づいて生じる（規律力）のに対して，行政契約の法的効果は当事者の意思表示の合致に基づいています。また，行政契約は行政指導（→第15章）と異なり，法的拘束力があることから，義務違反がある場合には裁判所によって義務を強制的に実現することができます。

　行政契約は意思表示の合致に基づいて法的効果が生じるもので，契約に基づく行政作用が侵害を伴うものでなければ根拠規範は不要です（法律の留保理論（→4.2）における権力留保説では，相手方が同意した上で行政活動が行われる形式には法律の根拠が不要と考えるため，行政作用を問わず相手方が同意すれば根拠規範は不要と考えます）。もっとも，契約締結の手続や形式に関する規制規範は，とりわけ公共調達契約で多く存在しており，行政契約を学ぶにあたっても法令の規定に注意を払う必要があります。

14.1.2 行政契約の類型

　行政契約はさまざまな行政分野で利用されています。ここでは，規制行政・給付行政・行政組織法（調達行政を含む）のそれぞれで用いられている代表的な契約を紹介します。

　規制行政における代表的な行政契約は，行政と私人とが相互に給付を約束する交換契約です。行政が法令に基づく規制権限を持っていれば，わざわざ契約

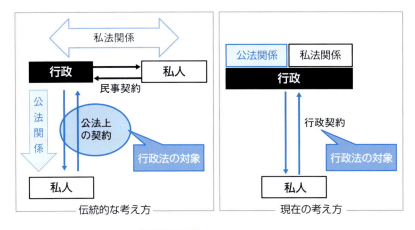

図表 14-1　行政契約の概念

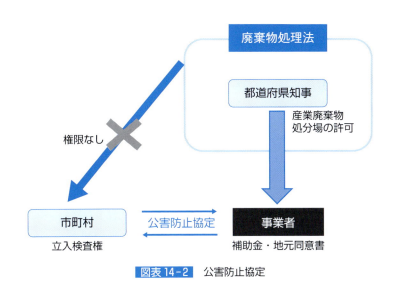

図表 14-2　公害防止協定

を使わなくても規制活動を行うことができます（もっとも，日本ではこのような場合でもまずは行政指導（→15.1）で対応する実務が広く見られます）。交換契約が使われるのは，行政側にこのような権限がない場合です。例えば，廃棄物処理法では，産業廃棄物に関する規制権限は全て都道府県にあり，市町村にはありません。そこで市町村は，産業廃棄物処分場が建設される際に業者と公害防止協定を締結し，特別な環境対策を求めたり，処分場への立入検査権を認めさせたりします（図表14-2）。業者はこの協定の締結と引き替えに，例えば融資や補助金を得たり，都道府県からの許可を取得する際に実務上要請されている地元同意書を獲得したりします。同様の例として，原子力安全協定があります。

給付行政においては，相手方市民から対価を得て給付を行う対価的給付で行政契約が使われます。例えば上水道の供給（図表14-3）や，公営交通サービス（市営バス・地下鉄等）の利用では契約が用いられています。また，相手方から対価を得ない非対価的給付でも，それが法律・条例に基づくものではない（行政規則に基づくものである）場合には，法形式としては契約（贈与契約）が用いられていると考えるのが一般的です。給付行政の場面で，行政が契約の相手方を自由に選択できるとすると，市民の受給の機会が確保できなくなります。そこで，法律で行政側に契約締結強制が課されていることがあります（**参考判例**）。また，このような明文の規定がない場合でも，行政上の法の一般原則（→3.2）のひとつである平等原則が及ぶため，異なる取り扱いをする理由もなく行政側が契約の締結を拒否することは許されません。

行政活動に必要な物的資源を確保するための活動である**調達行政**では，契約は主要な行為形式の地位を占めます。行政主体がさまざまな財・サービスを購入する公共調達契約（政府契約・官庁契約とも呼ばれます）に対しては，民事契約をベースに会計・財政法令が特殊なルールを用意しています。また行政組織法でも契約は幅広く使われます。行政主体同士での契約（例：高速道路会社と独立行政法人日本高速道路保有・債務返済機構との高速道路貸付契約）や，行政主体がその任務の一部を民間に委託する外部委託契約（例：PFI契約，指定管理者制度に基づく基本協定書）など，多くの実例が存在します。

図表 14-3　給水契約

参考判例 ■ 志免町給水拒否事件
　　　　　(最一小判 1999(平成 11)・1・21 民集 53 巻 1 号 13 頁：判Ⅰ196)

【争点】給水契約の締結拒否が許されるのはどんな場合か

　「水道が国民にとって欠くことのできないものであることからすると，市町村は，水道事業を経営するに当たり，当該地域の自然的社会的諸条件に応じて，可能な限り水道水の需要を賄うことができるように，中長期的視点に立って適正かつ合理的な水の供給に関する計画を立て，これを実施しなければならず，**当該供給計画によって対応することができる限り，給水契約の申込みに対して応ずべき義務があり，みだりにこれを拒否することは許されないものというべきである。**しかしながら，他方，水が限られた資源であることを考慮すれば，市町村が正常な企業努力を尽くしてもなお水の供給に一定の限界があり得ることも否定することはできないのであって，**給水義務は絶対的なものということはできず，給水契約の申込みが右のような適正かつ合理的な供給計画によっては対応することができないものである場合には，法 15 条 1 項にいう「正当の理由」があるものとして，これを拒むことが許されると解すべきである。**」

14.2 行政契約の手続ルール

14.2.1 入札手続

　行政行為（処分）や行政指導と異なり，行政手続法には行政契約に関する定めがありません。このため，行政契約の手続ルールは，各分野の行政契約に関する法令の定めによります。ここでは，手続ルールが比較的詳細な公共調達契約における入札手続を紹介します（図表14-4）。

　公共調達契約の相手方選択方法は，大きく分けて3種類あります。第1は，入札参加者を限定せずに入札を行い，行政側に最も有利な金額を提示した相手方と契約を締結する一般競争入札です。一般競争入札は，行政にとって最も経済合理性が高い相手方を選択できるメリットがある反面，不誠実者が落札するおそれがあるため，契約保証金（履行ボンド）を支払わせたり，入札への参加資格を定めたりして対応することもあります。第2は，入札する業者を行政が予め指名し，その中で入札を行って，行政にとって最も経済合理性が高い相手方と契約を締結する指名競争入札です。この方式では不誠実者を予め排除するものの，入札参加者が限定されることから，参加者間で落札者を予め決めておく談合が起きやすい方式です。こうした談合問題に対処するため，2000年に公共工事の入札及び契約の適正化の促進に関する法律が制定され，契約に関する情報の公表や，不正行為が疑われる場合の公正取引委員会への通知の規定などが盛り込まれています。第3は，行政がはじめから相手方を決めて契約する随意契約です。行政が調達したい財やサービスを一社しか提供していない場合には，入札を行わずにその相手方と契約が締結されます。これら3つの優先順位について，法律（国については会計法29条の3第1項（BOX），地方公共団体については地方自治法234条2項）では，一般競争入札を原則とし，指名競争入札や随意契約は法令で定める要件が満たされている場合のみ利用できることとしています。これは，より経済合理性が高い相手方を選択できる一般競争入札を原則とすることで，公金の無駄な支出を抑制することを狙ったものです。もっとも，法令の規定には不確定概念（例えば，指名競争入札に関しては会計法29条の3第3項を参照）が用いられているため，どの方式を採用するかについては行政裁量（→13.1）が認められることになります（参考判例①②）。

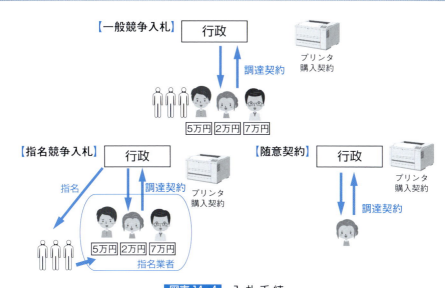

図表14-4 入札手続

> □□□ BOX──入札手続に関する規定
>
> **会計法**
> **29条の3** ① 契約担当官及び支出負担行為担当官（以下「契約担当官等」という。）は，売買，貸借，請負その他の契約を締結する場合においては，第3項及び第4項に規定する場合を除き，公告して申込みをさせることにより競争に付さなければならない。
> ② （略）
> ③ 契約の性質又は目的により競争に加わるべき者が少数で第1項の競争に付する必要がない場合及び同項の競争に付することが不利と認められる場合においては，政令の定めるところにより，指名競争に付するものとする。
> ④ 契約の性質又は目的が競争を許さない場合，緊急の必要により競争に付することができない場合及び競争に付することが不利と認められる場合においては，政令の定めるところにより，随意契約によるものとする。
> ⑤ 契約に係る予定価格が少額である場合その他政令で定める場合においては，第1項及び第3項の規定にかかわらず，政令の定めるところにより，指名競争に付し又は随意契約によることができる。

14.2.2　入札に関する苦情処理手続

　公共調達契約を結びたいと考えるのは国内の事業者に限られません。国外の事業者が入札に参加する場合に，政府調達の市場が開放されることを確保するために，1996 年からは世界貿易機関（WTO）の政府調達協定が発効しており，この協定がさまざまな実体・手続ルールを置くと共に，紛争解決手続を国内法で設置するように求めています。政府調達協定は，国・地方公共団体・一定範囲の特別行政主体（組織法上の行政主体）が締結する一定額以上の契約（物品調達契約の場合には国で 2100 万円以上）の契約が対象となります。政府調達協定では，内国民待遇・無差別待遇が定められ，技術仕様によって参入制限がかけられないように，国際規格があれば国際規格，なければ国内強制規格や任意規格等で使用が決定されなければならないとしています。また入札手続についても，限定入札（日本法でいえば随意契約）を除いて参加者に対する招請が公示されなければならず，限定入札や選択入札（日本法でいえば指名競争入札）が利用できる条件が限定されています。この協定の内容に違反した場合に，苦情申立の手続を設けることも協定は規定しており，これに基づいて次のような苦情処理手続が閣議決定に基づいて設けられています。

　国の政府調達契約に関しては，政府調達苦情検討委員会を設置し，専門家から構成される委員によって苦情が審査されます。地方公共団体等も国と同様に，それぞれが苦情検討委員会を設置しています。苦情申立は，原因となった事実を知り又は合理的に知り得た時から 10 日以内になされる必要があります。申立てができるのは供給者（随意契約については利害関係を有する者）であり，契約した者や契約する可能性があった者が念頭に置かれています。苦情申立から 90 日以内に委員会は検討結果を報告書にまとめ，苦情が認められるかどうかを判断し，政府調達協定等に反すると考える場合には是正策を提案書の中で示すこととされています。ただし，提案の内容には法的拘束力はないとされており，それゆえ提案に不服があっても訴訟で争うことはできないと考えられています。

参考判例① ■随意契約と裁量
(最二小判 1987(昭和62)・3・20 民集 41 巻 2 号 189 頁:判Ⅰ191)

【争点】随意契約を選択する行政の判断に裁量が認められるか

「不特定多数の者の参加を求め競争原理に基づいて契約の相手方を決定することが必ずしも適当ではなく，当該契約自体では多少とも価格の有利性を犠牲にする結果になるとしても，普通地方公共団体において当該契約の目的，内容に照らしそれに相応する資力，信用，技術，経験等を有する相手方を選定しその者との間で契約の締結をするという方法をとるのが当該契約の性質に照らし又はその目的を究極的に達成する上でより妥当であり，ひいては当該普通地方公共団体の利益の増進につながると合理的に判断される場合も同項1号に掲げる場合に該当するものと解すべきである。そして，右のような場合に該当するか否かは，契約の公正及び価格の有利性を図ることを目的として普通地方公共団体の契約締結の方法に制限を加えている前記法及び令の趣旨を勘案し，個々具体的な契約ごとに，当該契約の種類，内容，性質，目的等諸般の事情を考慮して当該普通地方公共団体の契約担当者の合理的な裁量判断により決定されるべきものと解するのが相当である。」

参考判例② ■行政契約と裁量審査
(最一小判 2006(平成18)・10・26 判時 1953 号 122 頁:判Ⅰ192)

【争点】指名競争入札への参加資格の判断の適法性はどのように判断されるか

「主たる営業所が村内にないなどの事情から形式的に村外業者に当たると判断し，そのことのみを理由として，他の条件いかんにかかわらず，およそ一切の工事につき平成12年度以降全く上告人を指名せず指名競争入札に参加させない措置を採ったとすれば，それは，考慮すべき事項を十分考慮することなく，一つの考慮要素にとどまる村外業者であることのみを重視している点において，極めて不合理であり，社会通念上著しく妥当性を欠くものといわざるを得ず，そのような措置に裁量権の逸脱又は濫用があったとまではいえないと判断することはできない。」

14.3 行政契約の実体ルール

14.3.1 行政契約と法治主義

　行政行為の法的効果が法律の規定に基づくものであるのに対して，行政契約は当事者の意思表示の合致に基づきます。それゆえ通常の場合，行政契約のいわば根拠規範（→4.2）となっているのは民法と考えることができます。そして，行政の相手方が同意していれば法律の留保にいう侵害作用にあたらないと考えると，行政契約に関して民法以外の法律の根拠は不要となります（**権力留保説**の考え方）。これに対して，同意と侵害作用は別次元の問題だと考えると，たとえ同意があっても，少なくとも国民の権利を制限したり義務を課したりする行政作用を伴う契約の場合には民法とは別に行政上の根拠規範が必要ということになります（**本質性理論**の考え方）。

　行政契約において根拠規範が問題となることは少ないとはいえ，すでに説明したように多くの規制規範は存在しています。また，別の行政作用を定めている規定がある場合には，その規定に違反するような契約を締結することはできません（**法律の優位**）。このことが最も問題となるのが，交換契約の場面です。例えば原子力安全協定の場合，原子炉等規制法では設置許可や監督の権限を国の原子力規制委員会にのみ認め，都道府県・市町村に権限を一切割り当てていません。その趣旨が国による規制の独占にあり，都道府県・市町村による規制を認めないことにあると解釈されるならば，原子力安全協定の法的拘束力は法律の優位原則によって否定されることになります。かつて公法上の契約の許容性が議論されていた時期には，このような解釈から契約を紳士協定と理解する説が有力でした。しかし現在では，行政契約の条項ごとに法令の規定を解釈して法律との矛盾抵触がないか審査するアプローチが一般的です（参考判例）。

14.3.2 行政契約の内容統制

　行政契約の内容統制では，行政上の法の一般原則に大きな役割が認められています。すでに述べたように，**平等原則**は行政による相手方選択の自由を大きく制約する要素です。また，行政側の一方的な政策変更による契約解除は，信頼保護原則違反と評価される可能性があります。さらに，とりわけ交換契約の

参考判例 ■ 福間町公害防止協定事件
(最二小判2009(平成21)・7・10判時2058号53頁：判Ⅰ189)

【争点】一定期間経過後に廃業を約束する公害防止協定は適法か

「これらの規定は，知事が，処分業者としての適格性や処理施設の要件適合性を判断し，産業廃棄物の処分事業が廃棄物処理法の目的に沿うものとなるように適切に規制できるようにするために設けられたものであり，上記の知事の許可が，処分業者に対し，許可が効力を有する限り事業や処理施設の使用を継続すべき義務を課すものではないことは明らかである。そして，同法には，処分業者にそのような義務を課す条文は存せず，かえって，処分業者による事業の全部又は一部の廃止，処理施設の廃止については，知事に対する届出で足りる旨規定されているのであるから（…），処分業者が，公害防止協定において，**協定の相手方に対し，その事業や処理施設を将来廃止する旨を約束することは，処分業者自身の自由な判断で行えることであり，その結果，許可が効力を有する期間内に事業や処理施設が廃止されることがあったとしても，同法に何ら抵触するものではない。したがって，旧期限条項が同法の趣旨に反するということはできないし，同法の上記のような趣旨，内容は，その後の改正によっても，変更されていないので，本件期限条項が本件協定が締結された当時の廃棄物処理法の趣旨に反するということもできない。**」

クローズアップ ● グリーン購入

行政による調達契約の場合には，税金を効率的に使用する観点から，最も安価な財・サービスを購入することが原則となります。しかし，別の政策目的，例えば環境保護に資するように，環境に優しい製品を購入することが必要となることも考えられます。これについては，2000年に国等による環境物品等の調達の推進等に関する法律（グリーン購入法）が制定されており，環境に優しい製品の調達方針を定め，調達実績の概要を公表することとされています。

● 考えてみよう

1. 原子力安全協定をめぐるニュースを調べ，協定が締結されている背景やその社会的な意義，適法性を検討してみよう。
2. 調達契約をめぐる談合を防止するため，どのような法令が整備され，それがどの程度効果を発揮しているか調べてみよう。

場合には，規制目的との関係で選択された手段が契約相手方に与える不利益の程度を最小にすべきとする比例原則も大きな役割を果たします。公共調達契約では，一般競争入札を原則とする考え方にも見られるように，品質が同等ならば一番安い価格を提示した相手方と契約すべきとする経済性原則が存在します。もっとも，それとそれ以外の政策目的（例えば環境保護・労働条件の保護・障害者支援等）のどちらを優先するかは難しい問題であり，個別の法律で優先関係が規定されている場合もあります。

14.4 行政契約と訴訟

　行政契約は当事者の意思表示の合致に基づくもので，通常の場合には処分性（→5.2）が認められないことから，民事訴訟または公法上の当事者訴訟が訴訟類型として選択されます。公共調達契約のように，民間の事業者と同じ立場で結んでいる契約が問題となる場合には民事訴訟が使われ，何らかの行政上の制度の中で契約が締結されている場合（例えば要綱に基づく給付が贈与契約としてなされた場合）には公法上の当事者訴訟が用いられます。

　ただし，行政契約の相手方を選択する部分について法令が詳細な条件を決めており，その認定判断を行政契約本体とは別に法的に位置付けることができる場合には，認定判断行為の部分を処分と捉えて，抗告訴訟を提起することができます。例えば，**私立保育所への入所**については，保護者と市町村が契約を結ぶこととなっています。しかし，保育所の入所資格は児童福祉法や市町村の保育所条例で詳細に規定されており，その条件を満たした場合には保育所での保育（またはそれに準じた保育サービスの提供）の義務が市町村に発生することから，この入所資格の判定については取消訴訟や申請型義務付け訴訟を利用して争うことが可能です。公共調達契約における指名競争入札に参加する資格の認定も，理論的にはこのような認定判断行為と位置付けることが可能です。しかし我が国の行政実務・裁判実務では，公共調達契約は財務に関する行政の内部行為と相手方との民事契約であると整理しており，業者を指名する行為には処分性が認められていません。

行政指導

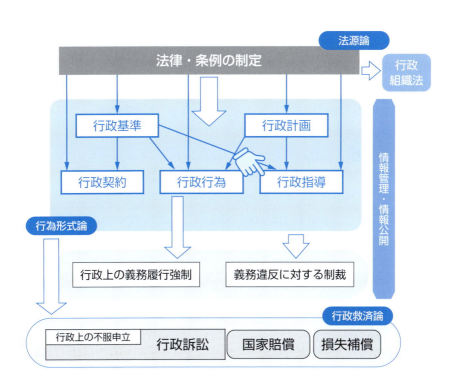

15.1 行政指導の概念と意義

15.1.1 行政指導の概念

　行為形式論の最後に登場する**行政指導**は，実務で用いられている分量としては他を圧倒する多さを誇っています。例えば，食中毒を出したレストランに対して，法令の規定によれば営業停止命令という行政行為（不利益処分）を行うことができるのに，その代わりに営業自粛を求める勧告を行い，レストランもこれに従って営業を一時的に中止することがあります。行政指導は，行政が相手方に一定の行動（作為・不作為の双方を含みます）をとるように求めるもので，行政行為や行政契約のように法的拘束力はありません。行政手続法では行政指導の定義規定が置かれており，それによれば「**行政機関がその任務又は所掌事務の範囲内において一定の行政目的を実現するため特定の者に一定の作為又は不作為を求める指導，勧告，助言その他の行為であって処分に該当しないもの**」（同法2条6号）とされています。

　行政指導は日本の行政スタイルを代表する要素とされ，特に1980年代以降は日本市場の閉鎖的体質の代名詞として海外から強く批判されました（行政手続法の制定はこれに対する応答とも言えます）。しかし，法的拘束力がないはずの行政指導なのに，なぜ相手方は従うのでしょうか（ **図表15-1** ）。さきほどの営業自粛の例の場合には，営業停止命令というフォーマルな不利益処分よりもソフトな手段として行政指導が使われ，その相手方であるレストランにとっても命令に従って営業を停止するよりも，自分の判断で営業をやめている方が，社会的な受け止め方としてより不利益が小さいと言えます。しかし，これ以外の行政指導に対しても相手方はしばしば従っています。その理由は，確かに行政指導を無視し続けることも法的には可能ではあるものの，そうすることによって別の場面で行政から不利益な取り扱いを受ける可能性を恐れているからです。相手方の任意の同意があるとはいっても，それは必ずしも行政指導に喜んで従っていることを意味せず，嫌々ながらも**中長期的な利益を考えて従っている**ことが多いのです。

　それでは，行政側はなぜ行政指導を多用するのでしょうか。行政指導は日本の文化だという説明はさておき，行政側が行政指導に頼る理由は大きく2つあ

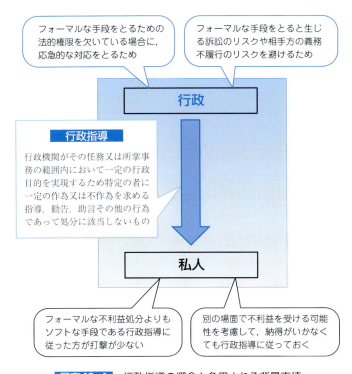

図表15-1 行政指導の概念と多用される背景事情

クローズアップ● インフォーマルな行政活動

　日本では高度経済成長期に，業界の協調行動を誘導するために行政指導がしばしば用いられました（例：勧告操短の行政指導）。また，外国資本などのアウトサイダーを排除するためにも行政指導が使われてきました（例：旧大規模小売店舗法に基づく出店調整）。日本の経済成長とともに，こうした行政指導が非関税障壁として問題にされ，行政指導は日本の文化であるという主張も見られました。

　しかし，「行政指導」という名前ではないものの，行政機関が法令上の権限に基づかず，相手方への説得によって行政上の目的を達成する活動は各国で見られます。ドイツでは「インフォーマルな行政活動」という名前でこの種の活動が議論されており，連邦レベル・州レベルを問わず様々な分野で見られます。

ります。1つは，ある行政活動を進めるための**フォーマルな権限**（例えば行政行為の授権規定）**が欠けている**場合に，応急的な対応を図るためです。とりわけ地方公共団体では，自主条例を制定すると法律と条例の矛盾抵触関係という難しい法的問題が生じる（→3.3）ことから，これを回避するために条例化を避け，要綱（行政規則）をベースに行政指導によって対応することがこれまで多く存在しました（要綱行政）。もう1つは，**フォーマルな手段をとることによる法的なリスクを回避する**ためです。例えば営業自粛勧告ではなく営業停止命令を出すとすると，不服がある相手方は取消訴訟や国家賠償訴訟でその違法性を裁判所で主張することができます。しかし，勧告までにしておけば，処分がないためこうした手段が使えず（2004年の行政事件訴訟法改正以前は取消訴訟以外の訴訟類型はほぼ機能不全でした），行政側の責任が訴訟で追及されることがありません。また，行政行為で一定の義務を相手方に課しても相手方がそれを履行しない場合，行政上の義務履行強制手段によって行政は自力執行できることになっています。しかし実際には，強制手段がとられるケースは稀で，命令しても実効性が伴わないことがしばしば起こります。こうした事態を避けるため，とりあえず行政指導した上で相手方の善処を待つことが多かったのです。

15.1.2　行政指導の類型

行政指導の類型として最も普及しているのは，その作用に注目した分類です。相手方の行動を規制する規制的行政指導，相手方に授益的な影響をもたらす助成的行政指導，そして紛争を解決に導く調整的行政指導の3種類が知られています。もっとも，行政指導に対する法的統制を考える上では，行政指導が法定されているかどうかという区別が重要であることから，法律・条例の規定に基づく法定行政指導（ 図表15-2 ）と，そうした規定のない非法定行政指導に大別し，非法定行政指導についてそれが使われる場面に注目して，応答留保型・不利益処分代替型・法令代替型の3つにさらに区分する方が有用です（ 図表15-3 ）。このうち応答留保型と不利益処分代替型は，本来であれば申請に対する処分や不利益処分が用いられるはずの場面でそれが用いられずに行政指導が使われるものです。これに対して法令代替型は，そもそも行政行為の権限が法律や条例で与えられていない場合に用いられる行政指導です。

空家等対策の推進に関する特別措置法 14条1項
市町村長は，特定空家等の所有者等に対し，当該特定空家等に関し，除却，修繕，立木竹の伐採その他周辺の生活環境の保全を図るために必要な措置（そのまま放置すれば倒壊等著しく保安上危険となるおそれのある状態又は著しく衛生上有害となるおそれのある状態にない特定空家等については，建築物の除却を除く。次項において同じ。）をとるよう助言又は指導をすることができる。

図表15-2　法定行政指導の例

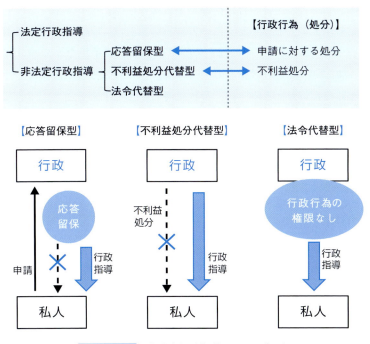

図表15-3　非法定行政指導の3つの類型

15.1　行政指導の概念と意義

15.2 行政指導の手続ルール

15.2.1 行政指導の名宛人保護

　行政手続法は行政指導に関する手続ルールを多く規定しており，そのほとんどは行政指導の相手方である名宛人を保護する趣旨のものです（図表15-4）。まず，行政指導を実施するに際しては，その**趣旨・目的・責任者を明示**しなければなりません（行政手続法35条1項）。応答留保型・不利益処分代替型の場合にはさらに，処分の権限を行使しうることを示すならば**処分の根拠規定やその要件に適合する理由を示す**必要があります（同条2項）。次に，名宛人は上記の内容の書面の交付を求めることができます（同条3項）。多くの行政指導は証拠を残さない形で行われ，後になって名宛人がその違法性を主張しようにも手がかりがないため，書面交付請求権を認めているのです。さらに，複数の名宛人に対して同一の内容の行政指導をする場合には，その基準を定めて公表する義務があります（同法36条）。この行政指導指針は，行政基準（行政手続法上は「命令等」）の一種であり，その制定の際には意見公募手続をとらなければなりません。加えて，法定行政指導の場合には，その行政指導が法律の要件に合致しないと名宛人が考える場合に，行政指導の中止を求めることができます（同法36条の2）。これは，行政手続によって行政指導の差止めを求めるものです。

15.2.2 第三者による行政指導の求め

　行政手続法は，第三者の立場に配慮した行政指導の手続ルールも置いています。例えば，ある事業者が人体に害を及ぼすリスクのある物質を放出している場合に，これを規制する法令で勧告等の行政指導や改善命令・営業停止等の行政行為が規定されているとすると，第三者はこうした**法定行政指導・行政行為の権限を行使するように行政側に求める**ことができます（同法36条の2）。もっとも，行政手続法が対象としているのは法定行政指導のみで，非法定行政指導は含まれていない点には，改善の余地があります。第三者が行政指導を求める典型は，行政行為の権限が法令でまだ与えられていない場合に緊急措置として行政側の対応を求める場面であり，法令代替型の行政指導について第三者の手続的権利を認める必要性が高いためです。

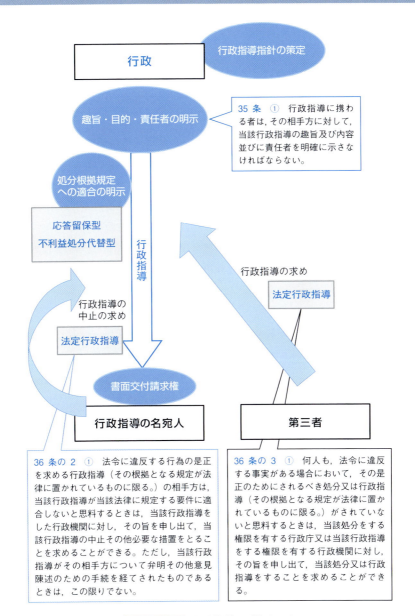

図表 15-4 行政指導の手続ルール

15.3 行政指導の実体ルール

行政指導一般にあてはまる実体ルール（ 図表15-5 ）として，次の2つがあります。第1は，**組織規範による制約**です。省庁設置法のような組織規範は，ある活動が行政活動として法的に評価される大枠を定める意味を持っています。それゆえ，組織規範によって行政上の任務とされていないことについて行政指導を行うことはできません（仮にそのような行政指導を行ったとしても，それは「行政」指導ではなく，行為を行った個人の活動としか評価できません）。第2は，**相手方の任意の協力の必要性**です（行政手続法32条1項）。行政指導の根拠規範が置かれている法定行政指導の場合には，相手方の任意性が期待できない場面でも行政指導を行うことができます。しかし非法定行政指導の場合には，相手方の任意の協力を得ずに行う行政指導は違法であり，また行政指導に従わなかったことを理由とする**不利益な取り扱いも禁止**されます（同条2項）。

15.3.1 応答留保型

行政手続法では，申請が行政庁の事務所に到達したときは申請の審査を開始しなければならず（行政手続法7条），また申請に対する処分に通常要すべき標準処理期間を定めるように努め，定めたときは公にしなければならない（同法6条）とされています。行政庁が申請書を受け取らないことは許されません（返戻・不受理の禁止）（→12.1.2）。他方で，申請に関連する行政指導について，行政手続法33条は「申請者が当該行政指導に従う意思がない旨を表明したにもかかわらず当該行政指導を継続すること等により当該申請者の権利の行使を妨げるようなことをしてはならない」と規定しています。行政指導は相手方を説得する活動なので，名宛人が受け入れない意向を少しでも示すとそれ以上の活動ができないとすることは適当ではありません。しかし，名宛人が**真摯**かつ明確な**不服従の意思の表明**をしている場合には，行政指導が相手方の任意の協力によってのみ実現されるものであること（同法32条1項）からすると，原則としてその時点以降の行政指導の継続は違法と評価されると考えられます。

他方で，名宛人が確定的な不服従の意思を表明してもなお，行政指導の継続が違法とならない例外的な場面として，**行政指導への不協力が正義の観念に反**

□□□ BOX──行政手続法の行政指導に関する実体ルール

行政手続法
（行政指導の一般原則）
32条 ① 行政指導にあっては，行政指導に携わる者は，いやしくも当該行政機関の任務又は所掌事務の範囲を逸脱してはならないこと及び行政指導の内容があくまでも相手方の任意の協力によってのみ実現されるものであることに留意しなければならない。
　② 行政指導に携わる者は，その相手方が行政指導に従わなかったことを理由として，不利益な取扱いをしてはならない。
（申請に関連する行政指導）
33条 申請の取下げ又は内容の変更を求める行政指導にあっては，行政指導に携わる者は，申請者が当該行政指導に従う意思がない旨を表明したにもかかわらず当該行政指導を継続すること等により当該申請者の権利の行使を妨げるようなことをしてはならない。
（許認可等の権限に関連する行政指導）
34条 許認可等をする権限又は許認可等に基づく処分をする権限を有する行政機関が，当該権限を行使することができない場合又は行使する意思がない場合においてする行政指導にあっては，行政指導に携わる者は，当該権限を行使し得る旨を殊更に示すことにより相手方に当該行政指導に従うことを余儀なくさせるようなことをしてはならない。

行政指導の類型	主な違法事由
法定行政指導	行政指導の根拠規定の要件・効果への適合性
非法定行政指導	組織規範による制約，相手方の任意の協力
応答留保型	相手方の協力，不協力が正義の観念に反する特段の事情
不利益処分代替型	行政指導の態様（行政上の法の一般原則違反）
法令代替型	相手方の同意の任意性

図表 15-5　行政指導の実体的違法事由

すると言えるような特段の事情がある場合が挙げられます（**参考判例①**）。例えば，申請してきた事業者に法令違反の前歴がある場合や，申請認容処分を行うと地元住民との紛争が激化する場合には，相手方が真摯かつ明確に不服従の意思を表明してもなお，行政指導の継続が例外的に許されます。これを行政行為（処分）の側から説明すると，行政行為の時の裁量の問題になります（→**13.1.3**）。問題となっている行政行為の考慮事項として紛争回避が導出できる場合には，申請認容処分のタイミングを遅らせることで紛争の激化を防止することが許される局面も考えられます（**参考判例②**）。

15.3.2　不利益処分代替型

　法令上，不利益処分の権限があるにもかかわらず，営業自粛勧告等の「穏当な」行政指導で対応する不利益処分代替型では，名宛人にとっても行政指導に従うことが有利なことが多く，それゆえ紛争になることはあまり多くありません。もし行政指導に不服があれば，それに従わずに不利益処分を待って**取消訴訟**を提起するか，不利益処分の前に**差止訴訟の提起**（と仮の差止めの申立て）をすることが考えられます。不利益処分代替型の行政指導の違法性が問われる場面の多くは，不利益処分との関係というよりも，行政指導それ自体の態様にあります。例えば，分限処分を行わずに退職勧奨の行政指導をする場合に，そのやり方が余りにも執拗であるとすると，比例原則違反とされる可能性があります。あるいは，行政指導に従ってある行為を行ったところ，それが違法とされて行政上の制裁金が課されたとすると，信頼保護原則との関係で行政指導が違法とされることが考えられます。このように，不利益処分代替型の実体ルールとしては，行政上の法の一般原則が大きな役割を果たすことになります。

15.3.3　法令代替型

　法令上の規制権限がない場合に用いられる法令代替型の行政指導の場合には，応答留保型と同様に，**相手方の同意の有無**が行政指導の適法性を判断する大きな要素となります。もっとも，応答留保型と異なり，法令代替型の場合には行政指導の実効性を確保するために何らかの実効性確保手段が準備されている可能性が高く（例えば，かつて開発を抑制するための行政指導では給水契約の拒否が

参考判例① ■ **品川区マンション事件**
　　　　　　（最三小判 1985（昭和 60）・7・16 民集 39 巻 5 号 989 頁：判 I 201）

【争点】申請に対する応答を留保して行政指導を継続できる条件は何か
　「確認処分の留保は，建築主の任意の協力・服従のもとに行政指導が行われていることに基づく事実上の措置にとどまるものであるから，建築主において自己の申請に対する確認処分を留保されたままでの行政指導には応じられないとの意思を明確に表明している場合には，かかる建築主の明示の意思に反してその受忍を強いることは許されない筋合のものであるといわなければならず，建築主が右のような行政指導に不協力・不服従の意思を表明している場合には，当該建築主が受ける不利益と右行政指導の目的とする公益上の必要性とを比較衡量して，右行政指導に対する建築主の不協力が社会通念上正義の観念に反するものといえるような特段の事情が存在しない限り，行政指導が行われているとの理由だけで確認処分を留保することは，違法であると解するのが相当である。」

参考判例② ■ **通行認定留保事件**
　　　　　　（最二小判 1982（昭和 57）・4・23 民集 36 巻 4 号 727 頁：判 I 137）

【争点】時の裁量が認められる条件は何か
道路法 47 条 4 項の規定に基づく車両制限令 12 条所定の道路管理者の「認定に当たって，具体的事案に応じ道路行政上比較衡量的判断を含む合理的な行政裁量を行使することが全く許容されないものと解するのは相当でない。」
　「被上告人の道路管理者としての権限を行う中野区長が本件認定申請に対して約 5 か月間認定を留保した理由は，右認定をすることによって本件建物の建築に反対する附近住民と上告人側との間で実力による衝突が起こる危険を招来するとの判断のもとにこの危険を回避するためということであり，右留保期間は約 5 か月間に及んではいるが，結局，中野区長は当初予想された実力による衝突の危険は回避されたと判断して本件認定に及んだというのである。右事実関係によれば，中野区長の本件認定留保は，その理由及び留保期間から見て前記行政裁量の行使として許容される範囲内にとどまるものというべく，国家賠償法 1 条 1 項の定める違法性はないものといわなければならない。」

実効性確保手段として用いられていました），相手方の同意が本当に任意のものなのか，事実上強制されていないかが大きな問題となります。行政指導の実効性確保手段が極めて強力で，相手方が同意しないことが客観的に見て期待できないようなケースでは，そのような行政指導は同意を事実上強制するものであって違法と評価されることになります（参考判例）。

他方で，公害や薬害のように，法令上の規制権限がないために行政が事業者に対して何も手を打たないと，第三者の生命や健康が損なわれるおそれがある場面では，法令上の規制権限が与えられる前の段階で行政指導によって応急的な対応をとるべき行政指導の作為義務が認められる可能性があります。

15.4 行政指導と訴訟

行政指導をめぐる紛争ではまず，行政指導を攻撃すべきか，関連する行政行為に注目すべきかを検討する必要があります。応答留保型の行政指導の場合には，真摯かつ明確な不服従の意思を表明してもなお継続している行政指導が違法であると主張する可能性と，申請に対する行政行為（処分）の応答が留保された状態が違法であると主張する可能性があり，一般には後者（行政行為に注目する違法性主張）の方がより実効的な権利救済が可能です。申請に対する応答がない場合には不作為の違法確認訴訟が利用でき，場合によっては申請型義務付け訴訟を併合提起して申請認容処分を訴訟で求めることができるからです。

これに対して行政指導を対象とする場合には，処分性が認められないことから，当事者訴訟（とりわけ行政指導に従う義務がないことの確認訴訟）が利用されることとなります。ただし，法定行政指導であって，行政指導に続く行政処分の要件の一部を確定する意味を持っているものについては，行政指導に処分性が認められてその取消訴訟等が可能となることもあります（→5.2）。

さらに，違法な行政指導によって生じた損害を賠償するよう求める国家賠償訴訟も，行政指導に対する救済手段としてしばしば用いられます。国家賠償法1条1項の公権力の行使には，行政指導のような非権力的作用も含まれると解されており（広義説），法定行政指導でも非法定行政指導でも同項に基づき賠償請求が可能です（→5.3）。

> **参考判例** ■ 武蔵野マンション開発負担金事件
> （最一小判 1993（平成 5）・2・18 民集 47 巻 2 号 574 頁：判 I 203）
>
> 【争点】法令代替型行政指導が適法とされる条件は何か
> 「指導要綱は，法令の根拠に基づくものではなく，被上告人において，事業主に対する行政指導を行うための内部基準であるにもかかわらず，**水道の給水契約の締結の拒否等の制裁措置を背景として，事業主に一定の義務を課するようなものとなっており，また，これを遵守させるため，一定の手続が設けられている。そして，教育施設負担金についても，その金額は選択の余地のないほど具体的に定められており，事業主の義務の一部として寄付金を割り当て，その納付を命ずるような文言となっているから，右負担金が事業主の任意の寄付金の趣旨で規定されていると認めるのは困難である。**」
>
> 「被上告人が X に対し指導要綱に基づいて教育施設負担金の納付を求めた行為も，被上告人の担当者が教育施設負担金の減免等の懇請に対し前例がないとして拒絶した態度とあいまって，X に対し，指導要綱所定の教育施設負担金を納付しなければ，水道の給水契約の締結及び下水道の使用を拒絶されると考えさせるに十分なものであって，マンションを建築しようとする以上右行政指導に従うことを余儀なくさせるものであり，X に教育施設負担金の納付を事実上強制しようとしたものということができる。指導要綱に基づく行政指導が，武蔵野市民の生活環境をいわゆる乱開発から守ることを目的とするものであり，多くの武蔵野市民の支持を受けていたことなどを考慮しても，右行為は，本来任意に寄付金の納付を求めるべき行政指導の限界を超えるものであり，違法な公権力の行使であるといわざるを得ない。」

考えてみよう

1. 行政をめぐるニュースの中で行政指導に関するものを取り上げ，なぜ行政指導が選択され，相手方はなぜ行政指導に従うのか考えてみよう。
2. 行政手続法が定めている行政指導に関するルールを確認し，ほかにどのような法的ルールがあれば行政指導をより適正化できるか考えてみよう。

行政上の義務履行確保

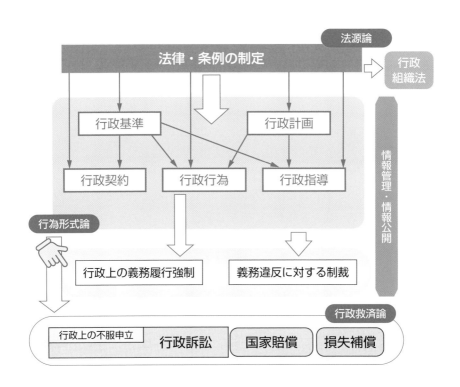

16.1 行政上の義務履行確保

16.1.1 義務の履行強制

前章までで扱ってきた行政法令や行為形式を使って，行政はさまざまな義務を市民や企業に対して課します。これらの義務が任意に履行されれば，特に問題は生じません。しかし，義務が履行されない場合には，これを放置しておくと法制度を設計して社会問題を解決するという本来の目的が果たせなくなってしまいます。そこで，**義務が履行されなかった場合にその義務を強制的に実現するしくみが必要になります**（図表 16-1）。

民事法の世界では，義務の強制的な実現に関して，自力救済禁止原則が妥当します。相手が義務を履行しない場合に実力を行使することを認めると，社会の平和や秩序を維持できなくなるため，国家機関（特に執行裁判所）にのみこのような物理的強制力の行使が許されています。具体的には，例えば契約上の債務を相手が履行しない場合には，民事訴訟を提起して勝訴判決（給付判決）を獲得し，それが債務名義となって執行裁判所による義務履行強制を許容することとなります（図表 16-2）。

これに対して行政法の世界では，裁判所の手を借りずに行政が自ら義務履行を強制することが法律で認められています。例えば，租税を支払わない私人に対してその財産を行政が自ら差し押さえ，これを競売等の方法で換価して租税債権を回収することが国税徴収法という法律で認められています。あるいは，違法建築に対してその建築物を壊すように行政が命令（除却命令）したにもかかわらず，私人がその義務に従わない場合には，行政が自らその建築物を壊すか，行政が第三者（建設業者等）に頼んで壊してもらうことが行政代執行法という法律で認められています。このように，**自力救済が一定の範囲で認められていることが，行政上の義務履行強制の大きな特色**です。逆に，こうした特権が認められている場合には，行政が私人と同じ立場で義務の民事執行を求めることができない場面もあります。

16.1.2 義務違反に対する制裁

行政上の義務履行を実現するもうひとつの手段は，**義務違反に対する制裁**で

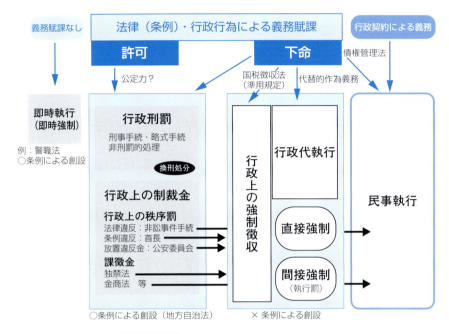

図表 16-1　行政上の義務履行確保の全体像

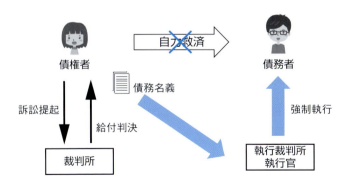

図表 16-2　民事執行の流れ

す（ 図表 16-3 ）。例えば，許可を得ずに一定の事業を行ってはいけないという許可制がとられている法律では，無許可で営業した場合に刑事罰の制裁が予定されていることが一般的です。この刑事罰は，過去の義務違反に対する制裁であって，将来に向かって行政上の義務を実現する行政上の義務履行強制とはその性格を異にします。もっとも，過去の義務違反を問題にするとはいっても，義務違反があれば制裁がなされることが分かっていれば，制裁を避けるために行政上の義務を任意に履行しようという圧力が働くことになります。このような一般予防効果に期待して義務の履行を促進しようとするのが，義務違反に対する制裁のもうひとつの目的です。

　義務違反に対する制裁手段は，必ずしも刑事罰だけではありません。刑事罰とは異なる行政上の制裁手段として，行政上の秩序罰（法令上は過料という言葉が使われることが一般的です）があり，刑事手続ではなく非訟事件手続（法律違反の秩序罰）または行政手続（条例違反の秩序罰）で課されます。あるいは，経済行政法を中心に，義務違反によって事業者が獲得した利益を剥奪することを主たる狙いとする課徴金のしくみが設けられるようになってきています。課徴金も行政手続によって賦課されます。

16.1.3　新しい法執行手段

　以下で詳しく説明するように，日本では義務の履行強制も義務違反に対する制裁も十分には機能しておらず，また条例上の義務については義務履行強制手段を条例で設けることができない（行政代執行法2条）ことから，**新しい法執行手段**がいくつか登場してきています。

　最もよく使われているのが，公表です。これは，行政上の義務違反があった場合に，その事実を公表するというものです。情報社会である現代においては，義務違反の事実が公表されると社会的な評価が著しく低下し，事業活動等に大きな悪影響を及ぼす可能性があります。しかし，公表それ自体は何らかの不利益な義務を相手方に課すものではなく，単なる事実行為と考えられてきました。確かに，情報の提供を目的とする公表（例えば危険性がある食品や製品に関する情報提供）については，そう言えるかもしれません。しかし，義務違反の事実を公表することは，違反者に対するネガティブな評価を広めることとなり，社

除却命令

建築基準法　9条1項
特定行政庁は，建築基準法令の規定又はこの法律の規定に基づく許可に付した条件に違反した建築物又は建築物の敷地については，当該建築物の建築主，当該建築物に関する工事の請負人（請負工事の下請人を含む。）若しくは現場管理者又は当該建築物若しくは建築物の敷地の所有者，管理者若しくは占有者に対して，当該工事の施工の停止を命じ，又は，相当の猶予期限を付けて，当該建築物の除却，移転，改築，増築，修繕，模様替，使用禁止，使用制限その他これらの規定又は条件に対する違反を是正するために必要な措置をとることを命ずることができる。

代替的作為義務

行政代執行

行政代執行法　2条
法律（法律の委任に基く命令，規則及び条例を含む。以下同じ。）により直接に命ぜられ，又は法律に基き行政庁により命ぜられた行為（他人が代ってなすことのできる行為に限る。）について義務者がこれを履行しない場合，他の手段によってその履行を確保することが困難であり，且つその不履行を放置することが著しく公益に反すると認められるときは，当該行政庁は，自ら義務者のなすべき行為をなし，又は第三者をしてこれをなさしめ，その費用を義務者から徴収することができる。

行政刑罰
（刑事罰）

建築基準法　98条1項
次の各号のいずれかに該当する者は，3年以下の懲役又は300万円以下の罰金に処する。
　1　第9条第1項又は第10項前段（これらの規定を第88条第1項から第3項まで又は第90条第3項において準用する場合を含む。）の規定による特定行政庁又は建築監視員の命令に違反した者
　2～5　（略）

代執行の費用を相手方が支払わない場合

行政上の強制徴収
（国税滞納処分）

行政代執行法　6条1項
代執行に要した費用は，国税滞納処分の例により，これを徴収することができる。

刑事手続（刑事訴訟法）

刑事罰

図表16-3　行政上の義務履行強制と行政上の制裁

会的な評判の悪化という回復しがたい不利益を与えることとなってしまいます。そのため，行政上の義務違反に対する制裁目的の公表の場合には法律の根拠が必要と考えられています。

このほか，授益的行政行為の撤回（→**11.3.2**）に制裁としての機能が認められたり，行政契約の締結資格を否認したり（例えば指名競争入札の指名を拒否する（→**14.2.1**）），義務違反を理由に何らかの給付措置や許認可を拒絶したりする制裁方法もあります。ただし，義務違反とは直接の関係がない給付措置や許認可を拒絶することは，権限濫用禁止原則や比例原則（→**3.2**）との関係で違法とされる可能性が強いことに注意が必要です。

16.2 行政上の義務の履行強制

16.2.1　金銭債権の強制執行手段

納税義務を私人が履行しない場合に，民事上の金銭債権と同様に行政機関が裁判所を使って直接強制するしくみにすると，租税債権の迅速な確保が図られず，また執行裁判所が租税に関する強制徴収の事件の処理でパンクするおそれがあります。そのため，租税債権については行政機関が自力で強制徴収できる制度が国税徴収法によって準備されています。強制徴収は，**差押え→換価→配当**という民事の金銭徴収の場合とほとんど同じ流れで，裁判所ではなく行政機関が行っている点が異なっています。

行政上の強制徴収は，もともと税金の滞納に対して準備された制度です（国税滞納処分と呼ばれています）。ただし，法律でこの手続が利用できると規定された金銭債権についても，行政上の強制徴収を用いることができます（「国税徴収の例による」とか「国税滞納処分の例による」という規定が置かれます）。例えば，国民年金法（国民年金保険料）や地方税法（地方税）についてそのような規定が置かれています。さらに地方公共団体の金銭債権については，地方自治法によって分担金・加入金・過料・使用料についてこの手続の利用が認められています（地方自治法 231 条の 3）。ただし，**条例によって行政上の強制徴収の対象となる債権を決めることはできません**（図表 16-4）。例えば，公営住宅の家賃については，法律上これを行政上の強制徴収で強制的に徴収できる規定

国民年金法 95条
保険料その他この法律（第10章を除く。以下この章から第8章までにおいて同じ。）の規定による徴収金は，この法律に別段の規定があるものを除くほか，国税徴収の例によって徴収する。

健康保険法 180条4項
保険者等は，納付義務者が次の各号のいずれかに該当する場合においては，国税滞納処分の例によってこれを処分し，又は納付義務者の居住地若しくはその者の財産所在地の市町村（特別区を含むものとし，地方自治法（…略…）第252条の19第1項の指定都市にあっては，区又は総合区とする。第6項において同じ。）に対して，その処分を請求することができる。

行政上の強制徴収（租税滞納処分）
差押え→換価→配当
（行政機関による執行）［国税徴収法47条以下］

条例で追加できない

地方自治法 231条の3第3項
普通地方公共団体の長は，分担金，加入金，過料又は法律で定める使用料その他の普通地方公共団体の歳入につき第1項の規定による督促を受けた者が同項の規定により指定された期限までにその納付すべき金額を納付しないときは，当該歳入並びに当該歳入に係る前項の手数料及び延滞金について，地方税の滞納処分の例により処分することができる。この場合におけるこれらの徴収金の先取特権の順位は，国税及び地方税に次ぐものとする。

図表16-4 行政上の強制徴収が利用できる範囲

が置かれておらず，地方公共団体の条例でこれを強制徴収の対象に加えることもできません。このような場合には，普通の民事債権と同じように，**行政が民事訴訟を提起し，裁判所を通じて民事執行**することになります。

　行政上の強制徴収のうち，国税庁が担当している国税徴収については，高い徴収率になっています。これは，徴収に関する専門性の高い職員が徴収事務を担当しているためと考えられます。これに対して地方公共団体が行う強制徴収は，国に比べて徴収率が低くなっています。地方公共団体では，さまざまな行政事務を担当するジェネラリストが多く租税等の強制徴収に関する専門的な知見が蓄積されにくいこと，住民との距離が近いために強制的な権限行使がしづらいことがその理由と考えられます。そこで，複数の地方公共団体が<u>一部事務組合</u>（→7.2.1）を設置して，共同で租税等の強制徴収を行う方式が広がりつつあります（京都府や三重県の事例がよく知られています）。

16.2.2　非金銭債権の強制執行手段

　非金銭債権の強制執行（ 図表 16−5 ）の代表的な手段が<u>行政代執行</u>です（民事執行の分野では<u>代替執行</u>と呼ばれる方法です）。これは，他人が代わって行うことのできる，何かをする義務（<u>代替的作為義務</u>），例えば違反建築物を壊す義務を私人が履行しない場合に，行政がその私人に代わって義務履行し，かかった費用を義務者に請求する方法です。行政代執行法には，かかった費用について国税滞納処分の例によるとの規定（同法 6 条）があるため，費用は行政上の強制徴収によって最終的には徴収されます。行政代執行については，行政代執行法という一般法があるため，個別の法律や条例で代執行に関する規定を置くことなく，**代替的作為義務さえ規定されていれば利用可能**です。そして，この**代替的作為義務は条例でも規定できます**（委任条例のみならず自主条例でも規定を置くことができます）。行政代執行を行うには，**戒告→代執行令書**という 2 段階の予告がなされ，それでも義務が履行されない場合に実力行使がなされます。代執行に抵抗する者に対してどのような措置がとれるのか，具体的な規定は行政代執行法にはありません。実務上は，**警察官に同行してもらい，抵抗者を不退去罪や公務執行妨害罪で逮捕する運用**がされています。

　行政代執行は，これまでは多くても全国で年間数件程度の利用に止まってき

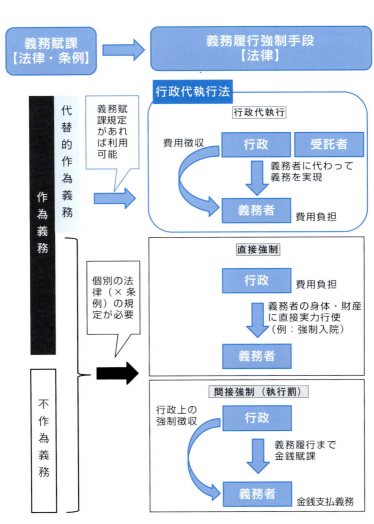

図表16-5 非金銭債権の行政上の強制執行手段

ました。行政代執行にはさまざまな法的知識が必要で，費用もかかり（相手方に資力がない場合には強制徴収したとしても費用を填補できる可能性は低いです），権力的な作用が目に見えることから市民からの評判も悪くなるため，行政側としてはやりたくない仕事でした。しかも，行政代執行法では，代執行するかどうかについて幅広い裁量が認められており，代執行しなくても行政の責任が問われることはほとんどありませんでした。もっとも最近では，空き家対策との関係で，危険な空き家を除却する必要性が高まっており，各地で代執行の事例が急増しています。

　それでは，代替的作為義務以外の義務，具体的には非代替的作為義務（義務者本人にしかできない，何かをする義務）や不作為義務（何かをしない義務）の強制的な履行はどうするのでしょうか。そのために利用されるのが，直接強制と間接強制（執行罰）です（図表16-6）。直接強制とは，その名の通り，これらの義務を行政が直接実力行使して実現する方法です。例えば，立入禁止となった建物に封印したり，感染症にかかって入院すべき義務を負った者を強制的に病院に連れて行って入院させたりする方法があります。この例からも分かるように，直接強制は相手方にドラスティックに不利益を与えるものなので（また代執行と異なり，その費用を義務者に負担させることはなく，行政が費用を負担するため，相手方の利益を考慮することなく執行できます），その利用は必要最小限にすべきと以前から考えられてきました。また，間接強制（執行罰）とは，一定の義務が履行されるまで金銭を賦課し続け，相手方が支払わなければ強制徴収する方法です。例えば，明渡命令が出た建物を明け渡すまで，毎日1万円を賦課し続ける方法があります。金額が少額だと効果が期待できないのに対して，高額になると義務履行の必要性との均衡を欠く可能性があります。

　この直接強制と間接強制に関しては，現在の日本法には一般法が存在しません。戦前は行政執行法という法律があり，行政上の義務については代執行だけでなく，直接強制と間接強制も使って履行を強制することができていました。しかし，戦後になって行政執行法が廃止され，行政代執行法では代執行のみを認めたため，直接強制と間接強制を利用するためには法律で別途それを許容する規定を置かなければならなくなりました。直接強制が認められているのは，いわゆる成田新法や学校施設の確保に関する政令（ポツダム政令）などごく少

直接強制

学校施設の確保に関する政令　21条1項

この政令の規定により命ぜられ，又はこの政令の規定に基いて管理者により命ぜられた行為を**義務者が履行しない場合**において，行政代執行法（…略…）による代執行によっては義務の履行を確保することができないときは，管理者は，直接にこれを強制することができる。

間接強制（執行罰）

砂防法　36条

私人ニ於テ此ノ法律若ハ此ノ法律ニ基キテ発スル命令ニ依ル**義務ヲ怠ルトキハ**国土交通大臣若ハ都道府県知事ハ一定ノ期限ヲ示シ若シ期限内ニ履行セサルトキ若ハ之ヲ履行スルモ不充分ナルトキハ500円以内ニ於テ指定シタル過料ニ処スルコトヲ予告シテ其ノ履行ヲ命スルコトヲ得

即時執行（即時強制）

警察官職務執行法　3条1項

警察官は，異常な挙動その他周囲の事情から合理的に判断して次の各号のいずれかに該当することが明らかであり，かつ，応急の救護を要すると信ずるに足りる相当な理由のある者を発見したときは，取りあえず警察署，病院，救護施設等の適当な場所において，これを保護しなければならない。

　1　精神錯乱又は泥酔のため，自己又は他人の生命，身体又は財産に危害を及ぼすおそれのある者

　2　迷い子，病人，負傷者等で適当な保護者を伴わず，応急の救護を要すると認められる者（本人がこれを拒んだ場合を除く。）

図表 16-6　直接強制・間接強制（執行罰）・即時執行（即時強制）の具体例

数で，**間接強制**に至っては**砂防法**にしか規定がありません。

　他方で，直接強制よりももっと強力な手段と言える，**即時執行**（かつては**即時強制**と呼ばれていました）が幅広く使われている点には注意が必要です。即時執行も直接強制と同じく，行政が直接的に実力を行使して，行政目的を実現する手法です。直接強制との違いは，**直接強制の場合には実力行使の前に義務の内容が具体的に相手方に示される**（＝義務賦課行為としての行政行為が存在する）のに対して，**即時執行の場合にはそのような手続**（＝義務を賦課する行政行為）**なしにいきなり実力行使がなされること**です（ 図表16-7 ）。即時執行の具体例として，警察官職務執行法が定める保護・避難措置・制止・立入・武器使用や，出入国管理及び難民認定法が定める不法滞在者に対する収容・送還があります。即時執行は，相手方に義務を賦課する行為を前提としない実力行使であるため，義務履行強制のグループに含まれません。それゆえ義務履行強制手段は法律でのみ作り出せる（条例では作り出せない）というルール（行政代執行法1条）から外れることとなり，**条例でも即時執行を作り出すことができます**。ただし，**即時執行を用いるためには，相手方に義務賦課行為をする時間的な余裕がないことが必要**と考えられます。

16.2.3　行政上の義務の民事執行

　行政上の義務を行政機関が自力執行するのではなく，裁判所を介在させて民事執行する方法もあります。その利用条件は，金銭債権と非金銭債権とでやや異なります。

　金銭債権については，すでに説明したように，行政上の強制徴収（行政機関が自ら相手方の財産を差し押さえて金銭に換える方式）が利用できるかどうかは法律で明確に規定されています。そして，**行政上の強制徴収が利用できるのであれば，裁判所の手を煩わせるわけにはいかない**（＝訴えの利益がない）と考えられ，**その義務を民事執行することはできません**（参考判例）。これに対して，行政上の強制徴収が利用できなければ，当然に民事執行することができます（国の債権の管理等に関する法律15条3号，地方自治法施行令171条の2は，この内容を確認する趣旨の規定と考えられます）。

　非金銭債権については，行政的執行（例えば行政代執行）が利用できる場合

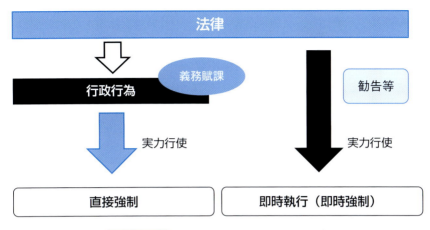

図表 16-7　直接強制と即時執行（即時強制）

参考判例■ 農業共済組合による民事上の執行の利用可能性
（最大判 1966（昭和 41）・2・23 民集 20 巻 2 号 320 頁：判 I 206）

【争点】行政上の強制徴収が利用できる債権を民事上の強制徴収できるか

「農業共済組合が組合員に対して有するこれら債権について，法が一般私法上の債権にみられない特別の取扱いを認めているのは，農業災害に関する共済事業の公共性に鑑み，その事業遂行上必要な財源を確保するためには，農業共済組合が強制加入制のもとにこれに加入する多数の組合員から収納するこれらの金円につき，租税に準ずる簡易迅速な行政上の強制徴収の手段によらしめることが，もっとも適切かつ妥当であるとしたからにほかならない。」

「農業共済組合が，法律上特にかような独自の強制徴収の手段を与えられながら，この手段によることなく，一般私法上の債権と同様，訴えを提起し，民訴法上の強制執行の手段によってこれら債権の実現を図ることは，前示立法の趣旨に反し，公共性の強い農業共済組合の権能行使の適正を欠くものとして，許されないところといわなければならない。」

に民事執行もできるかどうかに関する最高裁判例はありません。もっとも，道路のような公物について不法占拠者がいる場合には，行政は公物管理権に基づく排除措置の代執行と，公物権原・占有に基づく妨害排除請求（裁判所による実現）の両方を用いることができるとされます。行政的執行が利用できない場合については，いくつかの法律で裁判所による民事執行が可能という規定が置かれていることがあり（例：独占禁止法70条の4），このような場合には民事執行できます。そうでない場合でも，学説上は民事執行可能との見解が有力でした。しかし最高裁は，**行政上の義務の民事執行は法律上の争訟にあたらない**という理由で，これを認めませんでした（参考判例）。

16.3 行政上の義務違反に対する制裁

16.3.1 行政刑罰

　行政上の義務違反に対して刑法9条の刑名を科す行政刑罰は，さまざまな行政法で見られます（図表16-8）。例えば，ある行政上の決定が行政行為であるかを判断する際に，その決定を得ずにある行為を行うと刑事罰が科されるかどうかが有力な指標となります（→11.1）。このことは，逆に言えば，**行政上の義務を担保するために幅広く刑事罰が使われている**ことを示しています。伝統的には，刑法上の犯罪類型と行政刑罰とは峻別され，刑法総則は行政刑罰に適用されないとの主張が一般的でした。具体的には，法律上明文規定がなくても過失犯や法人処罰が当然に可能であると考えられていました。しかし現在では，**行政刑罰にも刑法総則の適用がある**ことは一般的に認められています。そして，行政刑罰を科すためには，刑法上の刑罰と同様に，**刑事訴訟法に基づく手続をとる必要**があります。もっとも，行政刑罰については，略式手続や即決裁判手続が利用されることが多いと言えます。

　行政上の義務履行強制と同様に，行政刑罰も実際には機能不全です。我が国では刑事責任が問える証拠が揃っていたとしても起訴するかどうかは検察官の判断に任されており（起訴便宜主義），限られた犯罪捜査のための人的資源を重大犯罪のために使う傾向が強い現状では，単純な行政刑罰の事例で起訴されることは稀です。検察が捜査しない可能性が高い事案では，行政側も検察に告発

参考判例 ■ 宝塚市パチンコ店条例事件
(最三小判2002(平成14)・7・9民集56巻6号1134頁:判Ⅰ207)

【争点】 行政上の非金銭的な義務を民事執行できるか

「国又は地方公共団体が提起した訴訟であって，財産権の主体として自己の財産上の権利利益の保護救済を求めるような場合には，法律上の争訟に当たるというべきであるが，**国又は地方公共団体が専ら行政権の主体として国民に対して行政上の義務の履行を求める訴訟は，法規の適用の適正ないし一般公益の保護を目的とするものであって，自己の権利利益の保護救済を目的とするものということはできないから，法律上の争訟として当然に裁判所の審判の対象となるものではなく，法律に特別の規定がある場合に限り，提起することが許されるものと解される。**そして，行政代執行法は，行政上の義務の履行確保に関しては，別に法律で定めるものを除いては，同法の定めるところによるものと規定して(1条)，同法が行政上の義務の履行に関する一般法であることを明らかにした上で，その具体的な方法としては，同法2条の規定による代執行のみを認めている。また，行政事件訴訟法その他の法律にも，一般に国又は地方公共団体が国民に対して行政上の義務の履行を求める訴訟を提起することを認める特別の規定は存在しない。したがって，**国又は地方公共団体が専ら行政権の主体として国民に対して行政上の義務の履行を求める訴訟は，裁判所法3条1項にいう法律上の争訟に当たらず，これを認める特別の規定もないから，不適法というべきである。**」

	行政刑罰	行政上の秩序罰
制裁の内容	刑法9条の刑名 (例:罰金・科料)	行政上の制裁金 (条文上は「過料」)
賦課手続	刑事手続	法律違反:非訟事件 条例違反:行政手続
刑法総則の適用	○	×
刑事訴訟法の適用	○	×
強制的な徴収手段	労役場留置(換刑処分)	法律違反:民事執行 条例違反:租税滞納処分

図表16-8 行政刑罰と行政上の秩序罰の比較

することを避け，行政機関限りで（例えば行政指導によって）対応することが多いと言えます（→**15.1**）。さらに，仮に起訴されたとしても罰金刑は一般に少額で，しかも略式手続で事件が終結することから，抑止力としては十分でないとの評価もあります。

16.3.2　非刑罰的処理（ダイバージョン）

　行政刑罰が全般的に機能不全とされる中で，例外的に活発な法執行がなされている分野が道路交通法です。道路交通法は，行政法の中でも行政刑罰が極めて多量に使われている法律です。そして，速度制限違反や駐車違反のような日常的で軽微な犯罪について，一定額の金銭を支払えば正式な刑事手続に進まない反則金制度が幅広く用いられています（　図表16-9　）。このように，犯罪とされる行為について非刑罰的な処理を準備し，それに応じない者のみ公訴提起する方法を犯罪の非刑罰的処理（ダイバージョン）と呼びます。もともと，間接国税に関する通告処分という手続が戦前から存在し，脱税対策として一定の成果を上げていました。道路交通法はこのモデルを採用し，反則金を支払えば刑事手続に進まないこととしています。多くの市民は，刑事裁判のリスクを避けようとして反則金を支払います。また，反則金を支払わずに刑事手続が進行し，罰金刑となった場合には，たとえその罰金を支払う資力がなくても労役場留置（換刑処分）というサンクションが存在するため，違反者が逃げ切ることはできません。こうした背景から，反則金の納付率は極めて高くなっています。

16.3.3　行政上の制裁金

　行政上の義務違反に対する制裁にはさらに，刑事罰ではない金銭賦課の類型があります。行政上の秩序維持のために違反者に課す金銭負担を行政上の秩序罰と呼びます（　図表16-8　）。法律や条例では「過料」という用語が用いられます（これに対して，1000円以上1万円未満の金銭を賦課する財産刑としての科料は刑事罰です）。行政上の秩序罰は，一般には行政刑罰よりも悪質性の低い義務違反に用いられます。過料は刑事罰ではないので，刑事手続ではなく，法律違反の過料については非訟事件手続（裁判所）で，条例違反の過料については行政手続（首長による行政行為）で課されます。過料を賦課されたにもかかわら

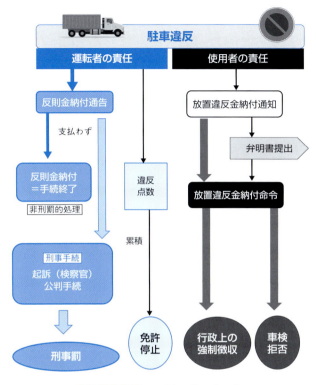

図表 16-9 反則金と放置違反金

> **ことば　放置違反金**
>
> 　駐車違反に対してなされる金銭賦課には，本文で紹介した反則金のほかに，放置違反金があります。反則金は，自動車運転者の刑事責任を追及することがベースになっており，反則金を支払えば刑事手続に進まず，刑事責任が問われないことになります（非刑罰的処理）。ただし，それとは別に運転免許の撤回との関係で違反点数が付加され，点数が一定以上になると免許停止等の不利益処分がなされます。これに対して放置違反金は，自動車の使用者の責任を追及する行政上の金銭賦課で，刑事手続・刑事罰とは関係がありません（非犯罪化）。放置違反金を支払わなければ行政上の強制徴収の手段で徴収されるほか，車検が拒否されることになります。もっとも，放置違反金は運転者の責任を問うものではないため，これを支払っても支払わなくても運転免許（違反点数）への影響はありません。

ず支払いがなされない場合には，**法律違反の過料では民事執行され，条例違反の過料では行政上の強制徴収**によって強制的に徴収されます。しかし，いずれの場合も義務者に資力がなければ徴収することができず，このような場合に労役場留置という方法をとることができる刑事罰（罰金，科料）と異なっています。

行政上の秩序罰は比較的低額の金銭を賦課することが多いのに対して，近時増加している課徴金（執行課徴金）ではかなり高額の金銭賦課がなされます。課徴金は，経済行政法における義務違反に対する制裁手段として利用されています。その基本的な発想は，法令違反によって事業者が獲得した不当・不正な利益を事業者の手元に残しておかず，少なくともその金額相当額を課徴金という形で取り上げることで法令違反による事業者の経済的な利得を奪うところにあります。現在では，独占禁止法・金融商品取引法・公認会計士法・景品表示法の4つの法律で課徴金が導入されています。

行政上の制裁金に共通する法的な問題が，二重処罰の禁止（憲法39条）です。同じ違反行為に対して，行政刑罰と行政上の秩序罰あるいは課徴金が併科されることが憲法上許されるのかという問題が以前から提起されています。最高裁判所はこれまで，刑罰と行政上の制裁金の目的が違う点に注目し，一貫して二重処罰の禁止にはあたらないと判断しています。学説上も，憲法39条は同一事件について刑事手続を繰り返す二重訴追の禁止を意味するものであり，刑事罰と行政上の制裁金の併科はこれとは問題を異にする罪刑均衡ないし比例原則の問題と捉える見方が有力です。この考え方によると，行政刑罰と行政上の制裁金の併科による制裁の総体が違反行為の悪質性の程度との均衡を欠くほどに大きい場合を除いて，併科は許されるという結論になります。

> ● 考えてみよう
> 1. 個別行政法から義務を賦課する行政行為を見つけ出し，その義務がどのような方法で実現されうるか考えてみよう。
> 2. 駐車違反に対する反則金と放置違反金の法的性格の違いを検討してみよう。

索引

事項索引

あ 行

青色申告　44
アカウンタビリティー　28
安全情報　132

委員会　104
意見公募手続　138, 182, 242
意見書提出の機会　134
違憲無効説　84
一元的な文書管理　122
一部拒否処分　184
一部事務組合　108, 258
逸脱　206
一般競争入札　230
一般権力関係　24
一般法主義　112
一般予防効果　254
委任　96
委任行政　90
委任条例　46, 47
委任命令　139
違法性　82
　——の承継　78
インカメラ審理　134
インフォーマルな行政活動　239

上乗せ条例　48

営業禁止　20
営業停止　20
営造物利用関係　62
FOIA 型　132
　逆——　134

応答留保　180

——型行政指導　240
大嶋訴訟　27
オープンデータ　126, 127
公の営造物　82
オムニバス方式　122

か 行

外局　104
開示請求権　126, 128
解釈基準　144
改善命令　20
外部委託契約　228
外部効計画　150
閣議　100
各省設置法　100
瑕疵　82
過失　82
過大考慮・過小考慮　216
課徴金　254, 268
　　執行——　268
合併特例区　108
ガバナンス　91
仮換地　160
過料　254
管轄　29
環境アセスメント　152
環境影響評価　152
換刑処分　266
監査機関　96
慣習法　38
間接強制　260
間接国税に関する通告処分　266
換地　158, 159
関連請求　78

269

議会の規律責務　62
機関委任事務　46, 110
機関訴訟　72
棄却裁決　190
危険　21
期限　220
基準設定原則　116
規制規範　226
規制行政　20
規制的行政指導　240
犠牲補償請求権　86
規則　38
覊束裁量　205
起訴便宜主義　264
規範的授権理論　204
基本計画　150
基本的人権　24
基本法　36
義務違反に対する制裁　12
義務付け訴訟　132, 196
却下裁決　190
客観訴訟　72
給付　22
（狭義の）訴えの利益　194
供述拒否権保障　122
教示を受ける権利　186
行政委員会　108
行政運営情報　132
行政過程論　66
行政官庁理論　96
行政機関　88
　──の保有する個人情報の保護に関する法律　124
　──の保有する情報の公開に関する法律　128
　　作用法的──　94
　　組織法的──　96
行政機関情報公開法　28
行政機関非識別加工情報　126
行政基準　4, 12, 136
行政規則　136, 218
　──の外部化　138
行政救済法　10, 66, 114
行政計画　12, 148
行政契約　12, 226

行政権　4
行政行為　12, 60, 74, 132, 164
　──の附款　220
行政財産　89
行政裁量　204
行政作用法　10
行政作用法総論　66
行政事件訴訟法　66
行政執行法人　92
行政指導　12, 20, 64, 238
　──指針　242
　──の作為義務　248
　──の中止　242
　　助成的──　240
　　調整的──　240
　　非法定──　240
行政事務　90, 110
行政主体　88
　──性　22
　　行政作用法上の──　90
　　行政組織法上の──　90
行政上の義務履行強制　12
行政上の強制徴収　256
行政上の秩序罰　254, 266
行政上の不服申立　12, 66
行政上の法の一般原則　38
行政刑罰　264
行政処分　60, 164, 180
行政審判　208
行政審判手続　72
行政争訟　12, 66
行政組織法　10, 88
行政組織法定主義　60
行政訴訟　12, 66
行政代執行　16, 252, 258
行政庁　88, 94
　──の処分　180
　──の訴訟参加　80
行政調査　20, 120
行政通則法　6, 36
行政手続　266
行政手続条例　184
行政手続法　180
行政内部法関係　62, 88
行政不服審査　12, 66, 188

行政不服審査会　70, 190
行政法各論　10
行政法総論　10
行政立法　4
供用関連瑕疵　84
許可　18, 166
居宅介護サービス計画　150
拒否処分　166, 184
規律的侵害　195
規律力　168, 226
緊急命令　57

区域区分に関する都市計画　156
国地方係争処理委員会　112
組合施行　162
グリーン購入　235
グローバル化　6
グローマー拒否　130

ケアプラン　150
計画間調整　150
計画担保責任　154
経済活動の自由　16
経済性原則　236
警察違反　41
警察官職務執行法　262
警察制限　86
警察法の一般原則　41
警察命令　57
形式的意義の行政　4
形式的基準　84
形式的法治主義　53
刑事罰　254
形成力　74
契約締結強制　228
契約保証金　230
決定裁量　210
権限濫用禁止原則　40
原告適格　194, 198, 200
現在地主義　128
原処分　70
原子力安全協定　228
原則開示の原則　130
建築確認　158
限定入札　232

建ぺい率　156
憲法　36
憲法適合的解釈　37
顕名主義　96
権力性　16
権力説　29
権力的事実行為　76
権利変換　158, 159
権力留保説　60

故意　82
広域連合　108
公益性　22
公益通報者保護法　120
公害防止協定　228
効果裁量　210
交換契約　226
広義説　80, 248
公義務　30
公共組合　94, 160
公共事務　110
公共団体　80
公共団体施行　162
公共調達契約　228
公権　30
合憲限定解釈　140
公権力の行使　80, 248
公権力発動要件欠如説　82
公告縦覧　152
抗告訴訟　72, 192, 236
工作物責任　19, 82
控除説　2
拘束力　190
公聴会の開催努力義務　184
公定力　74, 170
口頭意見陳述権　190
公表　254
公物法　88, 89
公文書等の管理に関する法律　122
公法行為　30
公法・私法二元論　30
公法上の契約　226
公法上の当事者訴訟　236
公務員　80
公務員法　88

公用制限　86
考慮事項　206,207,216,246
考慮事項審査　216
考慮不尽　216
国際公法　6
国税滞納処分　256
国税徴収法　252
告知　20,186
告知聴聞原則　114
国内公法　6
国立研究開発法人　92
国立大学法人　93,94
個人識別型　130
個人識別符号　124
個人情報　130
　　――の保護に関する法律　124
個人番号　126
個人を識別しうる情報　124
国家　16
　　――と社会の二元論　24
　　――による贈与禁止原則　26
国家行政組織法　100
国家内部における関係　24
国家賠償　14,68
国家賠償法　68
国家補償　12,66
　　――の谷間　86
個別事情考慮義務　144,218
個別法　36
固有事務　110
根拠規範　60,226

さ 行

罪刑均衡　268
裁決　190
財産区　108
財産権と行政権の区別　26
最上級行政庁　188
再審査請求　188
再調査の請求　188
裁定的関与　112,188
債務名義　252
裁量基準　144
作為義務　220

差止訴訟　200
サラリーマン税金訴訟　27
三条委員会　106
参照領域　10
参与機関　96

市街化区域　156
市街化調整区域　156
市街地開発事業に関する都市計画　158
指揮監督権　70,98
事業アセスメント　153
私経済活動　6
自己の法律上の利益と関係ない違法主張　76
資産調査　22
事実的侵害　195
自主条例　46
事情裁決　190
施設等機関　106
自然公物　82
自然法　52
自治事務　46,110
市町村　106
実現　4
執行機関　96
　　――の多元主義　108
　　――法定主義　110
執行裁判所　252
執行停止　190,196
実効的な権利救済　162
執行罰　260
執行不停止原則　196
執行命令　139
執行力　168
執政作用　5
実施計画　150
実質的確定力　172
実質的基準　84
実質的証拠　208
実質的証拠法則　208
実質的法治主義　53
実体的判断代置　208
実体法　114
自動執行性　38
私法　6

272　索　引

指名競争入札　230
諮問機関　96
社会観念審査　216
社会保障給付　22
社会保障法　23
社会留保説　58
釈明処分の特則　76
私有公物　89
自由裁量　205
重大な損害要件　198, 200
重大明白説　174
住民訴訟　72
収用　86
授益的行政行為　176
主観訴訟　72
主体説　29
首長　108
首長主義　108
出訴期間制限　192
純粋私経済作用　80
準則主義　92
状況拘束性理論　86
消極目的規制　86
条件　220, 222
証拠的記録に基づいた施策　124
使用者責任　19, 80
情報公開審査会　134
情報公開制度　28, 92, 126
情報公開法　128
条約　36
条約担保法　36
省令　38
条例　12, 36, 46
除却　16, 17
職務行為基準説（職務義務違反論）　82
職権受益処分　183
職権取消　172, 174
職権取消制限の法理　176
処分基準　218
　──の設定・公表努力義務　184
処分性　72, 162, 194, 248
処分性拡大論　74
処分の覊束性　200, 202
処分要件欠如説　82
処分理由の差替え　78

書面交付請求権　242
書面審理主義　68, 190
処理基準　112
白地要件規定　212
自力救済禁止原則　252
侵害留保の原則　56
審議会等　106
審査基準　182, 218
審査請求中心主義　70
真摯かつ明確な不服従の意思の表明　244
紳士協定　234
申請　118
申請型義務付け訴訟　198
審査請求　188
申請者　182
申請に対する処分　132, 166, 182
迅速処理原則　116
信頼保護　176
信頼保護原則　40, 154, 246
審理員　70, 190
　──意見書　190

随意契約　230

生活保護受給権　22
請求権発生説　84
政府調達協定　232
政府調達苦情検討委員会　232
成文法源　36
政令　4, 38
政令指定都市　106
是正の指示　112
積極目的規制　86
接道義務　79
説明責任　28, 92, 128
専決　98
選択裁量　210
選択入札　232
全部留保説　58
戦略アセスメント　153

争訟取消　170, 174
争点整理段階　76
争点訴訟　196

遡及効　176
即時執行（即時強制）　262
組織過失　86
組織規範　60
組織共用文書　128
訴訟要件　192
租税収入中心主義　24
即決裁判手続　264
損失補償　14, 68, 154, 160, 178
存否応答拒否　130
存否明示の原則　130

た　行

代決　98
第三者効　78
第三者再審の訴え　80
第三者の訴訟参加　78
代執行　112
大臣委員会　102
対審構造　190
代替執行　258
代替的作為義務　258
ダイバージョン　266
代理　96
他事考慮　216
多数当事者訴訟　78
談合　230
団体委任事務　110

地域地区　156
地区計画　156
地方三公社　94
地方自治法　106
地方支分部局　104
地方独立行政法人　94
中核市　106
中期目標管理法人　92
庁　104
聴聞　186
　──・弁明の機会　20
聴聞主宰者　186
聴聞調書　186
直接型義務付け訴訟　198
直接強制　260

直接適用可能性　38
直近上級行政庁　70

訂正請求権　126
適用　4
適用除外　180
撤回　176
　──権制限の法理　178
　──権留保　220
手続の裁量　210
手続法　114

当事者訴訟　72, 146, 248
答申　190
統制密度　206
透明性確保　28
時の裁量　210, 246
特殊法人　92
特定歴史公文書等　124
特別犠牲　84
特別区　108
特別権力関係　24
　──論　62
特別地方公共団体　106
特別な犠牲　68
特別の機関　106
特命担当大臣　102
独立行政法人　92
独立命令　57
都市計画　154
都市区域　156
都市計画事業認可　160
都市施設に関する都市計画　158
土地区画整理組合　160
土地区画整理事業計画　162
土地収用　158
特許　168
都道府県　106
届出　118, 184
取消　174
取消訴訟　132, 192, 198
　──の排他性　170

な行

名宛人　182
内閣官房　100
内閣人事局　100
内閣府　102
内閣府設置法　100
内閣府令　38
内閣法　100
内閣法制局　100
内閣補助部局　100
内国民待遇　232
内部効計画　150
内部部局　104

二元代表制　108
二重処罰の禁止　268
入札手続　230
認可　166
認証主義　92
認容裁決　190

は行

白紙委任の禁止　136
八条委員会　106
パブリック・インボルブメント　152
パブリック・コメント　138, 152
判決の拘束力　198
犯罪の非刑罰的処理　266
反則金制度　266
犯則調査　120, 122
判断過程の過誤　218
判断過程の欠落　218
判例法　38, 52

非訟事件手続　266
非線引き都市計画区域　156
非代替的作為義務　260
人の支配　52
非物的計画　148
標準処理期間　184, 244
平等原則　42, 142, 218, 228, 234
比例原則　40, 236, 246, 268

不開示情報　28
不確定概念　212
不可争力　170
不可変更力　172, 176, 190
附款　220
　　法定――　222
複数請求訴訟　78
不作為　220
　　――の違法確認訴訟　198
不作為義務　260
不受理　180
　　――の禁止　184, 244
附属機関　104
負担　220, 222
普通財産　89
普通地方公共団体　106
復興庁　102
物的計画　148
不当　66
不服申立前置　194
不服申立要件　188
部分開示の原則　130
部分社会の法理　24, 62, 63
不文法源　36, 38
不法行為法　19, 68
プライバシー型　132
不利益処分　20, 166, 182
不利益処分代替型行政指導　240
府令　38
文書閲覧原則　116
文書閲覧請求権　128
文書作成義務　124
文書等閲覧請求権　186

併合提起　198
変型　38
弁明の機会　186
返戻　180
　　――の禁止　244

法規　54
法規命令　136
法源　36
法人情報　132
放置違反金　267

法治主義　52
法定行政指導　240
法定主義の原則　112
法定受託事務　46, 110, 188
法的拘束力　226
法の支配　52
法律　12, 16, 36, 52
　――による行政の原理　52, 66
　――の一般性　55
　――の規律密度　62
　――の法規創造力　54, 136
　――の優位　54
　――の留保　24, 54
法令違反行為効力論　34
法令代替型行政指導　240
保険料　22
補充性要件　198, 202
補助機関　96
ポツダム政令　38
保有個人情報　124
保留地　160
本質性理論　60

ま　行

マイナンバー法　126
マクロ行政計画　150

ミクロ行政計画　150
民事裁判　9
民事訴訟　236
民事訴訟法の補助参加　78
民事不介入　41
民事法　6
民衆訴訟　72
民主主義　54

無効　172
無効確認訴訟　192
無差別待遇　232

明白性補充要件説　174
命令　38
　――等　138

目的拘束原則　40

や　行

踰越濫用審査　205

要件裁量　210
要綱行政　240
容積率　156
用途地域に関する都市計画　156
横出し条例　48
予防司法　18

ら　行

濫用　206

利益説　29
履行ボンド　230
リスク　21
略式手続　264
理由提示　114, 184
利用停止請求　124

令状主義　122
レコード・スケジュール　124

労役場留置　266

判例索引

最大判 1953（昭和 28）・2・18 民集 7 巻 2 号 157 頁：判Ⅰ47 ……………………31,32

最一小判 1960（昭和 35）・3・31 民集 14 巻 4 号 663 頁：判Ⅰ46 ………………31,32
最三小判 1961（昭和 36）・3・7 民集 15 巻 3 号 381 頁：判Ⅰ163 …………………175
最二小判 1963（昭和 38）・5・31 民集 17 巻 4 号 617 頁：判Ⅰ98 …………………118
最一小判 1964（昭和 39）・10・29 民集 18 巻 8 号 1809 頁：判Ⅱ18
　［東京都ごみ焼却場事件］……………………………………………………………74
最大判 1966（昭和 41）・2・23 民集 20 巻 2 号 320 頁：判Ⅰ206 …………………263

最大判 1970（昭和 45）・7・15 民集 24 巻 7 号 771 頁：判Ⅱ19 ……………………75
最一小判 1971（昭和 46）・10・28 民集 25 巻 7 号 1037 頁：判Ⅰ97
　［個人タクシー事件］………………………………………………………………117
最大判 1972（昭和 47）・11・22 刑集 26 巻 9 号 554 頁：判Ⅰ122［川崎民商事件］………123
最三小判 1975（昭和 50）・2・25 民集 29 巻 2 号 143 頁：判Ⅰ29/44 ……………31,32
最一小判 1975（昭和 50）・5・29 民集 29 巻 5 号 662 頁：判Ⅰ106［群馬中央バス事件］…118
最大判 1975（昭和 50）・9・10 刑集 29 巻 8 号 489 頁：判Ⅰ19［徳島公安条例事件］………48
最三小判 1977（昭和 52）・12・20 民集 31 巻 7 号 1101 頁：判Ⅰ140［神戸税関事件］…213
最大判 1978（昭和 53）・10・4 民集 32 巻 7 号 1223 頁：判Ⅰ7［マクリーン事件］………214

最大判 1981（昭和 56）・12・16 民集 35 巻 10 号 1369 頁：判Ⅱ6/171［大阪空港訴訟］……84
最二小判 1982（昭和 57）・4・23 民集 36 巻 4 号 727 頁：判Ⅰ137［通行認定留保事件］…247
最三小判 1985（昭和 60）・1・22 民集 39 巻 1 号 1 頁：判Ⅰ109 ……………………185
最大判 1985（昭和 60）・3・27 民集 39 巻 2 号 247 頁：判Ⅰ1［大嶋訴訟］……………26
最三小判 1985（昭和 60）・7・16 民集 39 巻 5 号 989 頁：判Ⅰ201
　［品川区マンション事件］…………………………………………………………247
最二小判 1987（昭和 62）・3・20 民集 41 巻 2 号 189 頁：判Ⅰ191 ………………233
最三小判 1987（昭和 62）・10・30 判時 1262 号 91 頁：判Ⅰ26［八幡税務署事件］……45
最三小判 1989（平成元）・9・19 民集 43 巻 8 号 955 頁：判Ⅰ25……………………34

最三小判 1991（平成 3）・7・9 民集 45 巻 6 号 1049 頁：判Ⅰ179 …………………143
最大判 1992（平成 4）・7・1 民集 46 巻 5 号 437 頁：判Ⅰ5［成田新法事件］………117
最三小判 1992（平成 4）・9・22 民集 46 巻 6 号 571 頁：判Ⅱ14/41［もんじゅ訴訟］……194
最一小判 1992（平成 4）・10・29 民集 46 巻 7 号 1174 頁：判Ⅰ139
　［伊方原発訴訟］……………………………………………………………212,221
最一小判 1993（平成 5）・2・18 民集 47 巻 2 号 574 頁：判Ⅰ203
　［武蔵野マンション開発負担金事件］………………………………………………249
最大判 1995（平成 7）・2・22 刑集 49 巻 2 号 1 頁：判Ⅰ62［ロッキード事件］………100
最三小判 1995（平成 7）・3・7 民集 49 巻 3 号 687 頁［泉佐野市民会館事件］……………215

最三小判 1997（平成 9）・1・28 民集 51 巻 1 号 147 頁：判Ⅱ96 ……………………214
最一小判 1999（平成 11）・1・21 民集 53 巻 1 号 13 頁：判Ⅰ196
　［志免町給水拒否事件］…………………………………………………………………229

最三小判 2002（平成 14）・7・9 民集 56 巻 6 号 1134 頁：判Ⅰ207
　［宝塚市パチンコ店条例事件］…………………………………………………………265
最一小判 2004（平成 16）・1・15 判時 1849 号 30 頁：判Ⅰ126 ………………………155
最三小判 2004（平成 16）・4・27 民集 58 巻 4 号 1032 頁：判Ⅱ152［筑豊じん肺訴訟］…221
最二小判 2005（平成 17）・7・15 民集 59 巻 6 号 1661 頁：判Ⅱ26 ……………………77
最一小判 2005（平成 17）・9・8 判時 1920 号 29 頁：判Ⅰ127 …………………………155
最二小判 2006（平成 18）・1・13 民集 60 巻 1 号 1 頁：判Ⅰ178 R 2 …………………143
最三小判 2006（平成 18）・2・7 民集 60 巻 2 号 401 頁：判Ⅰ144
　［日教組教研集会事件］……………………………………………………………215, 217
最一小判 2006（平成 18）・10・26 判時 1953 号 122 頁：判Ⅰ192 ……………………233
最一小判 2006（平成 18）・11・2 民集 60 巻 9 号 3249 頁：判Ⅰ185［小田急事件］…153, 213
最大判 2008（平成 20）・9・10 民集 62 巻 8 号 2029 頁：判Ⅱ1 ………………………161
最一小決 2009（平成 21）・1・15 民集 63 巻 1 号 46 頁：判Ⅰ89 ………………………134
最二小判 2009（平成 21）・7・10 判時 2058 号 53 頁：判Ⅰ189
　［福間町公害防止協定事件］……………………………………………………………235
最一小判 2009（平成 21）・11・26 民集 63 巻 9 号 2124 頁：判Ⅱ29
　［横浜市保育所民営化条例事件］…………………………………………………………77
最一小判 2009（平成 21）・12・17 民集 63 巻 10 号 2631 頁：判Ⅱ75 …………………79

最一小判 2010（平成 22）・6・3 民集 64 巻 4 号 1010 頁：判Ⅱ161 ……………………171
最三小判 2011（平成 23）・6・7 民集 65 巻 4 号 2081 頁：判Ⅰ111/118 ………………185
最二小判 2011（平成 23）・10・14 判時 2159 号 53 頁：判Ⅰ79 ………………………214
最二小判 2011（平成 23）・12・16 判時 2139 号 3 頁：判Ⅰ52 …………………………34
最一小判 2012（平成 24）・1・16 判時 2147 号 127 頁：判Ⅰ12
　［君が代訴訟（1 月判決）］………………………………………………………………219
最一小判 2012（平成 24）・2・9 民集 66 巻 2 号 183 頁：判Ⅱ59
　［君が代訴訟（2 月判決）］………………………………………………………………201
最二小判 2012（平成 24）・12・7 刑集 66 巻 12 号 1722 頁：判Ⅰ175 …………………141

著者紹介

原田大樹（はらだ　ひろき）

1977 年　福岡県生まれ
2000 年　九州大学法学部卒業
2005 年　九州大学大学院法学府公法・社会法学専攻博士後期課程修了（博士（法学））
　　　　　同大学院法学研究院講師，同助教授（准教授），京都大学大学院法学研究科准教授，同教授（2014 年より）を経て
現　在　京都大学法学系（大学院法学研究科）教授
　　　　　専攻分野：公法学（行政法学）

主要著書

『自主規制の公法学的研究』（有斐閣，2007 年）
『例解　行政法』（東京大学出版会，2013 年）
『演習　行政法』（東京大学出版会，2014 年）
『公共制度設計の基礎理論』（弘文堂，2014 年）
『行政法学と主要参照領域』（東京大学出版会，2015 年）
『現代実定法入門──人と法と社会をつなぐ』（弘文堂，2017 年）

グラフィック[法学]=6
グラフィック 行政法入門
2017年 5月10日Ⓒ　　　　初　版　発　行

著　者　原田大樹　　　発行者　森平敏孝
　　　　　　　　　　　印刷者　加藤純男
　　　　　　　　　　　製本者　米良孝司

【発行】　　　　　株式会社　新世社
〒151-0051　東京都渋谷区千駄ヶ谷1丁目3番25号
編集☎(03)5474-8818(代)　　サイエンスビル

【発売】　　　　　株式会社　サイエンス社
〒151-0051　東京都渋谷区千駄ヶ谷1丁目3番25号
営業☎(03)5474-8500(代)　　振替 00170-7-2387
FAX☎(03)5474-8900

印刷　加藤文明社　　　製本　ブックアート
《検印省略》

本書の内容を無断で複写複製することは，著作者および出版者の権利を侵害することがありますので，その場合にはあらかじめ小社あて許諾をお求めください。

サイエンス社・新世社のホームページのご案内
http://www.saiensu.co.jp
ご意見・ご要望は
shin@saiensu.co.jp まで．

ISBN 978-4-88384-253-7
PRINTED IN JAPAN